W9-CIG-451

Reflexiones

ensayos sobre
escritoras hispanoamericanas contemporáneas

editora
Dra. Priscilla Gac-Artigas

Volumen I

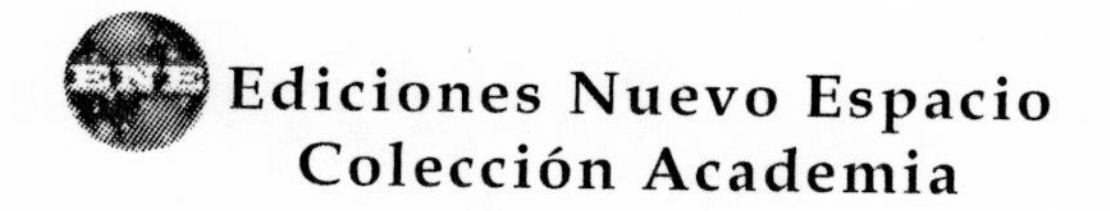
Ediciones Nuevo Espacio
Colección Academia

Reflexiones

Gráfico de la portada: Gracia Barrios
Publicado por:
Ediciones Nuevo Espacio
Colección Academia
Junio 2002
New Jersey - USA

Volumen I
ISBN: 1-930879-33-4

url: http://www.editorial-ene.com
e-mail: ednuevoespacio@aol.com

A las escritoras contemporáneas de Hispanoamérica, pues pensando en ellas fue creado *Reflexiones* en la red. A ellas, muchas de las cuales se transformaron, con el pasar del tiempo, en muy queridas amigas.

A las investigadoras e investigadores, quienes tomaron su pluma para compartir sus reflexiones sobre la obra de nuestras autoras.

A los cerca de 150,000 visitantes de *Reflexiones* en la red, quienes han dado significativa dimensión a nuestro trabajo.

Prefacio

Reflexiones: ensayos sobre escritoras hispanoamericanas contemporáneas

Trasfondo histórico

A partir de los años ochenta, el mundo de las letras es conquistado de manera irreversible por las escritoras latinoamericanas; similar al fenómeno del boom, las escritoras logran imponer una presencia que, contrario a los presagios negativos del comienzo, no hará sino afianzarse con el correr de los años. Como el ingenioso hidalgo de La Mancha, las escritoras que precedieron a este compacto grupo tuvieron que luchar contra molinos, gigantes y encantadores, y esto por siglos, pero gracias a su "ingenio" lograron enderezar entuertos, echar a andar molinos y conquistar su lugar en el campo de la literatura, campo dominado, salvo extraordinarias excepciones, por una literatura de autor masculino.

La calidad de los textos de las escritoras contemporáneas, tanto en poesía como en narrativa las han convertido en dignas continuadoras de la labor literaria que fueron urdiendo consistentemente a través de los siglos escritoras de la talla de Sor Juana Inés de la Cruz, quien ya en el siglo XVII increpaba a la sociedad por la situación de subordinación en que vivía la mujer y quien reclamaba sus, y los derechos de toda mujer, a estudiar; de la talla de la poeta, novelista y dramaturga cubana Gertrudis Gómez de Avellaneda, la que dos siglos más tarde, declaraba con indignación que para que una mujer lograra el éxito y el reconocimiento en el mundo de la literatura debía primero ser diestra en el arte de llevar una máscara masculina.

El siglo XX ha estado marcado por indelebles incursiones de la mujer latinoamericana dentro del mundo de la literatura y el reconocimiento internacional a nuestras escritoras; bástenos recordar que el primer Premio Nóbel de literatura otorgado a escritor hispanoamericano alguno recayó en la poeta chilena Gabriela Mistral, en 1945. Mistral, cuya poesía fue evolucionando de lo personal en los temas del amor, el dolor, la maternidad hacia temas universales de amor a la humanidad, a los niños en particular, a los desamparados en general. Otras poetas destacadas de la primera mitad del siglo lo fueron Alfonsina Storni de Argentina, así como las menos difundidas, pero no por ello menos talentosas, Julia de Burgos y Clara Lair de Puerto Rico todas las cuales abogaban con tenacidad por los derechos de la mujer al mismo tiempo que, como mujeres y escritoras, reivindicaban su derecho a romper con los cánones establecidos respecto al rol de la mujer en la sociedad.

Podemos notar que las primeras representantes femeninas dentro de nuestra literatura dedicaron gran parte de su labor literaria a la poesía, fenómeno sobre el cual podríamos reflexionar. Encontramos para ello, en primer lugar, razones de orden social: en nuestra cultura occidental de sociedades patriarcales la poesía, la música, las artes, al igual que la familia, los niños y la cocina, formaban parte integral de la esfera femenina y por lo tanto, la mujer no tenía que luchar para apropiarse de la poesía y utilizarla como arma para reivindicar sus derechos. Las canciones de cuna, inventadas en ese ámbito en el que la mujer era "reina", pueden ser consideradas como una primera manifestación de la apropiación, por parte de la mujer, de esa poderosa arma que es la palabra.

Existen también razones de orden práctico: la mujer no disponía del tiempo, ni la tranquilidad, para dedicarse a la escritura. Dice Marcela Serrano en *El albergue de las mujeres tristes*: recuerda que la diferencia entre una mujer y un hombre frente a la producción creativa es la siguiente: "siempre existe una mujer que cierra la puerta con llave para que el genio masculino se exprese... A una mujer... nadie le hace el favor de cerrarle una puerta. Si es madre, tampoco se la cerrará ella misma. Al primer grito del hijo, aunque éste tenga ya veinte años y viva en otro continente, abrirá la puerta, abandonará cualquier sublimidad de lo que esté creando y partirá hacia él" (215-216). Como para corroborar esta idea, expresaba Rosario Ferré en la presentación de su novela *Extraños vecindarios* que ella escribía poesía cuando disponía de poco tiempo pues la escritura de una novela precisaba de mayor tranquilidad y de un tiempo más prolongado.

Ligadas a las razones de orden social y práctico, encontramos razones de orden temático y de estructura. La poesía se lee con los sentidos alertas, se olfatea en los aromas que expele, se saborea en sus palabras, se escucha en su ritmo y su cadencia, se toca en lo corpóreo de su lenguaje, se lee de imágenes, con los ojos abiertos, o con los ojos cerrados. En la poesía las palabras no sobran, su estructura se presta para dejar fluir imágenes, sentimientos; la poesía, a diferencia de un cuento o una novela, no necesita contar una historia con detalles, y no hay lugar a dudas que el carácter particular de ésta como género literario sucinto y vigoroso, personal y cercano a los sentidos se prestaba a los objetivos de estas escritoras cuyo interés literario, en sus comienzos, iba indisolublemente ligado al deseo de expresar sus sentimientos de mujer y su necesidad de afirmarse en un universo en el que el hombre era centro y en el cual éste ostentaba el poder. Desde su universo privado, la escritora tenía que luchar por conquistar su lugar en esa esfera pública transformando para ello los espacios, transgrediéndolos en su lucha por el reconocimiento de sus capacidades intelectuales.

En la medida que la mujer va ganando su "cuarto propio" como imaginado por Virginia Woolf, su incursión en otros géneros literarios se va haciendo más fehaciente y aquello que fuera considerado dominio predominantemente masculino, hoy día no tiene sexo, es un campo abierto a la capacidad creadora del individuo.

A partir de la década de los ochenta, la presencia de la mujer hispanoamericana dentro del universo literario deja de ser un fenómeno esporádico y se convierte en un movimiento impetuoso que se proyecta con firmeza hacia el futuro. La mujer gana su puesto dentro de este complejo mundo, no por el hecho de ser mujer, sino por la calidad de su producción creativa la cual, por un lado, socava los cánones de las casas editoriales para irrumpir en el mercado, al mismo tiempo que transforma los cánones de lectura para conquistar a un público ávido de leer lo que ellas escriben; de marginales, algunas de estas escritoras pasan a ser parte del canon.

Es de estas escritoras, de las continuadoras de la labor literaria de Sor Juana, de Gertrudis, de Gabriela, de Alfonsina, de Julia, de Clara que nos ocuparemos en este libro de ensayos. Queremos darles la palabra a ellas, y a quienes en diversas partes del mundo han estudiado sus respectivas obras.

Marco teórico

El puente común entre los ensayos incluidos en este libro es la literatura femenina hispanoamericana contemporánea. Bajo este amplio cielo los temas desarrollados son de gran diversidad, así como el abanico de autoras estudiadas, que va desde las que han pasado a ser parte del canon como Isabel Allende o Elena Poniatowska a figuras emergentes como la poeta cubana Odette Alonso o la narradora venezolana Gisela Kozak Rovero, pasando por figuras de nombre establecido como Carmen Boullosa o Claribel Alegría. *Reflexiones* también incluye estudios, no sólo sobre escritoras nacidas en los países hispanoamericanos, sino también sobre distinguidas representantes de las denominadas "Latina writers", como Julia Alvarez o Sandra Cisneros o Esmeralda Santiago puesto que a pesar de que en general su vehículo de expresión es el inglés, es innegable, tanto en la utilización de este idioma como en el contenido de sus obras, la tradición cultural hispana de la que provienen. El máximo de ensayos por escritora es de tres, número que depende del interés despertado por alguna autora en un momento particular o del generado por una obra en específico en los cuatro años que tomó la concretización de este proyecto.

Tres importantes investigadores y críticos nos guiaron para establecer los parámetros de la selección final de los ensayos incluidos en este libro: Mikhail Bakhtin, para quien un ensayo debe despertar el interés del lector y llevarlo a la lectura del trabajo original, Bernard Dort, para quien un ensayo no debe pretender agotar un tema, sino abrir nuevas perspectivas de investigación e Ilan Stavans, para quien un ensayo debe ser libre de espíritu; debe entretener, iluminar y maravillar al mismo tiempo. Por lo tanto, los ensayos a continuación, enfrentan el análisis literario a partir de una absoluta libertad y creatividad donde de manera innovadora los investigadores -provenientes todos ellos de los cuatro puntos del globo: Irlanda, Alemania, España, México, Argentina, Chile, Venezuela, Canadá, pero sobre todo, latinoamericanistas esparcidos por las universidades norteamericanas, desde la Universidad de Princeton hasta la Universidad de California, realizan un trabajo de reflexión expandiendo los límites de la investigación y, con rigurosidad, se definen y se proyectan a partir del sujeto estudiado.

En torno a la escritura de mujeres, innombrables interrogantes han sido punto de análisis, estudio y discusión: relación entre cuerpo femenino y escritura, creación e identidad, transgresión o desacralización de espacios. Elaine Showalter en su estudio sobre la novela inglesa del siglo XIX *A Literature of their Own. British Women Novelists From Bronte to Lessing*, propone tres categorías para clasificar la escritura femenina: femenina, feminista y de mujer. La primera, según Showalter, se adapta a la tradición y acepta el papel de la mujer tal como existe; la segunda, se declara en rebeldía y polemiza; la tercera, se concentra en el auto-descubrimiento (13). A estas tres, nosotros añadiríamos una cuarta categoría: escritura literaria, que emerge de la idea de escritura como arte propuesta por Virginia Woolf y recogida en Latinoamérica, entre otras, por Rosario Castellanos, Cristina Peri Rossi, Rosario Ferré y que encerraría lo que a nuestro entender deberá ser la próxima etapa de la literatura femenina: una escritura que se libera y que nace de la pasión y del goce en la creación.

Demás está insistir en que la escritura no se hace únicamente a partir de un cuerpo biológico, sino a partir de lo que ese cuerpo encierra: experiencias personales, sensibilidad, sueños, bagaje cultural, social, político. Las escritoras latinoamericanas ya no sólo reivindican los espacios físicos a los que fueran confinadas como el hogar o la cocina, los utilizan y los subvierten; reivindican también su vientre, que en la literatura escrita por hombres había sido loado sólo como vientre de amor puro y gestación de vida, y le cantan a su rol de fuente de erotismo y de goce sexual. La mujer se adueña de su cuerpo, y de ser objeto de la literatura pasa a ser sujeto de la narración; las escritoras ya no escriben para "contarse", "entenderse", "inventarse"o "crearse"; en este nuevo siglo comienzan a escribir para inventar y para crear.

De la red al papel

En este mismo sendero de libertad creativa, *Reflexiones: ensayos sobre escritoras hispanoamericanas contemporáneas*, cuya trayectoria en la red cuenta con más de 146,000 visitantes, incursiona, con estos dos volúmenes, en el tradicional mundo del libro abierto por Gutenberg con el auténtico deseo de ser una contribución más a esa inagotable y maravillosa biblioteca universal con la que nos hiciera soñar el maestro del cuento, la palabra y lo fantástico, Jorge Luis Borges.

Priscilla Gac-Artigas
Profesora Asociada
Monmouth University, NJ

Obras consultadas

Bakhtin, Mikhail M. *The Dialogic Imagination*. Trans. Caryl Emerson and Michael Holquist. Austin: University of Texas Press, 1981.

Dort , Bernard. Notas de clase, seminario "Méthodologie

de la Recherche", Université de la Sorbonne Nouvelle, París, 1982.

Showalter, Elaine. *A Literature of their Own. British Women Novelists From Bronte to Lessing*. Princeton: Princeton University Press,1977.

Stavans, Ilan, Ed. *The Oxford Book of Latin American Essays*, USA: Oxford University Press, 1997.

Woolf, Virginia. *A Room of One's Own*. New York: Hartcourt Brace & Company, 1989.

La cocina: de cerrado espacio de servidumbre **a abierto espacio de creación**

Priscilla Gac-Artigas
Monmouth University, NJ

La cocina bajo la lupa: "filosofar y aderezar la cena"

Si algo ha caracterizado la literatura femenina de fines de siglo es su carácter transgresor; transgresor en la temática, transgresor en la voz, transgresor en los espacios que utiliza para desarrollar la acción. Ese carácter transgresor que permea la enorme profusión de libros escritos por mujeres publicados en la segunda mitad del siglo XX sienta sus bases, sin lugar a dudas, en los logros socio-políticos adquiridos por los movimientos feministas que hicieron camino en los albores del siglo. Aquellas primeras mujeres en reivindicar sus derechos consideraban alienante e incluso reaccionario el deseo de ser madre. (Julia Kristeva, "Women's Time" 210) Para ellas, todo lo perteneciente al ámbito íntimo -exclusivo- de la mujer, la familia o la casa era rechazado por ser considerado causante de la condición de subordinación que sufría la mujer en el seno de la sociedad patriarcal.

Es digno de notar, entonces, que a diferencia de estas primeras feministas, las escritoras hispanoamericanas, en general, han cuestionado esos temas, esas formas, esos espacios sin que se haya tratado para ellas de descartarlos porque formen parte del sistema de valores establecidos por los hombres. Por el contrario, los han puesto bajo la lupa de la crítica objetiva y los han reivindicado en su justo valor y significado. Como Sor Juana, han tomado estas "filosofías de cocina", pues bien se puede "filosofar y aderezar la cena," ("Respuesta a Sor Filotea de la Cruz" 65) han hecho su disección y las han convertido en pedestal sobre el cual edificar su obra. Una mirada al enorme corpus litearario producido por las escritoras hispanoamericanas en la segunda mitad del siglo nos permite afirmar junto a Sor Juana que "si Aristóteles hubiera guisado, mucho más hubiera escrito" (65), pues es sin lugar a dudas, cuando la mujer se da cuenta de que el papel de la cocina no es, ni tiene que ser necesariamente el que históricamente le fuera adjudicado por los hombres, que se produce el gran florecimiento de la literatura escrita por mujeres.

Ejemplo de esta mirada aguda y crítica a la cocina y a lo que este espacio representaba para la mujer es el texto de Rosario Castellanos "Lección de cocina" (*Album de familia* 7-22). En el mismo la cocina es vista como un quirófano donde se ha de llevar a cabo una operación; y el futuro de la mujer dependerá de lo radical de la intervención quirúrgica.

Abre el cuento Rosario Castellanos hablando de la pureza de la cocina; per se, este espacio es resplandeciente, blanco, pulcro, y "[e]s una lástima', según la narradora, 'tener que mancillarla con el uso" (7). Con ironía y aparente aceptación del orden social y de la tradición histórica que establecieron el uso que había de darse a la cocina, nos confiesa: "[m]i lugar está aquí. Desde el principio de los tiempos ha estado aquí" (7). Esta narradora no se presenta como alguien neófito ni ignorante, es alguien que ha estado 'fuera' de la cocina y que ha habitado otros espacios sociales: aulas, calles, oficinas, cafés, pero al encontrarse en la cocina comienza a reexaminar su papel dentro de la sociedad y las reglas por ésta impuestas. Esta experiencia se revela muy difícil pues se "[m]e supone una intuición que, según mi sexo, debo poseer pero que no poseo, un sentido sin el que nací que me permitiría advertir el momento preciso en que la carne está a punto" (13). No es fácil reconocerse dentro de este estereotipo y mucho menos ponerlo en tela de juicio. Nuestra narradora, va constantemente jugando con los hilos del placer erótico, entretejiéndolos con la acción de 'mancillar' la cocina. Juxtapone para ello dos escenas: una en la que está en la cocina horneando carne y una de su luna de miel. En la primera, la carne se le quema por lo que le asalta la preocupación al anticipar la reacción de su marido a su regreso y con la segunda, revive el placer y el dolor de hacer el amor con la "carne" quemada por el sol. Ambas imágenes le sirven para repasar mentalmente la vida de la mujer dentro de la sociedad, espejo de su propia vida, sabiendo que del paso con que salga de la cocina y enfrente a su marido -y al orden establecido- dependerá su futuro.

La cocina, espacio de autodescubrimiento y de liberación

Es evidente que para Rosario Castellanos la mujer necesita transgredir ese espacio 'sagrado' si quiere conservar su autenticidad, su "verdad interna" (21). Sólo así, el uso de la cocina será despojado de la mácula que le impreganaran, no ellas al servirse de la misma como parte del rol que le fuera designado dentro de la sociedad, sino los hombres, al reducirla a lugar de servicio. En esta "leccción de cocina" el espacio físico se le revela a la mujer como algo más allá del simple espacio donde se lleva a cabo la ímproba labor de escoger un menú (7); se convierte en un espacio de meditación sobre su condición de mujer que en esta época no sólamente implica "las responsabilidades y las tareas de una criada' sin sueldo, sino también el deber de 'contribuir al sostenimiento del hogar" (15).

En *La casa de los espíritus* de Isabel Allende, es gracias al hecho de tener que ocuparse "de los asuntos materiales" (177), entre ellos del de la cocina, que Clara descubre la mujer de acción que siempre la acompañó en silencio. Descubre también una profunda relación sentimental en la persona de Pedro Segundo, de esas extraordinarias relaciones en que las palabras sobran, en que los orígenes no separan puesto que no existen, en que género o clase social no conllevan sumisión. De la cocina de los Trueba salen una Blanca y una Clara que, conscientes de su rol social participan, a su manera de la resistencia al golpe militar ocurrido en Chile en 1973.

La cocina como puente

Al reivindicar la cocina, tanto el espacio físico como el acto en sí de cocinar, comienza en las escritoras un viaje de auto-descubrimiento y apropiación; descubrimiento de su cuerpo, del placer erótico, apropiación y uso de la lengua en su totalidad y no sólo de aquella "reservada" a las mujeres. De esta suerte, la literatura femenina hispanoamericana contemporánea se presenta transgresora en todos los niveles puesto que viola previos parámetros sexuales, linguísticos y temáticos. Como representantes del "post-boom" las escritoras le apuestan al ideal del amor, al optimismo y a la esperanza. (Shaw, *The Post-Boom in Spanish-American Fiction*). Las escritoras han vuelto a la cocina no como mujeres sometidas a los caprichos de un hombre o de la sociedad sino como dueñas de su vida y su destino.

El final abierto de "Lección de cocina" conduce a la mujer, en cierto modo, a lo que Marcela Serrano en su novela *El albergue de las mujeres tristes* llama el "desencuentro amoroso". Los personajes femeninos de esta novela representan una "segunda generación" de feministas que según Kristeva han querido conjugar la vida profesional con la maternidad ("Women's Time" 210). Serrano plantea en su novela que esa conjugación no ha sido exitosa, que tanto el hombre como la mujer han contribuido a su fracaso, y procede a presentarnos el desafío interrelacional que deben enfrentar los seres humanos para borrar las fronteras de una relación caduca. Propone a su vez una posible alternativa de cambio, de nuevos seres humanos que sólo podrán encontrarse y ser felices en la medida en que cada uno deje aflorar al ser de sexo opuesto que hay en sí, y en armonía, se convierta en ese ser total de quien nos hablara June Singer en su libro *Androgyny; toward a New Theory of Sexuality*: "no debemos seguir visualizándonos como exclusivamente 'masculinos' o exclusivamente 'femeninos', sino más bien como seres totales en quienes las características opuestas coexisten. ... Lo andrógeno es un símbolo del Ser por excelencia"(275).

En su búsqueda de identidad y de reivindicación de derechos y espacios la mujer hispanoamericana manifiesta el deseo de afirmación de sus logros y valores a través de expresiones artísticas, sobre todo de la literatura. Nunca antes la literatura de testimonio había florecido tanto ni las escritoras en general ganado el espacio que merecían dentro del difícil y complejo mundo de las letras. Se fue creando una comunidad de escritoras que ha ido más allá de las fronteras geográficas y linguísticas y ha servido para confrontar y reivindicar los "temas prohibidos": el cuerpo, los placeres, la lengua.

Eros entra a la cocina

En la literatura que esta comunidad de escritoras fue produciendo, el amor y el placer son los ingredientes esenciales para transformar las relaciones y para reivindicar la cocina como espacio de creación y de recreación. La relación de la pareja se transforma, la utilización del espacio cambia. El acto de creación, tanto el de la prolongación de la especie como el de creación literaria debe contar con la participación y colaboración de dos seres de sexo opuesto y en ambos casos el placer debe hacerse presente. "Some collaboration has to take place in the mind between the woman and the man before the act of creation can be accomplished," decía Virginia Woolf a comienzos de siglo (*A Room of One's Own* 104). Y a esto añade Isabel Allende a fines del milenio: "[t]odo lo que se cocina para un amante es sensual, pero mucho más lo es si ambos participan en la preparación y aprovechan para ir quitándose la ropa con picardía, mientras pelan cebollas y deshojan alcachofas" (*Afrodita* 40).

Establece Isabel Allende en su libro similitudes entre el goce supremo del comienzo de la creación literaria y el absoluto y embriagador goce del acto sexual. En ambos casos el objetivo es, o debe ser, convertir lo trivial en algo inolvidable. En las sociedades latinoamericanas, predominantemente católicas, los placeres de la carne y de la mesa cultivados por los romanos y otras sociedades fueron proscritos, por lo tanto, los placeres de la creación también quedaron excluidos de las experiencias vitales. Sin embargo, los afrodisíacos en estas sociedades patriarcales han sido siempre muy importantes; la relación comida y sexo es ampliamente reconocida y aceptada. A esa ecuación, las escritoras hispanoamericanas contemporáneas han añadido un tercer elemento: la creación. Para ellas ya no se trata de concebir la escritura como instrumento de rebeldía para liberarse de su condición social, sino como obra de arte con valor propio. El espacio de la cocina es reivindicado como espacio afrodisíaco, de juegos eróticos donde el cómo, y el con quién se preparan los platos es tan importante como lo que se prepara, porque en el fondo, estamos preparándonos para el goce amoroso. Y las recetas de dos grandes reivindicadoras de la cocina, Isabel Allende y Laura Esquivel vierten olores en las páginas de sus libros y nos entregan el amor como único afrodisíaco infalible, para socarronamente añadir que el segundo afrodisíaco que no falla es la variedad.

Tanto el libro de "cuentos, recetas y otros afrodisíacos": *Afrodita,* de Isabel Allende como la novela *Como agua para chocolate* de Laura Esquivel son libros señeros dentro de esta nueva concepción del espacio doméstico, en particular de la cocina, dentro de la literatura femenina hispanoamericana contemporánea. Por supuesto, no son ellas quienes exclusivamente han explorado el paso de la cocina de espacio de revolución y liberación femenina, de autoexpresión y de auto-descubrimiento a espacio de creación y juego erótico. Otras escritoras, como Rosario Ferré y Zoé Valdés, por mencionar sólo algunas, también han participado en la exploración de esta concepción.

En la novela de Laura Esquivel la cocina es el espacio sobre el que girará la acción. La cocina, con su doble connotación de reino maravilloso, mágico y creador, espacio abierto formado de múltiples espacios si utilizado por la mujer o, espacio de reclusión, de sometimiento, de rebajar la condición si el espacio es leído por el varón. Como recordaremos, en *Como agua para chocolate* el 'varón' se viste con la cara de Mamá Elena, quien al enviudar, toma el papel de patriarca de la familia. Al dar nacimiento a Tita renuncia al más sagrado de los fluidos sagrados, se seca de leche y de vida y en tanto patriarca la castiga y la confina al mundo, para ella abyecto, de la cocina.

Pero Tita nunca se sintió rebajada en ese mundo, al contrario, la cocina se convirtió para ella en universo único y maravilloso al que sólo ella, de las tres hermanas, tenía acceso; se convirtió en ese irremplazable lugar en el que las ollas cantarinas llenaban el espíritu y la mente y las gotas de agua al fundirse en el almíbar hirviendo desataban las alas de la imaginación y afilaban los sentidos. Mundo que Tita llega a conquistar, a dominar, y que emplea como elemento liberador de la situación a la que la somete su madre. No es renunciando a la cocina que Tita logra su liberación, y la de su hermana Gertrudis, sino usando la cocina de manera creativa, utilizándola no para "mancillar" el espacio sino para liberar el deseo, la pasión a través de la elaboración de la comida. Así, las codornices, los pétalos de rosa y las castañas eran capaces de traspasar el cuerpo de Tita y Pedro trasvasándose mágicamente en Gertrudis quien explotó en jugos y deseo mientras Tita estaba sin estar, y sólamente sus ojos sin vida indicaban que no se encontraba en este mundo y que su cuerpo se encontraba lejos de la mirada vigilante de Mamá Elena, recorriendo el cuerpo amado.

No nos entrega Esquivel una mortal, sino divina receta; los pétalos deben provenir de rosas regaladas por el objeto del deseo y la receta ser preparada con amor, Eros, quien le entregará el ingrediente mágico para que los olores, los sabores, los jugos y el placer del amor invadan el espacio de la cocina y se concreticen en la comida. Esa receta que exige el liberar a la codorniz de ese dolor que Tita sentía, de esa fractura del alma, de esa opresión que enmarcó su vida y que como a tantas otras mujeres, le designó su lugar dentro de la sociedad.

Al volar y penetrar el cuerpo amado a través de las codornices Tita no sólo lucha por su liberación, lucha por su derecho a disfrutar del amor y del placer, lucha por tantas otras como ella, lucha por Gertrudis quien vuela en llamas haciendo el amor sobre un corcel y quien se convierte en parte integrante y activa de la historia al ser nombrada "generala", y en la cocina muestra el nuevo orden social que, gracias a Eros y a las recetas de Tita le permiten ordenarle a un soldado la preparación de un plato, inversión de roles, estableciendo el derecho de su género a existir en plano de igualdad tanto en la casa como en la sociedad.

Lucha por la igualdad, por la felicidad, por cambiar las tradiciones caducas, por el derecho a existir, a valer, a tener voz; lucha que sólo podrá ser ganada gracias a las recetas liberadoras que abren las rendijas en los espacios cerrados permitiendo que se escapen los olores, que se crucen las miradas, que maduren las frutas y los senos al calor de Eros.

Afrodita, su madre, se hace presente en el libro de Allende, desde la decidora dedicatoria: "Dedico estas divagaciones eróticas a los amantes juguetones y, ¿por qué no?, también a los hombres asustados y a las mujeres melancólicas," hasta la pícara foto de la contraportada en que vemos a una Isabel Allende de coquetos ojos -con dos dedos prolongados de deseo- llevarse, erótica y delicadamente, una madura y jugosa mora a la boca, llenando así la cocina de juegos, olores, placeres y sabores. Sorpresa y contraste son de por sí eróticos, nos dice Isabel Allende, por eso, los "hombres asustados" de su dedicatoria -¡y a qué distancia nos encontramos aquí del prototipo de hombre en la sociedad patriarcal!- llevan en sí una gran carga de erotismo: "un hombre que cocina es sexy, la mujer no, tal vez porque recuerda demasiado el arquetípico doméstico"(41). Los objetivos de ambos en el juego del amor, son también parte, según Isabel Allende, de este juego de contraste y sorpresa que ha transformado la cocina: el hombre piensa más en el objetivo final, la mujer en los rituales y procesos (45). Rituales y procesos que nos conducen a la obtención del objetivo supremo: el goce en la participación del acto de creación.

La cocina como lugar de creación

Es evidente que, al interior de la literatura femenina hispanoamerica contemporánea, la transgresión de los espacios domésticos y la reivindicación de las actividades que allí se llevan a cabo están asociadas al proceso de la búsqueda de identidad y de liberación. Sin embargo esta búsqueda toma una dimensión mucho más amplia en las obras de las escritoras: la búsqueda -y desarrollo- de una voz literaria propia. Las filosofías de cocina de Sor Juana se reencuentran con las de Rosario Ferré en su "cocina de la escritura" donde Ferré también eleva la cocina al mismo nivel de importancia que el acto de creación literaria. Ambos actos de creación, según Ferré, representan actos sublimes y el sexo del creador no determina para nada la calidad de la obra, todo depende de la "sabiduría" con la que éste sea capaz de combinar los ingredientes.

Las escritoras, tanto las hispanoamericanas como las latinas en los Estados Unidos, han reivindicado tanto el acto de cocinar como el espacio de la cocina en sí. Nos dice Sandra Cisneros: "You need to write as if you were sitting at your kitchen table with your pajamas on. When you are sitting at your kitchen table with your pajamas on, you have no fears, no doubts. No one is questioning your language or your heart. You don't have to worry about fitting in because you are only writing for you" (María Hinojosa xviii).

Las palabras de Cisneros resumen la evolución que ha experimentado la utilización de la cocina dentro de la literatura femenina hispanoamericana contemporánea, evolución que es muestra fehaciente de la voz que han encontrado las escritoras. Las escritoras se autodescubren, pierden el miedo, se rebelan, se afirman. Ingeniosamente han sabido convertir el que le fuera designado como reino de servidumbre, de abyección y sometimiento por la sociedad patriarcal en el reino de libertad y creatividad que sirvió para cobijar la preparación del gran plato de resistencia que marcó nuevas rutas dentro de la tradición literaria universal en la segunda mitad del siglo XX: la literatura femenina hispanoamericana.

Obras citadas

Allende, Isabel. *Afrodita*. New York: Haper Libros, 1997.

_______. *La casa de los espíritus*: New York: Harper Libros, 1995.

Butler, Judith et al. *Feminist Theorize the Political*. New York: Routledge, Chapman and Hall, Inc., 1992.

Castellano, Rosario. "Leccción de cocina." *Album de familia*. México: Editorial Joaquín Mortiz, 1997: 7-22.

Cruz, Sor Juana Inés de la. "Respuesta a Sor Filotea de la Cruz." *Texto y vida: introducción a la literatura hispanoamereicana*. Ed. Bárbara Mujica. New York: Hartcourt Brace Jovanovich College Publishers, 1991: 62-66.

Esquivel, Laura. *Como agua para chocolate*. México: Editorial Planeta Mexicana, 1994.

Ferré, Rosario. *Sitio a Eros: Quince ensayos*. México: Joaquín Mortiz, 1986.
Gilbert, Sandra and Susan Gubar. "Sexual Linguistic: Gender, Language, Sexuality." *The Feminist Reader*. Ed. Catherine Belsey and Jane Moore. New York: Basil Blackwell, 1989: 81-100.
Hinojosa, María. "Foreword". *Daughters of the Fifth Sun*. Ed. Bryce Milligan et al. New York: Riverhead Books, 1995: xiii-xix.
Kristeva, Julia. "Women's Time." *The Feminist Reader*. Ed. Catherine Belsey and Jane Moore. New York: Bail Blackwell, 1989: 197-218.
Serrano, Marcela. *El albergue de las mujeres tristes*. México: Alfaguara, 1997.
Shaw, Donald L. *The Post-Boom in Spanish-American Fiction*. New York: SUNY Press, 1998.
Singer, June. *Androgyny; toward a New Theory of Sexuality*. New York: Doubleday, 1976.
Woolf, Virginia. *A Room of One's Own*. New York: Hartcourt Brace & Company, 1989.

Claribel Alegría

¿Por qué no?
¿Por qué no detenerme
en esa esquina
y sorprender a la muerte
por la espalda?

Nace en Estelí, Nicaragua, en 1924, pero vive gran parte de su infancia y juventud en El Salvador. También ha vivido en Estados Unidos, donde estudió Filosofía y Letras en la Universidad George Washington, Washington, D.C., en Chile, en Uruguay y en México. Actualmente reside en Managua, Nicaragua.
Ha publicado:
Poesía: *Vigilias* (1953); *Acuario* (1955); *Huésped de mi tiempo* (1961); *Vía única* (1965); *Aprendizaje* (1970); *Pagaré a cobrar* (1973); *Sobrevivo* (1978); *Suma y sigue* (1981); *Flores del volcán* (1982); *Women River Poems* (1989); *Variaciones en clave sobre mí* (1993); *Umbrales* (1996); *Sorrow*, a la muerte de su esposo y traductor de sus obras, D.J. Flakoll (1999).
Novelas: *Album familiar* (1982); *Despierta mi bien despierta* (1986) y *Luisa en el país de la realidad* cuya protagonista, Luisa, inicia un viaje al revés del famoso viaje al País de las maravillas de Alicia (1987).
Testimonio: Es co-autora con D.J. Flakoll de seis libros testimoniales entre los cuales se cuentan: *No me agarran viva: la mujer salvadoreña en la lucha* (1983); *Para romper el silencio: resistencia y lucha en las cárceles salvadoreñas* (1984); *La mujer del río* (1989); *Somoza: expediente cerrado; Cenizas de Izalco; Fuga de canto grande* (1992).
Premios: Casa de las Américas por *Sobrevivo* (1978).
Su obra refleja la realidad de su país y de El Salvador donde viviera desde pequeña, así como su pro-

fundo conocimiento de la problemática latinoamericana: opresión, lucha, exilio, tortura, y de la problemática de la mujer en las sociedades centroamericanas: opresión, dependencia, separación de la familia, emigración. La realidad política de Latinoamerica alimenta sus obras en las que aparece como elemento activo reflejado en la temática. Al mismo tiempo, busca la escritora descubrir otros universos, otras realidades.

Managua

Vivo instantes
que me cambian el ritmo
me desquician
instantes bala en boca
en que adivino el golpe
del gatillo
pulsasiones-instantes
que me tensan
va a reventar la cuerda
va a saltar en pedazos
¿qué fue de ese otro yo
que se iba gastando
sin sorpresas?

El cuerpo revolucionario de Eugenia en *No me agarran viva* de Claribel Alegría y Darwin Flakoll

Eva Gundermann
Universidad de Postdam, Alemania

El testimonio como literatura de urgencia política a la vez que placer estético está en tensión continua entre estas dos funciones que muchas veces se funden en una. *No me agarran viva* de Claribel Alegría y Darwin Flakoll pone de relieve a la maravilla esta interacción puesto que describe la creación de una identidad revolucionaria femenina. La integración de Eugenia o Ana María Castillo Rivas en organizaciones salvadoreñas, su dedicación a la revolución al igual que la descripción de su vida como mujer y la mezcla entre ambas facetas propone una nueva visión de la mujer en el contexto de la revolución.

Sin embargo, este proyecto de liberar a la mujer textualmente a través de una conexión entre la identidad revolucionaria y un discurso ideológico falla. La "santificación" de Eugenia en algunas voces manipuladoras se agrieta poco a poco. La tan famosa constitución del sujeto subalterno como sujeto revolucionario de Gayatri Spivak se vuelve en contra del sujeto femenino, que es literalmente destrozado al servicio de la revolución.

Esta destrucción se refleja sobre todo en la corporeidad de Eugenia, que es casi inexistente así como lo erótico en general. Su cuerpo es retratado como enfermo, sin que ella lo apropie o lo habite. Sin poder identificarse con su cuerpo ella tampoco es capaz de crear una relación erótica con su entorno. Audre Lorde explica en su famoso ensayo de

1978 sobre lo erótico la importancia de ello como forma creativa de relacionarse con el mundo. Me gustaría considerar si este texto es feminista en este sentido. Mijail M. Bakhtin en combinación con teorías feministas y narrativas (puesto que hablando de textualidad también hay que hablar de sexualidad) podría ampliar mis puntos de mira en esta comparación. La multiplicidad de las voces y su evidente divergencia en cuanto a la pluralidad de mensajes y el concepto bajtiniano de dialoguicidad aclararían mi hipótesis del discurso monologuizante en Alegría. El discurso autoritario-revolucionario se inserta en el texto sobre todo al apoderarse del cuerpo deshabitado de Eugenia.

El cuerpo-máquina de Eugenia

Eugenia no se relaciona con su cuerpo en ningún momento. Las pocas menciones de su cuerpo se limitan a su "mal funcionamiento". En los momentos más conflictivos políticamente hablando, Eugenia escribe a su marido Javier:

> Es tan fuerte la tensión que no me da hambre y se me friega el estómago, pero como sé que debo estar en óptimas condiciones, tomaré vitaminas.

Ella solamente percibe su cuerpo como un instrumento que ella usa para el bien de la revolución y demuestra así estar completamente alienada de él. Una mención parecida de su cuerpo en el contexto revolucionario expone más claramente la conexión entre su corporeidad y la revolución:

> La compañera era débil físicamente, constantemente estaba con asma, agripada, con alergias, era muy sensible pues. Ni el do-

> lor que le causaban sus sentimientos, ni el dolor físico quebraron jamás la moral de Eugenia. [...] Jamás, jamás se quebró. [...] Eugenia siempre fue vanguardia. (Alegría, Flakoll 56)

Sus compañeros la alaban precisamente por ceder su cuerpo a la organización, por su deshumanización, de-sexualización. El poder discursivo de la revolución se traga su cuerpo que de por sí no es representado como un cuerpo sano, entero y sobre todo femenino. Esta negación de la representación de la sexualidad femenina es un punto central de la crítica feminista al logocentrismo. La ausencia de la sexualidad de Eugenia y su completa sumersión en una retórica revolucionaria hacen necesaria una contralectura a lo que parece querer ser la historia de la liberación de una mujer.

Especialmente su embarazo pone de manifiesto la funcionalidad de su cuerpo. Estando ya embarazada, Eugenia pone su cama en el cuarto en el que tiene lugar una reunión de la organización revolucionaria para poder participar, aunque el médico le recomendó reposo absoluto (87). Este trato de su cuerpo cobra medidas monstruosas cuando piensa en abortar por causa de razones políticas:

> Ya tenía como seis meses de embarazo. Sin embargo ella me plantea que ve que debido a los golpes que ha recibido la organización, la importancia de su trabajo, la enorme responsabilidad para con nuestro pueblo eran en aquel momento prioritarios. Aunque abortar hubiera sido lo más doloroso del mundo, en el fondo estaba la opción de que si no se podía evadir, ella no podía dejar las tareas por la criatura. (92)

La revolución toma el lugar de su identidad, la parte más importante de esta identidad, su cuerpo, no aparece. Aún en un momento como el embarazo, en el que su cuerpo forzosamente gana importancia y visibilidad, le es negada una existencia propia, fuera del partido. El cuerpo de Eugenia es revolucionado sin dejar rastro de una sexualidad femenina.

Las citas que incluyo aquí son las únicas menciones de su cuerpo-máquina en 146 páginas. Omar Cabezas, sin embargo, logra incluir en "La montaña es algo más que una inmensa estepa verde" descripciones extensas de su cuerpo y sobre todo de su pene. Habla incluso de una masturbación, una erección y de su primera "cagada" en la montaña. Cabezas es un ejemplo de un discurso revolucionario que a la vez ofrece una oportunidad para sentir su corporeidad. Por supuesto, un cuerpo masculino es más representable que uno femenino en nuestra cultura falocéntrica.

> La opresión del cuerpo de Eugenia sin representación y su sumisión al movimiento revolucionario describen la falta de una fuerza realmente liberadora para mujeres. Lo erótico como fuerza creativa, subversiva de las mujeres significa según Audre Lorde una conexión con el propio yo, una capacidad para la alegría, las fuerzas vitales, una oposición a la resignación y al relego de sí mismas:
> In order to perpetuate itself, every oppression must corrupt or distort those various sources of power within the culture of the oppressed that can provide energy for change. For women, this has meant a suppression of the erotic as a

> considered source of power and information within our lives. We have been taught to suspect this resource, vilified, abused, and devalued within western society. (Lorde 53)

Género sexual y género literario

Ya desde el prólogo, Eugenia está destinada al masoquismo cotidiano que tanto el machismo latinoamericano como "el machismo revolucionario" exigen de las mujeres. Esta fijación en un papel claramente delimitado impide una evolución del personaje de Eugenia, que no gana profundidad a lo largo de la novela. Eugenia es descrita como "tierna, entregada" (66), "persona suave, agradable" (49), "tímida, nerviosa" (49) y como supermujer de casa y madre. Javier enumera todo lo que hacía Eugenia antes de salir de casa a las seis y media de la mañana:

> Por muchas tareas que tuviera, siempre sacaba tiempo para antes de salir, barrer, arreglar la cama, 'ponerme' a mí a trabajar en eso. Luego las atenciones a la niña. Dejarla ya lista. Limpiarla, darle la pacha, etcétera. (108)

Aunque supuestamente existe una división igualitaria entre ellos, es Eugenia quien organiza y limpia la casa, se ocupa de su hija Ana Patricia. Su personaje equivale a un conglomerado de cualidades estereotipadas de la mujer.

Los mismos adjetivos describen también a las demás mujeres en la novela. Ellas son duplicados de Eugenia. Son copias de Eugenia en el sentido de representar revolucionarias-modelo que a la vez se incorporan en el cliché de "mujercita". Nélida Anaya Montes no se casa por trabajar para la revolución, insertándose así en la mejor tradición de la madre abnegada, puesto que "considera a todos [los revolucionarios] como sus hijos". (102) Ana María y Marina González también forman parte de este grupo de revolucionarias-modelo que son alabadas por sus "vidas abnegadas, anónimas y a la vez combativas" (110). Por supuesto sus cuerpos no se hacen visibles, excepto cuando son maltratados, como en el caso de Marta, la hermana de Eugenia. Su cuerpo sólo existe al estar ella embarazada y ser brutalmente golpeada por guardias. Los cuerpos de mujeres son representados por los autores de igual modo que por regímenes absolutos como "envases, productores de niños". *No me agarran viva* está poblada de mujeres que son o madres o revolucionarias o ambas a la vez. No ofrece una gran variedad y multiplicidad de formas de vida de las mujeres y delimita el papel de las mujeres muy estrechamente.

Esta falta de variedad de voces se refleja en el discurso autoritario-monologuizante que predomina en este "textimonio". Aunque aparecen varios tipos de discursos y géneros, hay un discurso que se impone a los demás. En la novela aparecen cuatro tipos de géneros: el género historiográfico, el periodístico, el género testimonial y el epistolar. Los testimonios de las personas o figuras alrededor de Eugenia se alternan con bloques informativos que re-escriben la historia oficial del país desde el margen revolucionario. Los diferentes géneros son marcados por los autores con un margen diferente, más ancho para los datos históricos:

> Con la autorización expresa de Sánchez Hérnandez, el coronel José (Chele) Medrano creó ORDEN (Organización Democrática Nacionalista), una organización paramilitar suburbana, dedicada a sembrar te-

> rror en el campo. A fines del 74 se produjo el primer operativo de "cerco y aniquilamiento" con la masacre de Chinamequita otra vez empezó la agitación estudiantil. A comienzos del 1975 —prosigue Javier—, los dos nos incorporamos a las Fuerzas Populares de Liberación "Farabundo Martí". (42)

El discurso ideológico enmarca otro discurso similar, que pone de relieve aún más la vida privada de Eugenia. Estos dos géneros se superponen muchas veces, así como las dos esferas de lo político y lo privado. El ámbito político es descrito también por el relato radiofónico de la periodista estadounidense Ann Nelson, integrando de esa forma el género periodístico en la novela. Las cartas de Eugenia a Javier forman el contrapeso que representa lo privado.

El lenguaje de las cartas difiere dramáticamente del resto de los discursos. En comparación con el lenguaje ideológico de las partes historiográficas y testimoniales, el lenguaje desnudo y pragmático del texto periodístico, el lenguaje de Eugenia en sus cartas destaca por su emotividad y frescura. No aparecen con tanta frecuencia palabras de connotación marxista y aumenta el número de expresiones coloquiales:

> Gordo, te amo cada vez más. Ya te puedes imaginar la falta que me hacen y lo que duele, pues es una realidad, no te tengo ni a ti ni a la gordita físicamente a mi lado, la ausencia duele horrores. Venir hoy y no hallar a la nena, no oír su risa, jerigonzas, duele tanto, Gordo, pero la fuerza me la da nuestro pueblo y la convicción de por qué luchamos. (136)

Esta intersección de discursos con sus correspondientes puntos de mira, como define Bakhtin discursos diferentes, crean una "hibridación", que es una de las formas de introducir el dialoguismo en la novela. Bakhtin lo describe así:

> What is a hybridization? It is a mixture of two social languages within the limits of a single utterance, an encounter, within the area of an utterance, between two linguistic consciousnesses, separated from one another by an epoch, by social differentiation or by some other factor. (Bakhtin 358)

El dialoguismo ('the dialogic'en inglés) o heteroglossia se caracteriza por la diversidad de lenguajes y de voces que entran en un campo de tensiones e interconexiones en pie de igualdad. Según Bakhtin en su ensayo sobre el discurso en la novela, el dialoguismo y con él la heteroglossia se pueden analizar en la novela, cuando diferentes miradas al mundo son integradas en ella a través de variados discursos:

> All the highly varied forms worked out for the dialogized transmission of another's word, both in everyday life and in extra-artistic ideological Communication, are utilized in the novel in two ways.In the first place, all these forms are present and reproduced in the ideologically meaningful as well as the casual utterances of the novel's characters, and they are also present in the inserted genres -in diaries, confessions, journalistic articles and so on. (355)

En *No me agarran viva* algunos de estos discursos se yuxtaponen o superponen creando así un diálogo entre ellos. Las cartas de Eugenia ofrecen un punto de mira al mundo diferente del relato de la periodista estadounidense, que a su vez es similar pero no idéntico a la historiografía ideológica. Los lenguajes y puntos de vista se mezclan y es casi imposible separarlos. Sin embargo, Bakhtin avisa que también existe

> a distinctive rhetorical double-voicedness, or, put another way, [...] the double-voiced rhetorical transmission of another's word [...], in contrast to the double-voiced representation of another's word in the novel with its orientation toward the image of language. (354)

El entiende bajo este término una diversidad superficial de lenguajes en géneros retóricos que no corresponde a la heteroglossia, porque no se trata de un diálogo, sino de exponer las mismas ideas fragmentadas en varias voces. Contrasta este término con la verdadera heteroglossia, en la cual el lenguaje es una imagen, es decir adopta diferentes significaciones, se abre a siempre nuevas interpretaciones. Aunque él no habla de la novela, sino de géneros retóricos como el discurso político, también se podría aplicar esta idea a *No me agarran viva*. El discurso que predomina en este libro es por su masa e importancia el discurso político y revolucionario.

Género y política

El ideomito de Eugenia, la descripción de revolucionarias-modelo, el constante proceso de crear una visión ideológica alrededor de las organizaciones revolucionarias y sus actividades, incluso del papel de la mujer en la revolución contribuyen a imponer un discurso sobre los demás. Incluso en las cartas de Eugenia aparece este discurso, lo inunda todo. Aunque hayan múltiples testimonios acerca de Eugenia, sólo atestiguan un aspecto de su personalidad.

Incluso viniendo de mujeres de una clase social distinta la visión de la revolución y de la vida de Eugenia no cambian. Con una intensidad insidiosa presentan una única lectura monolítica de su vida. Doblemente mediatizada, una vez por los testimonios y otra vez por los autores, su vida es explicada sin contradicciones, como significando tan sólo el heroísmo revolucionario. Varias voces contienen el mismo mensaje, sin permitir otras opiniones. Este discurso es el discurso autoritario como lo define Bakhtin:

> The authoritative word demands that we acknowledge it, ... we encounter it with its authority already fused to it... It is therefore not a question of choosing it from among other possible discourses that are its equal... It enters our verbal consciousness as a compact and indivisible mass, one must either totally affirm it or totally reject it. It is indissolubly fused with its authority - with political power, an institution, a person - and it stands and falls together with that authority. (342-343)

El discurso autoritario no permite heteroglossia y consecuentemente el diálogo de significaciones en la palabra. Esta se queda "muerta", seca , sin ofrecer nuevas reacentuaciones y múltiples referencias a otros significados. En esta novela testimonial tanto el prólogo como el final describen claramente la trayectoria de Eugenia y el único sentido que tiene su muerte. La novela termina con una frase-himno a su muerte ("Y no la agarraron viva" 146) que omite por completo que se trata de la muerte de una mujer joven, de un cuerpo floreciente que es ametrallado y al que no le sirve de nada el que no la hayan agarrado viva.

La revolución se superpone en este texto a la subjetividad privada, encarnada por la voz marginalizada de Eugenia en sus cartas. El diálogo entre estas dos voces, el encuentro del otro en un proceso en el que el discurso privado como medio de resistencia confluye con el discurso público, no tiene lugar aquí. Y precisamente ese diálogo es uno de los objetivos del feminismo:

> The larger issue is the failure of a masculinized or rationalized public language (what Bakhtin would call the authoritative voice) that is split off in cultural representations from the private voice (Bakhtin's internally persuasive language). A feminist dialogics would bring these two languages together in dialogue. (Bauer 2).

Obras citadas

Alegría, Claribel y Flakoll, Darwin J. *No me agarran viva: la mujer salvadoreña en lucha*. México: Era, 1988.

Bakhtin, Mikhail M. *The Dialogic Imagination*. Trans. Caryl Emerson and Michael Holquist. Austin: University of Texas Press, 1981.

Bauer, Dale M. ed.. *Feminism, Bakhtin and the Dialogic*. Albany: State University of New York Press, 1991.

Lorde, Audre. "Uses of the Erotic, The Erotic as Power." *Sister Outsider: Essays and Speeches*. Trumansburg, NY: The Crossing Press, 1984.

Fernández Olmos, Margarita. "Latin American Testimonial Narrative, or: Women and the Art of Listening." *Revista Canadiense de Estudios Hispánicos* 13, Winter 1989.

Molinaro, Nina L. "The Language of Bodily Pain and the Fiction of Claribel Alegría", *Claribel Alegría and Central American Literature*. Eds. Sandra M. Boschetto-Sandoval and Marcia Phillips Mc Gowan. Athens, Ohio: Center for International Studies, 1994.

Saporta Sternbach, Nancy. "Claribel Alegría". *Spanish-American Women Writers: a Bio-Bibliographical Source Book*. Ed. Diane E. Marting. Westport: Greenwood Press,1990: 991.

_______."Re-membering the Dead: Latin American Women's Testimonial Discourse." *Latin-American Perspectives* 70. Summer 1991.

Treacy, Mary Jane. "Creation of the Woman Warrior: Claribel Alegría's They Won't Take Me Alive". *Claribel Alegría and Central American Literature*. Eds. Sandra M. Boschetto-Sandoval and Marcia Phillips Mc Gowan, Athens, Ohio: Center for International Studies, 1994.

Trevizan, Liliana."Intersecciones: Posmodernidad, Feminismo, Latinoamérica." *Revista Chilena de Literatura* 42, August 1993.

Yúdice, George. "Letras de Emergencia: Claribel Alegría." *Revista Iberoamericana* 51 Jul.- Dec., 1985.

Isabel Allende

Isabel Allende, chilena, nace en 1942 en Lima, Perú donde su padre se desempeñaba como diplomático. Abandona Chile tras el golpe de estado que en 1973 derrocara al Presidente Salvador Allende Gossens, su tío. Miles de chilenos mueren asesinados en los primeros días del golpe, cientos de miles son encarcelados, cerca de 2.500 desaparecen durante los años de la dictadura del general Augusto Pinochet y cientos de miles son obligados a tomar el camino del exilio. Isabel Allende es una de ellos. Se exilia en Caracas, Venezuela. Actualmente reside en California, Estados Unidos.

Ha publicado:
La casa de los espíritus (1982); *De amor y de sombra* (1984); *Eva Luna* (1987); *Los cuentos de Eva Luna* (1988); *El plan infinito* (1991); *Paula* (1994); *Afrodita* (1998); *Hija de la fortuna* (1999); *Retrato en sepia* (2001); *La ciudad de las bestias* (2202).

La casa de los espíritus la sitúa como una de las más importantes escritoras de nuestros días. Narra Isabel Allende en su primera novela sus recuerdos de infancia, aquellos que poblaron la vieja casona habitada por sus abuelos, aquella que le abrió el mundo de la fantasía y el mundo de los libros. Vivió Isabel Allende los primeros momentos de la dictadura y aparece esta vivencia en la novela, así como también aparece la visión de la historia de Chile a través de las mujeres, personajes claves, que componen esas cuatro generaciones de la dinastía de los Trueba.

Le sigue *De amor y de sombra* en la cual narra la aparición en una mina del norte de Chile de los cuerpos de campesinos asesinados por los servicios de seguridad de la dictadura. Meses más tarde la

ficción se transforma en realidad cuando efectivamente se dan a conocer los detalles sobre el descubrimiento de uno de los primeros cementerios clandestinos en el país.
En 1987 publica *Eva Luna* a la que le siguen *Los cuentos de Eva Luna,* primeras obras en las que no aparece directamente reflejada la temática de la dictadura.
En 1991 aparece *El plan infinito,* basada en la vida de William Gordon quien le confió sus secretos y quien es hoy su marido. Más tarde, "y para no volverme enloca", escribió *Paula* en la que describe la terrible enfermedad que terminó con la joven vida de su hija Paula.
El 21 de abril de 1998 presentó *Afrodita* en Barnes & Nobles en New York y dijo Isabel Allende: "escribo porque soy una comunicadora, al comienzo fui periodista, necesito contar mis historias, necesito de la otra parte de mis libros, de ustedes, los lectores, sin los cuales mi obra no estaría completa".
El 29 de enero de 1999 presentó en España *Hija de la fortuna.* Eliza, la protagonista, "es una muchacha joven, muy joven, que nace en Valparaíso y se va a California detrás de un amor y, como le pasó a los aventureros que buscaban oro, encontró otra cosa," dice Isabel Allende. Y a la escritora le ocurrió otro tanto: "En California encontré a un gringo." Cuanto pasa en *Hija de la fortuna* sucede durante la fiebre del oro, "una época llena de violencia, excesos, crueldad, codicia y, al mismo tiempo, utopía". También se puede hacer esta otra lectura, nos dice Isabel Allende: "La historia es una especie de viaje iniciático que simboliza lo que ha ocurrido con las mujeres de mi generación".
En el 2001 aparece *Retrato en sepia,* en cierta forma la continuación de *Hija de la fortuna.* Es la historia de

Aurora del Valle, la nieta de Eliza Sommers, quien hasta la edad de 5 años es criada por sus abuelos maternos, y cuya vida cambia al ser puesta al cuidado de su abuela paterna, la fabulosa Paulina del Valle. A medida avanza la historia encontramos en ella también el árbol genealógico de la familia Del Valle, Severo y Nívea que dan origen a las generaciones que conocemos en *La casa de los espíritus*. Podríamos entonces especular que estas dos novelas, *Hija de la fortuna* y *Retrato en sepia* vienen a nosotros inversamente en tiempo y espacio a cerrar el círculo comenzado por la primera novela de Allende que partió del Chile contemporáneo. Estas tres novelas podrían ser consideradas una innovadora clase de trilogía en la que se parte en busca de los orígenes muchos años después, en el exilio, solamente cuando conocemos el presente y nos vemos enfrentados nuevamente a los espíritus del pasado.

Premios: Mejor novela del año, Chile 1983; "Panorama Literario", Chile 1983; Autora del año, Alemania 1984; Libro del año, Alemania 1984; "Grand Prix d'Evasion", Francia 1984; "Radio Televisión Belga: Point de Mire", Bélgica 1985; "Premio Literario Colima", México 1986; "XV Premio Internazionale I Migliori Dell'Anno", Italia 1987; "Mulheres" mejor novela extranjera, Portugal 1987; "Quimera Libros", Chile 1987; Libro del año, Suiza 1987; Library Journal's Best Book, USA 1988; Before Columbus Foundation Award, USA 1988; Mejor novela, México 1985; Autora del año, Alemania 1986; Freedom to Write Pen Club, USA 1991; "XLI Bancarella", Italia 1993; Independent Foreign Fiction, Inglaterra 1993; Brandeis University Major Book Collection, USA 1993; "Critics' Choice", USA 1996; "Books to Remember", American Library Assoc., USA 1996; "Books to Remember" The New York Public Library;

"Malaparte" Amici di Capri, Italia 1998; "Donna Citta Di Roma", Italia 1998; "Dorothy and Lillian Gish" USA 1998; "Sara Lee Foundation" USA 1998.
Honores: Miembro de la "Academia de Artes y Ciencias", Puerto Rico 1995; "Honorary Citizen" of the City of Austin, USA 1995; "Feminist of the Year" Award, The Feminist; Majority Foundation, USA 1994; "Chevalier dans l'Ordre des Arts et des Lettres", France 1994; "Condecoración Gabriela Mistral", Chile 1994; Professor of Literature Honoris Causae in University of Chile, Chile 1991; Doctor of Letters at New York State University, USA 1991; Member of the "Academia de la Lengua", Chile 1989; Doctor of Humane Letters at Florida Atlantic University, USA 1996.

Isabel Allende
La magia del amor y el poder de la palabra

Priscilla Gac-Artigas
Monmouth University, NJ

"Si uno tiene la necesidad de escribir...
es como la necesidad de hacer el amor:
lo haces detrás de la puerta
en cualquier parte".
Isabel Allende

Si decidimos escoger este epígrafe para nuestro artículo es por lo que el mismo encierra la esencia de Isabel Allende y de su obra. No es secreto que para Allende la escritura nace, como el amor, de la pasión por la vida y de una necesidad; necesidad de comunicación, de entregarse a alguien que a su vez debe darse; necesidad de supervivencia en un mundo que puede ser hostil. Es la combinación de esa pasión y esa necesidad lo que la hace dar el gran salto del periodismo a la literatura con su novela *La casa de los espíritus* la que comienza como una larga epístola, homenaje y testimonio de amor al abuelo moribundo de quien la dictadura del general Pinochet la había separado. Novela que la convierte en una de las más reconocidas escritoras de la literatura latinoamericana de todos los tiempos y coloca su nombre junto al de otras chilenas con quienes comparte talento y/o destino: Gabriela Mistral, poeta, primer premio Nóbel de literatura que se acordara a escritor latinoamericano alguno; Violeta Parra, folklorista, que como Allende conoce, una el desgarro de vivir en el exilio, la otra la nostalgia de la flor que crece fuera de su tierra.

De la misma manera que la vieja casona de

Aracataca y los abuelos tuvieron una enorme influencia en la obra de Gabriel García Márquez, los cuentos y novelas de Isabel Allende están impregnados de vivencias, sueños y recuerdos de una infancia pasada entre viejos libros y objetos de utilidad sospechosa olvidados en disparatados rincones de la enorme, silenciosa y misteriosa casa de sus abuelos maternos en Chile -la cual le despertó el apetito por dejar vagar su imaginación- y pulidos por una juventud enmarcada por viajes -su padrastro era diplomático- lo cual le abrió las puertas al mundo y a la aventura.

La obra de Isabel Allende, tanto sus cuentos -en los que es una maestra- como sus novelas, es franca, abierta, fresca, poderosa, y surge de inagotable y variada fuente de inspiración. A diferencia de los textos de otras escritoras contemporáneas, en la obra de Allende no encontramos un mundo maniqueo en el cual el hombre es el enemigo a combatir; sus personajes encarnan la sociedad en la que se desenvuelven. Y aunque sus personajes masculinos en su mayoría representan el poder de la fuerza y la tradición, son presentados como seres humanos complejos incluso con posibilidades de modificar su posición frente a la vida, el amor, la familia y la sociedad al contacto con mujeres extraordinarias.

Una distinción de la obra de Allende es la elaboración de sus personajes femeninos los que son ejemplo, como la misma Allende, de aquellas que se han apoderado de la palabra para cambiar el curso de la sociedad y por consiguiente de su/la historia. Mujeres cuyas ideas, actitud frente a la vida e intervención en la misma fueron la mayoría de las veces borradas de la historia y escondidas del futuro por creadoras e independientes.

Tanto las mujeres de la generación de Allende

como las que les precedieron y han sucedido -aunque bien debemos reconocer que se han logrado muchos cambios- fueron educadas bajo estrictos preceptos resumidos, de hecho, por la propia Allende en *Afrodita*: "Cuatro principios fundamentales, grabados a fuego desde la más tierna infancia, sostuvieron mi formación de señorita: siéntese con las piernas juntas, camine derecha, no opine y coma como la gente."

Los personajes femeninos de Isabel Allende se atreven a violar conscientemente estos mandamientos, se convierten en transgresoras de los cánones sociales establecidos para ser las forjadoras de su propio destino: Belisa Crepusculario aprende a leer y a escribir reconociendo con ello el valor y el poder de la palabra, Analía reclama sus derechos y se hace cargo de su hacienda y sus tierras y arregla cuentas con el amor, la maestra Inés, en complicidad con todos los habitantes del pueblo, toma en sus manos la justicia por el asesinato de su hijo.

Estos personajes transitan por un mundo entretejido de elementos -algunos autobiográficos- provenientes de la realidad y elementos fantásticos que surgen de la percepción de Allende de esta realidad. Dentro de este mundo la mujer se afirma como un ser inteligente, determinado altamente creativo e independiente que se enfrenta a la vida con gran optimismo y extraordinario humor.

Y así, de la pluma de esta prolífica escritora, a través de los años, han ido brotando el compromiso político que emerge de *La casa de los espíritus* o de *Amor y de sombra*, el placer de la palabra que saboreamos en los *Cuentos de Eva Luna*, la inmensa ternura que destila *Paula*, el erotismo que se huele, se degusta, se palpa y se siente en *Afrodita* o la sed de aventura que envuelve a la *Hija de la fortuna* o *Retra-*

to en sepia.

Sin lugar a dudas Isabel Allende ha dejado su nombre inscrito como una de las escritoras más importantes no sólo de la literatura hispanoamericana sino de la literatura universal de los últimos tiempos; de ésas que marcan camino, que dejan huella abriendo puertas a las generaciones de autores y lectores por venir.

La madre de todas las historias
Representación de la maternidad en la obra de Isabel Allende

María de la Cinta Ramblado Minero
Universidad de Limerick, Irlanda

La primera vez que leí *Paula* (1994) de Isabel Allende tuve la sensación de que ya lo había leído, y esta sensación se refuerza con cada lectura que hago de dicho libro. Incluso cuando intento identificar fragmentos relacionados de alguna manera con otros libros de la autora chilena, me confundo, entro en el "caleidoscopio de espejos desordenados", no puedo distinguir si he leído un texto muy similar en otro libro o si la confusión y la conjunción de imágenes son el resultado de tantas lecturas. Normalmente, gracias a lo autobiográfico, descubro que no estoy alucinando; es precisamente lo autobiográfico lo que conecta esos textos tan similares pero no idénticos. Provienen de diferentes libros pero también de la misma fuerza creativa, la misma experiencia.

Paula podría considerarse como una selección de los mejores momentos de la ficción de Allende, aparte de la segunda línea argumental que gira en torno a la enfermedad y muerte de su hija. En consecuencia, podemos asumir que la novelista chilena se inspira en su propia experiencia y en la de otros para escribir ficción.

La casa de los espíritus (*LCE*) (1982) no puede ser más autobiográfica, como muchos críticos ya han reconocido. En efecto, al leer *Paula* podemos notar cómo la escritora ha usado la mayoría de sus propias experiencias para su producción literaria, cambiándolas en diferente manera y a veces incluso sin alterarlas en lo más mínimo. Esto también ocurre con el concepto de la maternidad que aparece en la mayor parte de sus novelas. En *LCE* y en *Eva Luna* (1987), la relación entre la madre, la hija y la nieta es muy fuerte, y no está basada en el modelo estereotipado de la madre protectora que observamos en muchas otras obras literarias. La maternidad en la obra de Allende se concibe como una red que agrupa a las mujeres, especialmente a las de la misma familia. Su origen podría buscarse en la idea de la matrilinearidad, pero es un poco más complejo. Los rasgos típicos del linaje materno (Gómez Parham 193-201) ofrecen una imagen de la madre como figura protectora y transmisora de valores a la hija.[1] (1) Sin embargo, para la novelista que nos ocupa, no sólo la madre protege y educa a la hija; la hija también puede desempeñar el mismo papel para con la madre. Para Gómez Parham, es la madre quien transmite una serie de valores a la hija, que será la receptora del conocimiento que ella misma transmitirá luego a sus descendientes femeninos. Esta transmisión, junto al papel protector también asignado a la madre, parece enfatizar la existencia de una cierta jerarquía en la línea familiar femenina, en la cual la mujer realiza una función maternal solamente cuando se convierte en madre biológica. En el caso de la novelística de Allende, el concepto de la maternidad parece basarse en la solidaridad y colaboración femeninas. Este concepto aparece dentro de la familia, como en *LCE, Eva Luna* y *Paula,* pero también puede manifestarse en un ámbito más amplio, como ocurre en *De amor y de sombra* (1984).

Consecuentemente, todos los personajes femeninos conectados en sangre y espíritu en su ficción son parte de una red en la que todas las mujeres actúan como representantes de la fuerza femenina en la que Allende parece creer fuertemente:

> Tu abuela ruega por ti a su dios cristiano, y yo lo hago a veces a una diosa pagana y sonriente que derrama bienes, una diosa que no sabe de castigos, sino de perdones, y le hablo con la esperanza de que me escuche desde el fondo de los tiempos y te ayude . . . Pienso en mi bisabuela, en mi abuela clarividente, en mi madre, en ti y en mi nieta que nacerá en mayo, una firme cadena femenina que se remonta hasta la primera mujer, la madre universal. Debo movilizar esas fuerzas nutritivas para tu salvación. (Allende, *Paula* 87)

Para analizar el significado de la maternidad de Allende y cómo es representado en la mayoría de su producción literaria, hay algunos conceptos de gran utilidad: el ecofeminismo, el esencialismo y el fluido femenino.[2]

El ecofeminismo de Andrée Collar elabora la existencia de una Diosa Madre Tierra a la que las mujeres adoraban en el pasado. Este ecofeminismo es puramente esencialista, pues apoya la idea de la naturaleza innata de lo femenino, y mantiene la conexión entre la mujer y la Naturaleza, exaltando por lo tanto la maternidad y los lazos de unión naturales entre las mujeres (Evans 82-83).[3] Isabel Allende es esencialista en este sentido pues su concepto de la mujer y la maternidad encaja perfectamente con los rasgos mencionados. Allende cree en la existencia de una Diosa Madre Tierra que representa a la naturaleza femenina y en la especial conexión entre la mujer y la Naturaleza. La mujer, al morir, vuelve a la Naturaleza y se reincorpora a sus orígenes: "Tierra, acoge a mi hija, recíbela, envuélvela, diosa madre tierra" (*Paula* 358).

Como todas las mujeres vienen de esa madre

universal, todas están conectadas, como Allende afirma al nombrar a todas las mujeres de su familia, pasadas y futuras. Cree la escritora en la existencia de un vínculo trascendental entre todas las mujeres de su familia. Sin embargo, no es una cadena. Su definición y uso de las relaciones femeninas convierte a esta comunidad de mujeres en un ciclo, un ciclo yónico (yónico: útero en sánscrito) en el que todas las mujeres intercambian su fuerza femenina (Martínez 292). Estas ideas son claramente presentadas en *Paula*, al igual que en su ficción, especialmente en *LCE* y en *Eva Luna*. El caso de *De amor y de sombra* es diferente. A su debido tiempo, intentaremos explicar por qué la ideología de Allende sobre la maternidad no se transmite en esta novela de la misma forma que en el resto.

Finalmente, también el concepto del fluido femenino parece tener gran importancia en las novelas de Allende porque la transmisión de conocimientos y de fuerza creativa que se observa en las relaciones femeninas está basada en el flujo e incorporación de la esencia femenina, la cual contiene el poder del espíritu de la mujer.

El papel de la madre en la obra de Allende encaja con las características asociadas a la literatura matrilinear (Gómez Parham 193-201). Sin embargo, este papel protector y transmisor de valores comienza incluso antes del nacimiento. En *LCE*, la relación de Clara con Blanca, es muy diferente de la relación que la primera tiene con los gemelos Jaime y Nicolás, incluso en el período prenatal. En el momento que Blanca es concebida, Clara conoce ya su identidad. Por el contrario, en el caso de Jaime y Nicolás, la madre tarda más tiempo en anunciar sus nombres, y no comienza ese diálogo interior que mantiene con Blanca. Más tarde, cuando los hijos nacen, la conexión, el vínculo especial entre la madre y la hija sobrepasa con creces la relación con los hijos varones. También en *Paula*, para Isabel estar embarazada y dar a luz a un varón es diferente a la misma experiencia con una hembra, pues la primera está caracterizada por la soledad mientras la segunda es asociada por la narradora con una compañía maravillosa:

> Ese tiempo que estuviste dentro de mí fue de felicidad completa, no he vuelto a sentirme tan bien acompañada. Aprendimos a comunicarnos en un lenguaje cifrado (132).

Una vez nacida Blanca, Clara la trata como a una adulta, y las dos inician un tipo especial de comunicación en la cual Clara transmite sus valores a Blanca a través de historias. La transmisión de valores es muy efectiva, pues Blanca hará lo mismo con Alba. Sin embargo, Clara sigue siendo la Madre por antonomasia, ya que ella educa a su nieta Alba, enseñándole a leer y a escribir. En efecto, de la misma manera que promueve la creatividad en su hija Blanca, iniciándola en el mundo de la imaginación, Clara también realiza ese rito con Alba, al proporcionarle las herramientas para desarrollar su fuerza creativa:

> Una noche de Navidad, Clara hizo a su nieta un fabuloso regalo que llegó a reemplazar en ocasiones la fascinante atracción del sótano: una caja con tarros de pintura, pinceles, una pequeña escalera y la autorización para usar a su antojo la pared más grande de su habitación. -Esto le va a servir para desahogarse -dijo Clara cuando vio a Alba equilibrándose en la escalera para pintar cerca del techo un tren lleno de

> animales.
> A lo largo de los años, Alba fue llenando ésa y las demás murallas de su dormitorio con un inmenso fresco, donde, en medio de una flora venusiana y una fauna imposible de bestias inventadas, como las que bordaba Rosa en su mantel y cocinaba Blanca en su horno de cerámica, aparecieron los deseos, los recuerdos, las tristezas y las alegrías de su niñez. (256-257)

De este modo, Clara no sólo protege y alimenta a Blanca y a Alba, sino que también les transmite una serie de valores y las educa, dándoles los instrumentos necesarios para usar la energía creativa que han heredado de ella.

En *Eva Luna* , la figura materna es también de gran importancia, y de gran parecido con la de Clara y Blanca en *LCE*. Aunque Consuelo muere cuando Eva es aún una niña, su corta vida en común es suficiente para iniciar a Eva en la actividad creadora. Vemos que Consuelo re-crea la realidad para Eva, dándole una familia digna de recordar. Proporciona a Eva un pasado a la medida. Al hacer esto, también dota a su hija de fuerza creativa, del poder de la palabra para re-crear la realidad e inventarse a sí misma:

> [Consuelo] elaboraba la sustancia de sus propios sueños y con esos materiales fabricó un mundo para mí. Las palabras son gratis, decía y se las apropiaba, todas eran suyas. Ella sembró en mi cabeza la idea de que la realidad no es sólo como se percibe en la superficie, también tiene una dimensión mágica y, si a uno se le antoja, es legítimo exagerarla y ponerle color para que el tránsito por esta vida no resulte tan

aburrido. (28)

Finalmente, en *Paula*, el papel maternal es también protector y educativo; la madre de Isabel la iniciará en la re-creación de la misma manera que observamos en las novelas anteriores.

Hasta ahora la maternidad parece ser parte de la matrilinearidad. Sin embargo, aún hay más, pues Allende añade un elemento extra que transforma la línea maternal en un ciclo o círculo (Martínez, 292). Hemos visto que la madre protege, alimenta y educa a la hija. Pero en el caso de Allende, la hija también puede realizar algunas de dichas funciones para la madre. En *LCE*, podemos observar que durante el embarazo de Blanca, Alba la protege: "Blanca, protegida por la criatura que crecía en su interior, olvidó la magnitud de su desgracia" (241). Del mismo modo, Alba cura a Clara de sus ataques de asma abrazándola y, por tanto, dándole protección:

> Algunas veces sufría ataques de asma. Entonces llamaba a su nieta con una campanilla de plata que siempre llevaba consigo y Alba acudía corriendo, la abrazaba y la curaba con susurros de consuelo, pues ambas sabían por experiencia, que lo único que quita el asma es el abrazo prolongado de un ser querido. (268).

En *Eva Luna*, Eva le da a su madre la oportunidad de mostrar su magnífica fuerza creativa:

> [Consuelo] guardó su desmesurado caudal de fábulas como un tesoro discreto hasta que yo le di la oportunidad de desatar ese torrente de palabras que llevaba consigo (5).

Finalmente, Paula ayuda a Isabel a comprenderse a sí misma, a re-examinar su propia identidad:

> mi hija me ha dado la oportunidad de mirar dentro de mí y descubrir esos espacios interiores, vacíos, oscuros y extrañamente apacibles, donde nunca antes había explorado (300);

y también la hace entender que debe dejarla marchar:

> Todos en la familia lo entienden menos tú, no ven las horas de verme libre, eres la única que aún no acepta que nunca seré la de antes... No espero que tú me ayudes a morir, nadie puede pedirte eso, sólo que no me retengas más (349-350).

De este modo puede verse que el papel de la madre no es sólo desempeñado por la que da a luz. La madre y la hija pueden ayudarse, apoyarse y educarse mutuamente porque son parte de un ciclo, y sus voces son intercambiables (Meaney 22). La relación entre madres e hijas en la obra de Allende no está basada exclusivamente en los rasgos maternales típicos, ni siquiera desde el punto de vista de la literatura del matriarcado o linaje materno. El lazo emocional entre madres e hijas está basado en el círculo yónico, lo cual implica el flujo del fluido femenino. En este sentido, el fluido femenino se relaciona con las características innatas de la mujer que vienen de la madre universal, la mismísima Eros. A esta diosa es a la que Allende hace referencia en *Paula*, una diosa libre y creativa que transmite su esencia a sus descendientes. Esta esencia es el fluido femenino, que transporta la fuerza creativa de Eros, la cual es capaz de "re-namin[ing] and thus re-creat[ing] the world" (Martínez 294).

En consecuencia, la transmisión de valores de la madre a la hija incluye la transmisión del fluido femenino, que comienza antes del nacimiento, como hemos visto en la especial relación que se establece entre la madre y la hija desde el momento de la concepción. Allende representa este fluido femenino,[4] esencia de la creatividad, de diferentes maneras: la imaginación hereditaria, la conexión exclusiva entre madres, hijas y nietas. El fluido femenino podría identificarse con la leche materna de acuerdo a Hélène Cixous.

Sin embargo, el uso de este concepto, cuando se aplica a la novelística de Allende, plantea una pregunta que ocupa el interés de los críticos: ¿es la obra de Allende un ejemplo de "l'écriture féminine" de Cixous? Con la introducción de este término, Cixous sugiere una escritura alternativa que represente la armonía absoluta, donde se borran los límites genéricos (Elam 243). Sin embargo, el uso del término "leche materna" parece tener excesivas connotaciones esencialistas, pues

> it perpetuates and recreates long-held stereotypes and myths about woman as natural, sexual, biological, and corporal by celebrating essences (243).[5]

Curiosamente, es en este sentido en el que el tema del fluido femenino aparece en los textos de Allende. Además, si "l'écriture féminine" de Cixous se define como bisexual o andrógina, en palabras de Virginia Woolf, entonces la escritura de Allende es el extremo opuesto debido a las claras fronteras que ella parece establecer entre el mundo femenino de conocimiento y experiencia y el masculino. De este modo, la obra de Allende no puede clasificarse como "écriture féminine", sino como escritura femenina esencialista, porque, como Stephen Hart afirma,

> [her] fiction presents feminism as an ideology which is restricted to the female sex and therefore simply an extension of femaleness rather than a revolutionary world-vision (96).

El fluido femenino, sustancia de Eros, además de la transmisión de valores, también implica la incorporación de la fuerza creativa y de la energía femenina. La energía femenina que fluye a través de estas mujeres puede ser incorporada por una de ellas en el momento de la muerte de otra, de la misma manera en que se transmite al nacer: la energía ni se crea ni se destruye, sólo se transforma. Esta es la razón por la cual ambos fenómenos están conectados: una nueva vida canaliza la energía hacia delante, y la muerte resulta en la incorporación de dicha energía. Intentemos explicarlo mediante varios ejemplos procedentes de *LCE* y *Eva Luna*.

En *LCE*, cuando Clara muere, Alba parece ser la única que sabe que seguirán en contacto de una forma u otra. Ella es la que entiende que la muerte es sólo una transición, un cambio, pero no el punto final. Este cambio implica la incorporación de la fuerza femenina de Clara por parte de Alba: "la muerte no sería una separación, sino una forma de estar más unidas. Alba lo comprendió perfectamente" (275). Tras la muerte de Clara, la relación de Alba con su madre mejora, y es ahora Blanca la que le cuenta cuentos. Sin embargo, la mala memoria de Blanca motiva a Alba a escribir los cuentos, y la escritura se convierte en un hábito:

> Cuando Alba quería volver a oír esas tru-

> culencias, Blanca no podía repetirlas, porque las había olvidado, en vista de lo cual, la pequeña tomó el hábito de escribirlas. Después anotaba también las cosas que le parecían importantes, tal como lo hacía su abuela Clara (288).

Así vemos cómo Alba va incorporando la energía de Clara de manera progresiva. Finalmente, cuando Alba está en la perrera, esperando la muerte, Clara viene a decirle que escriba para sobrevivir. Como Alba parece estar al final de su camino, Clara viene a darle toda la energía necesaria para que Alba se re-cree a sí misma:

> Apareció su abuela Clara ... con la ocurrencia de que la gracia no era morirse, puesto que eso llegaba de todos modos, sino sobrevivir, que era un milagro ... Clara trajo la idea salvadora de escribir con el pensamiento, sin lápiz ni papel, para mantenerse la mente ocupada, evadirse de la perrera y vivir. (391)

En este momento, Alba incorpora la energía de Clara y escribe con su propia voz y con la voz de Clara; se han convertido en una sola:

> En algunos momentos tengo la sensación de que esto ya lo he vivido y que he escrito estas mismas palabras, pero comprendo que no soy yo, sino otra mujer, que anotó en sus cuadernos para que yo me sirviera de ellos (410).

En *Eva Luna*, observamos la misma incorporación de energía creativa. Cuando Consuelo muere, Eva continúa el hábito de la narración y transformación o re-creación de la realidad para conveniencia propia. Consuelo le da a Eva el don de la palabra. Eva incorpora la creatividad de su madre, su fuerza, su fluido:

> La muerte no existe, hija. La gente sólo se muere cuando la olvidan -me explicó mi madre poco antes de partir-. Si puedes recordarme, siempre estaré contigo (48).

De hecho, Eva siempre recordará a su madre, pues ella incorpora la energía de Consuelo y continúa su actividad creadora. Eva aprende de Consuelo a re-crear la realidad. De la misma manera que su madre creó un mundo para ella, Eva crea una realidad feliz para el Profesor Jones, y un universo propio para ella:

> De mí dependía la existencia de todo lo que nacía, moría o acontecía en las arenas inmóviles donde germinaban mis cuentos. Podía colocar en ellas lo que quisiera, bastaba pronunciar la palabra justa para darle vida (79).

Con esa habilidad, casi obsesión, pare crear o re-crear la realidad, Eva produce un nuevo pasado para su madre muerta. La apariencia física no es importante: el significado, la esencia es la misma, la madre imaginativa que enseñó a Eva a crear la vida y la realidad de acuerdo a sus propios intereses:

> Cuando tuve una parentela de alcurnia, buscamos minuciosamente la imagen de Consuelo ... dimos por fin con una joven delicada y sonriente, vestida de encajes y protegida por una sombrilla, en un jardín de rosas trepadoras. En mi infancia sólo había visto a Consuelo en delantal y alpar-

> gatas realizando vulgares tareas domésticas, pero siempre supe que en secreto era como la exquisita señora de la sombrilla, porque así se transformaba cuando estábamos solas en el cuarto de servicio y así deseo preservarla en mi recuerdo. (212-213)

Estos ejemplos ponen de relieve la relación entre dar a luz, la creatividad y la muerte. En la relación entre estos tres elementos es posible encontrar una explicación de la importancia de la maternidad y el círculo yónico en la obra de Isabel Allende.

En *Paula*, Allende compara la escritura con el embarazo pues ambas actividades son de naturaleza creativa:

> El proceso alegre de engendrar un niño, la paciencia para gestarlo, la fortaleza para traerlo a la vida y el sentimiento de profundo asombro en que culmina, sólo puedo compararlo al de crear un libro. Los hijos, como los libros, son viajes al interior de una misma en los cuales el cuerpo, la mente y el alma cambian de dirección, se vuelven hacia el centro mismo de la existencia. (256)

Ambas actividades son una re-creación del ser porque implican la transmisión de la fuerza creativa. Aunque parezca que Allende intenta justificar la inspiración de *Paula* en la anterior cita, la idea presentada está íntimamente relacionada con la experiencia de la narradora. Ésta re-crea el pasado para Paula, y a través de dicha actividad, Isabel se re-crea a sí misma, se re-concibe e intenta rescatar a Paula de las garras de la muerte.

En *LCE*, ambas actividades ocurren simultáneamente en el caso de Alba, pues ella escribe durante su embarazo (411). En *Eva Luna,* vemos cómo Consuelo considera la lectura y la re-creación de la realidad como actividades íntimas, privadas que le permiten entrar en otros mundos. De la misma manera, traer a Eva al mundo constituye un "momento de plenitud, ... el más importante de su vida" (26). Es un momento íntimo y privado, como leer y re-crear el mundo.

Además de la conexión entre la maternidad -que encarna la esencia femenina y su creatividad erótica (Martínez 299)- y la escritura o narración, la muerte también juega un papel muy importante porque no es el final de la existencia, sino la incorporación de la energía del espíritu femenino, lo cual produce el renacimiento de la identidad de la mujer.

La identidad femenina es como un fluido que circula a través de las mujeres; puede cambiar su forma pero la substancia interna se mantiene inalterable. De la misma manera que la energía femenina fluye entre madres e hijas, la escritura y la voz narrativa también circulan. La maternidad y la narración constituyen el mismo tipo de experiencia porque en ambos casos, la mujer re-crea la realidad y su propia identidad.

Existe en cambio una excepción, *De amor y de sombra.* En esta novela, su contenido político y el trauma del exilio son más importantes. Sin embargo, la obra aún responde al deseo de hablar sobre mujeres, expandiendo el círculo yónico a todo el colectivo femenino:

> Para mi segunda novela no tuve que pensar en el tema, las mujeres de la familia Maureira, las madres de la Plaza de Mayo y millones de otras víctimas me acosaron obligándome a escribir (Allende 311).

Así, el narrador de *De amor y de sombra* da una voz a las mujeres que sufren en oscuro silencio. La posición de la voz narrativa está basada en la responsabilidad de dar una voz a las mujeres marginadas (Dölz-Blackburn y Sulsona 423).

En las páginas de este ensayo he intentado identificar a Isabel Allende como una feminista esencialista que retrata en sus novelas el círculo yónico que vincula a las mujeres, especialmente a las de la misma familia. Esta idea está basada en la existencia de una fuerza creativa femenina que fluye a través de las mujeres y se transmite e incorpora de manera cíclica. Madres e hijas pueden intercambiar su energía y también sus voces. La dinámica de la fuerza creativa femenina y su fluidez parecen ser más que una invención ficticia, pues la misma ideología aparece en *Paula*, las memorias de Isabel Allende. Toda la energía creativa de la mujer fluye en este ciclo, por medio de la transmisión, la incorporación y la re-creación. ¿Quién es entonces la madre de la historia? Todas, de Clara a Alba, de la Memé a Paula. Para Allende, todas las mujeres que forman parte del círculo yónico, en ficción y memorias, son la misma, diferentes recipientes de la misma energía femenina que las conecta con la madre universal, Eros, una fuerza dadora de vida:

> Soy el vacío, soy todo lo que existe, estoy en cada hoja del bosque, en cada gota de rocío, en cada partícula de ceniza que el agua arrastra, soy Paula y también soy yo misma, soy nada y todo lo demás en esta vida y en otras vidas, inmortal (Allende, *Paula* 366).

En este momento, es necesario preguntarse si

el esencialismo de Allende es una manera de perpetuar los valores patriarcales o de rebelarse desde adentro con la consecuente re-apropiación del discurso. Hay muy diversas opiniones al respecto. Sin duda, su esencialismo no corresponde con el futuro alternativo que Cixous prevé para las relaciones de género, pues "Allende presents the knowledge of feminism as locked into gender" (Hart 96-97); y su representación de la situación y la experiencia de la mujer "refer[s] back to a biologically sexualized universe" (97). Por lo tanto, siguiendo esta línea argumental, la obra de Allende puede considerarse (o acusarse de ser) un intento de perpetuación del "status quo" patriarcal tal y como lo conocemos.

No obstante, hay otra posible interpretación del propósito de Allende, una explicación basada en el concepto de la "subversion through inversion" (Davies 5). Para comprender esta idea es necesario aceptar que el feminismo latinoamericano es muy diferente del europeo porque "the problems facing women in the less-developed countries are of a different nature" (Bassnett 3). Mientras muchas tendencias feministas en nuestro lado del mundo han descartado la maternidad como elemento útil en su progreso, el feminismo latinoamericano usa este icono para su propio beneficio, manipulándolo y dándole poder para avanzar.

En este sentido, la representación de la maternidad y de la fuerza femenina por parte de Allende puede calificarse de rebelión desde el interior, a través de la inversión y manipulación del discurso hegemónico (Coddou 99-100). La aparente pasividad de estas mujeres, especialmente en *LCE* -la cual ha sido extensamente analizada- puede considerarse como una inversión de los estereotipos patriarcales.[6] Las mujeres de Allende "se sublevan a su manera, silenciosamente como Clara, peligrosamente como Irene, imprudentemente como Eva" (Colomines 59). Todas ellas activan su propio poder para re-crear el mundo y a sí mismas en su narrativa, sus relaciones con otros y sus posibilidades maternales, ésta última especialmente apareciendo "not as passive regenerativeness but rather as lucid and liberating creativity" (Martínez 299).

En consecuencia, el esencialismo feminista de Isabel Allende es una manera de "resist[ing] through a feminine economy, the family, motherhood and female solidary ... through the appropriation of silence and non-verbal expression" (Davies 6). Es una forma de rebelión camuflada.

Notas

1. La literatura del matriarcado / linaje materno es definida por Gómez Parham como un tipo de literatura que "concerns the records of mothers' and grandmothers' lives and the legacies of those women as left to their daughters and to their daughters' daughters" (1988: 193).

2. La importancia del fluido femenino, identificado por Cixous como leche materna, está relacionada con la revalorización de la maternidad. Para el feminismo post-estructuralista, la maternidad es el origen de toda escritura femenina (Elam, 1994: 244).

3. Véase Andrée Collard and Joyce Contruci, 1988. *Rape of the Wild.*

4. Este fluido femenino podría relacionarse con el líquido amniótico en el vientre materno.

5. Elam cita a Hélène Vivienne Wenzel, 1981. "The Text as Body/Politics: An Appreciation of Monique Wittig's Writings in Context." *Feminist Studies*, 7.

6. Véase Patricia Hart, 1989. *Narrative Magic in the Fiction of Isabel Allende*. London and Toronto: Associated University Presses.

Obras citadas

Allende, Isabel. *La casa de los espíritus*. Barcelona: Plaza y Janés,1982.

_______. *De amor y de sombra*. Barcelona: Plaza y Janés, 1984.

_______. *Eva Luna*, Barcelona: Plaza y Janés,1987.

_______. *Paula*, Barcelona: Plaza y Janés, 1994.

Bassnett, Susan, 1990. Introduction: Looking for the Roots of Wings. In: Susan Bassnett, ed. *Knives and Angels: Women Writers in Latin America*. London and New Jersey: Zed Books. 1-8.

Coddou, Marcelo, 1990. "Dimensión Paródica en Eva Luna." In: Pablo Berchenko and Adriana Castillo de Berchenko, eds. *La Narrativa de Isabel Allende: Claves de una Marginalidad*. Perpignan: CRILAUP (Centre de Recherches Ibériques et Latino-Américaines de l'Université de Perpignan). 99-112.

Colomines, Gabrielle, 1990. "Convergencias y Divergencias: De Gabriel García Márquez a Isabel Allende." In: Pablo Berchenko and Adriana Castillo de Berchenko, eds. *La Narrativa de Isabel Allende: Claves de una Marginalidad*. Perpignan: CRILAUP (Centre de Recherches Ibériques et Latino-Américaines de l'Université de Perpignan). 39-68.

Davies, Catherine, 1993. Introduction: Subversive Strategies. In: Catherine Davies, ed. *Women Writers in Twentieth-Century Spain and Spanish America*. Lewiston, Queenston, Lampeter: The Edwin Meller Press. 1-11.

Dölz, Blackburn, Inés and Violeta Sulsona, 1992. "Isabel Allende a través de sus Entrevistas." *Inter American Review of Bibliography*, 42 (3), 421-430.

Elam, Diane, 1994. Feminist Theory and Criticism: Poststructuralist Feminisms. In: M. Groden and M. Kreiswirth, eds. *The John Hopkins Guide to Literary Theory and Criticism*. Baltimore : The John Hopkins University Press, 242-247 .

Evans, Judith, 1995. *Feminist Theory Today: An Introduction to Second-Wave Feminism*. London: SAGE Publications.

Gómez Parham, Mary, 1988. "Isabel Allende's *La Casa de los Espíritus* and the Literature of Matrilineage." *Discurso Literario*, 6(1), 193-201.

Hart, Patricia, 1989. *Narrative Magic in the Fiction of Isabel Allende*. London and Toronto: Associated University Presses.

Hart, Stephen, 1991. "On the Threshold: Cixous, Lispector, Tusquets." In: L.P. Condé and S. M. Hart, eds. *Feminist Readings on Spanish and Latin American Literature*. Lewiston, Queenston, Lampeter: The Edwin Meller Press. 91-105.

Marcus, Jane, 1989. "Alibis and Legends: The Ethics of Elsewhereness, Gender and Estrangement." In: Mary Lynn Bore and Angela Ingram, eds. *Women's Writing in Exile*. Chapel Hill and London: The University of North Carolina Press: 269-294.

Martínez, Nelly, 1991. "The Politics of the Woman Artist in Isabel Allende's *The House of the Spirits*." In: S. W. Jones, ed. *Writing the Woman Artist: Essays on Poetics, Politics and Portraiture*. Philadelphia: University of Pennsylvania Press: 287-306.

Meaney, Gerardine, 1993. *(Un)Like Subjects. Women, Theory, Fiction*. London and New York: Routledge.

Odette Alonso

Canción antigua

Antiguos poderíos
reinos donde brillaron el alcohol y los sudores.
La hierba se ha secado
se apagaron las luces de eternos escenarios
donde los amuletos se volvieron tatuajes
y cayeron los puentes
las nubes sin color.
Antiguos poderíos cubiertos por la sombra
casa donde el cadáver se impregna en las paredes
y prueba sus linternas enfrente del espejo.
Huele a ciudad podrida.
Queda sólo el silencio de un arpa en el desierto.

Nace en Santiago de Cuba, Cuba en 1964. Poeta y narradora. Licenciada en Letras por la Universidad de Oriente. Actualmente reside en la Ciudad de México.
Pertenece a la Unión de Escritores y Artistas de Cuba (UNEAC) y a la Unión de Mujeres Escritoras de las Antillas (UMEDA). Vive en México desde 1992.
Ha publicado:
En Cuba: *Criterios al pie de la obra* (Premio Nacional "13 de Marzo", 1988); *Enigma de la sed* (1989); *Historias para el desayuno* (Premio de poesía "Adelaida del Mármol", 1989) y *Palabra del que vuelve* (1996).
En México y Estados Unidos: *Palabra del que vuelve* (1995); *Linternas* (1998); *Visiones* Prosa poética (2000).
Textos suyos han sido incluidos en varias antologías, revistas y publicaciones culturales de Cuba, México, Estados Unidos y Canadá.
Premios: además de los arriba mencionados, premio de poesía Punto de Partida de la Universidad Na-

cional Autónoma de México (1993) y menciones en el concurso internacional de la revista mexicana *Plural* (poesía, 1993) y en el concurso internacional de cuento Lourdes Casal (1996), II Premio Internacional de Poesía Nicolás Guillén (1999).

VIII

(el cañón)

He metido la cabeza en la boca del cañón. Tengo tres años, una herida en la mano derecha y una hermana que acaba de nacer. Es linda, con unas cejas anchísimas y el pelo muy negro. También es linda la venda blanca que cubre mi mano y la oscuridad dentro del cañón...

De *Visiones*

Odette Alonso
Linternas

Marithelma Costa
Hunter College & Graduate Center
City University of New York

No hay que ser un experto en economía para saber que la poesía no constituye uno de los productos de mayor venta en el mercado. Tampoco es necesario haber estudiado semiótica para no ignorar que el poeta o la poeta aspira, ante todo, a que se le lea. Desde su mesa de trabajo o desde los parques y los cafés, estas peligrosas personas -a quienes, según Platón, habría que dar miel y echar de la ciudad- fabrican unos mensajes en clave, unos textos concentrados y crípticos que lanzan al mar -en esas botellas que llamamos libros-, a la espera de que alguien los reciba, desentrañe y comparta algo de lo que esas mismas personas sintieron en el momento de su producción.

El problema es que, como señala la canción de los Van Van, "no es fácil". Las editoriales son peligrosamente conscientes de que los libros no se venden (a menos que ofrezcan la promesa del mejoramiento personal o la lejana y evanescente felicidad). Y cuando apuestan por la poesía tienen un concepto claro de lo que constituye un poemario: más de sesenta folios, tema unificado y, en lo posible, autor o autora reconocidos.

Por ello, es de celebrar la aparición de La Candelaria, una colección de "plaquettes" -o cuadernillos literarios- que se publica en New York y en la cual, en su novena entrega, nos ofrece *Linternas* de la poeta y narradora cubana radicada en México, Odette Alonso. Se trata de un plegable de impecable diseño y cuidada composición que encierra once textos poéticos escritos entre Cuba y el Distrito Federal. Las once composiciones se aglutinan sobre dos polos que responden a su respectiva procedencia dual: pasado vs. presente, Cuba vs. México. A lo largo de estos textos, Alonso nos presenta una serie de imágenes, a la vez íntimas y violentas, que recrean magníficamente las disyuntivas y paradojas que comporta el ser cubano a cuarenta años de la revolución.

Odette Alonso, quien había publicado *Enigma de la sed, Historias para el desayuno* y *Palabra del que vuelve,* nos ofrece esta vez unos textos directos, violentos y sumamente expresivos que se hallan a caballo entre su hoy mexicano y su ayer en Cuba. La misma naturaleza del plegable –un folio doblado tres veces por la mitad, impreso por el recto y el verso y a ocho columnas– hacen de *Linternas* una obra abierta, una especie de galaxia poética cuya lectura puede comenzar o terminar en cualquier punto. En las siguientes páginas me propongo recorrer una de las múltiples trayectorias posibles y producir una lectura que, partiendo del poema-título "Linternas" y cerrando con la composición de tema amoroso "En el puente", intenta proporcionar una idea completa de la plaquette.

Para comenzar, en el texto de tono elegíaco titulado "Linternas", la voz poética explora lo que queda de un pasado que se ha perdido, un tiempo colectivo que describe nostálgicamente a través de la combinación del imperfecto y la primera persona participativa: "éramos niños", "un ejército de desesperanzados", "y no estábamos solos." La sensación de vivir en grupo se opone al presente individual en el que sólo es posible quebrar la soledad mediante la unión amorosa. La autora nos ubica así en un ayer al que sólo se puede volver a través de la escritura, en esa "hoja que marca el rumbo de la noche" y "el curso del olvido", y con la ayuda de la linterna, metáfora lumínica que "después (de) la desbandada" funciona muy sintomáticamente "según quien le haga el guiño". En este texto se constata así mismo el certero uso del diminutivo de corte emotivo y raíz cotidiana que, introducido hábilmente en las enumeraciones, le proporciona gran impacto a la frase: "Soñábamos soldados pastelitos caravanas / y éramos más".

Frente a la fuerza emotiva de esta composición, el poema epigramático "I Ching", misterioso y sugestivo, funciona como lúdica tregua, como un paréntesis juguetón que hace recordar al lector los augurios del libro oriental:

> El amado está en la puerta
> Salto sobre el abismo y buena suerte
> Dragón que vuela por el cielo y buena suerte
> Una familia de dragones sin cabeza.

Por su parte, en "El juego de Dios" se repite el motivo lúdico, pero combinado con la violencia, uno de los subtemas de la plaquette:

> Dios se columpia es un irresponsable
> Es un adolescente disfrazado.
> En una mano el mundo
> Y en la otra una pelota que se le parece.

Más adelante, en "Vivimos en el desierto" la voz poética también ubica su discurso en el tiempo presente y elabora otra vez el tema de la violencia, pero introduce la presencia de un tú amoroso. El problema radica en que frente a todo lo previsible –y en consonancia con TS Elliot y su "Waste Land"–, la relación íntima se lleva a cabo en un paisaje desolador:

> Vamos por el desierto
> bebemos ese licor amargo agua curada
> mezcla de lluvia espesa radiactiva.

Se trata de un espacio cuajado de imágenes de origen bélico donde se hace imposible toda relación:

> Vamos por el desierto
> sobre un ring de boxeo
> cubeta de agua fría picahielo oxidado.
> No puedo protegerte
> decirte amor duerme sobre mi hombro
> yo cuidaré tu sueño.
> No puedo hacerlo bajo la balacera
> olor a pólvora que se pega a la piel como
> advertencia.

Estos textos de impresionante poder sugerente sirven de marco a "Las islas" y su contrapartida "Candela como al macao", núcleo del plegable. En ambos se ofrecen visiones contrastantes de la experiencia del mundo exterior que pueden tener los cubanos. En el primero éste se ve, lejano e ideal, desde la perspectiva de una joven que vive en esa isla del Caribe:

> Sentada en su balcón
> mirando al horizonte
> la niña sueña con viajar muy lejos.
> Europa bajo sus plantas
> las luces de París en una mano
> reconquista del mundo en sentido
> contrario.

Mientras que en "Candela como al macao" ya figura la experiencia del paria, ese ser condenado que deambula fuera de su país:

El pie en la escalerilla
la confusión de voces
Rusia y el Malecón
hermanos para siempre.
Para siempre el pie en la escalerilla
el pie el escalofrío el duro pasaporte
donde dice cubano y no raza maldita
peste del universo
cierra la puerta antes que entre
porque una vez adentro nadie podrá
sacarlo.

En el texto se recrea magistralmente el dolor de los que se marchan, a través de la negación de la nostalgia y la demolición de los símbolos nacionales:

Candela como al macao y no se quema
sueño rojo y azul que acaba en puntapié
en la negra esperanza de ahogarse en su
propia baba.
Para siempre el pie en la escalerilla
vidrio en los ojos para no ver atrás
para no sentir el salitre en el aire y no llorar
para soltarnos como el macao de los recuerdos
de la arena de una playa y de un acento dulce
para aprender el dolor de la quemada
y no echar el escupitajo al duro pasaporte
que se vuelva una pasita...

Destrucción, rechazo, violencia, pero también ternura, que se da a través del diminutivo "pasita", término que revela la relación difícil y a la vez entrañable con el país.

Por último, con "Vampiros" Alonso nos ofrece un texto cíclico cuajado de imágenes visuales que recrean la alternativa movimiento/estatismo que caracteriza el mundo vampiresco, y en "En el puente" retoma el tono íntimo del discurso amoroso, pero ahora éste se ubica en un ámbito nocturno y arquitectónico.

> Al extremo del puente la luz es más intensa
> enceguece la luz cambia nociones.
> Las brújulas atrofian su certeza
> los mapas desdibujan sus contornos
> la noche apaga la verdad del firmamento.

Ambos textos se estructuran en torno a la serie de dualidades violencia/amor, juego/tragedia, mundo cubano/mundo exterior que constituye el "leitmotiv" del plegable. A pesar de lo reducido de *Linternas,* Odette Alonso explora en sus poemas un amplio abanico de temas que presenta en una estructura fascinante y compleja -pero nunca críptica- donde pueden leerse algunos de los múltiples aspectos de la polifacética realidad cubana.

Julia Alvarez

Nace en la República Dominicana en 1950. Diez años más tarde su familia abandona la isla huyendo de la dictadura del general Leonidas Trujillo y se exilia en los EE.UU.

Así llega Julia Alvarez a Nueva York y esta experiencia, esta confrontación entre dos culturas es brillante y humorísticamente narrada en las 15 historias que componen *Cómo las García perdieron su acento*. Historias de Nueva York, antojos del pasado, regresos frustrados entretejen ésta, su primera novela.

Actualmente Julia Alvarez vive en Vermont, USA y es escritora residente en Middlebury College.

Ha Publicado:

Poesía: *Homecoming: New and Collected Poems* (1984 -1996); *El otro lado* (1995); *Housekeeping Book*; *Seven Trees*.

Novelas: *Cómo las García perdieron su acento* (1991); *En el tiempo de las Mariposas* (1994); *¡Yo!* (1997); *In the Name of Salomé* (2000); *A Cafecito Story* (2001).

Libros para niños: *The Secret Footprints* (2000); *How Tía Lola Came to Stay* (2001).

Ensayos: *Something to Declare* (1998).

Premios: American Academy of Poetry Prize (1974), The Third Woman Press Award (1986), General Electric Foundation Award for Younger Writers (1986), Research Board Award, University of Illinois (1986), PEN Syndicated Fiction Prize (1987), National Endowment for the Arts Grant (1987), Ingram Merril Foundation Grant (1990), PEN Oakland/Josephine Miles Book Award por *Cómo las García perdieron su acento* (1991), National Books Critics, nominación como el mejor libro del año por *En el tiempo de las*

Mariposas (1994) y American Library Association elegido como el mejor libro del año por la misma obra.
En el tiempo de las Mariposas, se basa en un hecho histórico. El 25 de noviembre de 1960, cuatro meses después de que la familia de Julia Alvarez abandonara la República Dominicana, se encuentran los cuerpos de tres hermanas, al pie de un risco, en la costa de la isla, tres hermanas que habían ido a una lejana cárcel a visitar a sus maridos. Una cuarta hermana, Dedé, que no fue, sobrevivió, y es ella quien cuenta la historia de las Mirabal, las Mariposas, cuatro oponentes al régimen dictatorial del general Trujillo.
Termina su novela Julia Alvarez diciendo: "es mi deseo y esperanza que mediante esta historia ficcionalizada pueda hacer que se conozcan las famosas hermanas Mirabal..., modelo de la mujer que lucha contra toda clase de injusticias... ¡Vivan las Mariposas!"
En su novela *¡Yo!*, diminutivo de Yolanda pero al mismo tiempo pronombre que indica primera persona, la protagonista, famosa tras la publicación de su primera novela, da la palabra a sus familiares y amigos para que digan la verdad sobre Yo.

> Yo, que no tiene la posibilidad de defenderse,
> Yo escribe,
> Yo da a conocer lo que sabe,
> Yo hace su autorretrato, retrato de artista,
> Yo habla con pasión provocando la controversia.

Yo, Julia Alvarez toma nuevamente la pluma para pintar en *¡Yo!* una multicolor novela.

Dicciones sin contradicciones
Julia Alvarez en busca de su voz interior [1]

Priscilla Gac-Artigas
Monmouth University, NJ

Cuando se habla de "Latina writers", en líneas generales, nos enfrentamos a dos grupos de escritoras: en primer lugar a aquellas que pertenecen, en su gran mayoría, a una segunda generación, nacidas en los Estados Unidos, escolarizadas en inglés, pero que crecen en medio de tradiciones latinas, y en segundo lugar a aquellas que llegan, traídas por su familia, a los Estados Unidos en los albores de su adolescencia. Sin que la lista sea exclusiva, entre las primeras, podemos mencionar a las chicanas: Ana Castillo, Denis Chávez, Cherríe Moraga, Sandra Cisneros, y a las salvadoreñas Sandra Benítez y Demetria Martínez. Representantes del segundo grupo serían la dominicana Julia Alvarez, la cubana Cristina García y la puertorriqueña Esmeralda Santiago.

Para el primer grupo, la adquisición del inglés se da de una manera hasta cierto punto "natural" pues nacen rodeadas del inglés en todo el ámbito social: la escuela, la calle, los medios de comunicación. Con la adquisición del nuevo idioma comienzan el proceso de traducción de las vivencias, la cultura, y la historia latinas que conocen en el ámbito íntimo de la casa; vivencias que no son propias, sino más bien absorbidas a través de los cuentos, las conversaciones de los adultos: padres, abuelos, tíos, padrinos, amigos.

Las escritoras del segundo grupo traen consigo un bagaje de vivencias propias que se expresan en su idioma pero por circunstancias que analizaremos más adelante, éstas se ven forzadas a dejar a un lado su lengua materna y luchar para dominar el nuevo idioma, idioma que les permitirá renacer y encontrar una voz propia. Ambos grupos, sin embargo, deben enfrentan una batalla lingüística en la que un idioma va retrocediendo frente al otro en aras del descubrimiento de su voz literaria interior.

Esa lucha es para nosotros lo que define la escritura de las "Latina writers" o escritoras latinas: lucha por conciliar las posibles contradicciones étnicas y sociales para encontrar su propia voz interior sin traicionar ni sus raíces ni su ser. A través de la experiencia de Julia Alvarez en donde lengua, vivencias, bagaje cultural se enfrentan a la vida, educación, expectativas profesionales en la sociedad norteamericana, trataremos de dar respuesta a varias interrogantes que surgen frente al tema:

> ¿Qué sucede cuando la narradora se queda sin voz y sin palabras para recuperar y recrear el mundo?
>
> ¿Qué sucede cuando la Scherezade no encuentra el río afluyente que la lleve al poderoso mar de la palabra que rescata y reinventa el universo?
>
> ¿Qué sucede cuando los cánones ríen, sienten, aman, lloran con acentos desconocidos y lejanos?
>
> ¿Qué sucede en el lector cuando el lector es parte de esa búsqueda de esa palabra perdida y de la historia jamás contada?
>
> ¿Qué nueva relación logran establecer estas escritoras con este lector?

Las respuestas a estas interrogantes nos ayudarán a establecer cómo se desarrolla la lucha interna de estas escritoras, cómo se presentan las batallas y cómo la escritora latina asume sus recuerdos, sus vivencias, su manejo de un idioma para encontrar su propia voz, para reinventarse a partir de cero o de la suma de todo.

Dicen aquellos que han leído a Novokov en ruso y en inglés que éste se encontró a sí mismo en este último idioma. Borges incursionó con algunos cuentos en inglés pero es en español en que se revela como el maestro que conocemos. Julia Alvarez, como otras escritoras latinas, no tuvo la posibilidad de elegir. En aquella no tan lejana época palabras tan entrañables como "columpio" eran palabras ilegales que habían atravesado la frontera escondidas en su alma, y al escaparse, eran devueltas a su mundo escondido por la profesora de inglés, hasta que un día Julia se encontró comunicando en inglés, hasta que un día se encontró Julia con una profesora, Sister Generosa, que le enseñó más allá de las reglas gramaticales, a expresarse en un nuevo idioma. Ese día, nuevamente, los columpios de su infancia se mecieron libremente en las páginas de su escritura, devolviéndole al mecerse, un lugar donde soñar, un lugar sobre el cual pararse y afirmarse. Ya no era una extraña, había pisado, descubridora, el nuevo idioma y podía regresar, sin vergüenza, a sus raíces para escribir.

Una identidad, la de la interlocutora de almas hispanas, desaparece para reaparecer en una mezcla, y en ese momento la identidad no aparece como una cosa fija que se tenga que preservar, aparece en movimiento. Al aprender otro idioma hay que prestar atención a cada palabra, buscar, darle una dimensión. Al escribir, así se sea en su propia lengua, hay que reaprender el idioma, volver a encontrarlo para sacarlo de sus cánones y enviarlo a navegar por las páginas de una novela o los versos de un poema.

Se puede renunciar a un vestido, a un peinado, pero no al alma.

Al comienzo, en la época del érase una vez... en su país natal, una niña, Julia Alvarez, se escondía bajo las sábanas para leer el único libro que leyó voluntariamente, un libro regalado por su nana: *Las mil y una noches*. Yo soy Scherezade, se decía, yo soy una niña atrapada en un reino en el cual piensan que las mujeres no son muy importantes. Viene esta niña de un mundo en el cual siempre se les pregunta a los hombres qué quieren ser cuando crezcan; a las mujeres no se les pregunta, la sociedad les trazó su camino, y sin embargo, ella es Scherezade y es ambiciosa y lista y está decidida a sobrevivir, a utilizar su ingenio, como el ingenioso hidalgo de La Mancha, para encontrar los caminos que le permitan combatir contra molinos, encantamientos y gigantes y rebasar los límites que le fueron fijados.

La niña trajo escondido en su equipaje a Shezade, pero también trajo escondido el recuerdo del cruel Sultán que gobernaba allá no tan lejos, allá en dirección al Palacio Nacional, allá donde las sirenas le enseñaron que su sonar tenía dos significados: uno, que el dictador salía a la calle y que había que vaciarlas para que éste pudiera pasear a sus anchas, otro, aquello que hacía temblar a sus padres, realidad que escondían de los niños bajo otro idioma. La niña se refugió en Scherezade y aprendió que las historias podían salvar a uno y en un país donde el analfabetismo llegaba al 80% fue rodeada para su salvación por la tradición oral.

Y luego lejos, en otro mundo, mundo en el que dominaba la nostalgia del mundo perdido, aprendió que, frotando la lámpara del lenguaje podía hacer reaparecer al genio, podía hacer aparecer los suspiros, los olores, la gente y lugares que había perdido. Aprendió que el lenguaje es poder; pero más importante, aprendió que Sherezade había permanecido en el tiempo y llegado hasta ella por lo que se contó a sí misma, por lo que se contó su historia, lo que realmente ella era. Entonces, en una nueva realidad, en un nuevo lenguaje, en un nuevo país, Julia Alvarez comenzó a reinventarse reinventando el ritmo de las palabras, la magia de las palabras, la musicalidad de las palabras, y al reinventarse encontró nuevamente las musas, mujeres dominicanas en los Estados Unidos, que le permitieron alimentar sus raíces y escapar de las convenciones impuestas por un círculo social.

Su primer contacto con el inglés fue con un idioma de misterios, con un idioma que ocultaba en vez de revelar: "Say it in English, so the children won't understand", (*Something to Declare* 22) decía su padre a su madre cuando quería guardar algo en secreto. Fue un contacto más bien con sonidos, con entonaciones, con un tono de voz que reflejaba algo urgente, algo importante, el idioma de las preocupaciones y secretos, un idioma de lo excluyente.

En aquella época no logró descifrar el contenido de las palabras, y sin embargo, conociendo la cara de su madre, las expresiones del alma de su madre a través de su rostro, entendió lo que su padre quería decir, puesto que el rostro de la madre hablaba en español y en el fondo, el idioma es la proyección del alma.

Un día sucedió lo inevitable, Julia Alvarez escribió con acento perdiendo el acento al escribir a partir de lo suyo, y lo que parece contradictorio deja de serlo. Un día le solicitaron tres o cuatro líneas sobre mujeres domicanas para una colección de tarjetas, y la memoria regresó, aquello que se ocultó en el inglés regresó; de las tumbas salió el grito no como la descripción del grito sino como el significado del grito. El asesinato, no el hecho que apareció en los diarios, no aquella noticia que intenta clasificar aquello que no tiene clasificación, sino aquélla que comienza a existir donde las clasificaciones terminan. No, regresa a la vida un asesinato en el cual el acontecimiento nos remite a una situación extensiva que existe más allá del asesinato, antes de él y alrededor de él. Y este asesinato no puede entenderse si no se conoce la situación exterior en que se produjo, y Julia Alvarez tuvo que regresar a lo escondido en el inglés de sus padres, a los temores, a la situación política para encontrarse más allá del grito con "las mariposas", con las Mirabal. Asesinato político que en sí ya era parte de una novela en el sentido de que no era un acontecimiento lineal, que la información era una información parcial que enviaba más allá de sí mismo. A través de la investigación, de la inmersión en su mundo, Julia Alvarez encuentra su voz interior para entregarnos esta historia ficcionalizada como ella la llama, para regresarnos a las Mariposas y hacernos exclamar junto a ella al final del libro: "¡Vivan las mariposas!"

Julia Alvarez llegó a vivir a una sociedad en la cual aún no existía la aceptación del bilingüismo, hoy nuevamente bajo ataque, en que para ser aceptada debía dominar el inglés, dominio que implicaba de alguna manera el esconder su idioma materno. Sin embargo al leer a Julia Alvarez pareciera que no se está leyendo en inglés, idioma de oraciones cortas, no más de una idea por frase, si no, el lector puede perderse y no entender. En Julia Alvarez encontramos en inglés oraciones complejas con cláusulas que murmuran entre ellas, que juegan a las escondidas para transmitirnos a nosotros, lectores, no sólamente la emoción de la historia, sino ese placer que se siente al descubrir las relaciones entre ellas; oraciones que trascienden en su forma la idea, que rompen reglas y cánones, donde "a little coffee" tiene el inconfundible aroma del cafecito y no del expresso.

A partir de su libro de ensayos, *Something to Declare* podemos trazar el camino de las escritoras latinas partiendo de la experiencia de esta escritora en los Estados Unidos: su llegada a la escritura, su triple búsqueda de definición (nacionalidad, género y voz literaria) debatiéndose entre una tradición familiar y cultural latina que la predestina forzándola a acallar sus voces interiores, y la sociedad norteamericana en que se desarrolla que, aunque parece favorecer su búsqueda de voz propia, no provee en sus cánones la imagen que dé vida a esa voz que busca forma, que busca el camino de los pequeños ríos que bajan por las montañas buscando perderse en el mar (129) de la literatura.

Hoy, al leer a Julia Alvarez, al escuchar su voz en inglés el mundo se nos aproxima en español puesto que las mariposas o su "*Yo*" nos hablan en español. Es en el lector que su escritura va reencontrando su verdadero color, es en la lectura que encontramos su ritmo y su significado pues como nos dice María Hinojosa en su introducción a la antología *Daughters of the Fifth Sun* el inglés es el idioma de estas escritoras. Ahora éste les pertenece, y es en este idioma en que ellas nos hablan de su casa y de su identidad, de su sentido de pertenencia cultural, de Mami y de Papi, de países, fronteras y racismo, de deseos, pasiones y revoluciones.

En la segunda mitad de este siglo la crítica fue cuestionada dando nacimiento a una nueva crítica que rompió con los cánones, y al contacto con nuevas corrientes filosóficas, produjo innovadores elementos de evaluación. Hoy, al final del milenio yo me hago, y dejo abierta a ustedes esta última pregunta: ¿no sería ya tiempo que la labor literaria de las escritoras latinas produjera una nueva forma de lectura, una renovada crítica en donde aquello que no es "gramaticalmente correcto" sea revisado a la luz del placer de descubrir las capas entre las frases, el sabor y los aromas del texto y la fuerza y el poder de la palabra?

Hablando sobre la claridad en la escritura, decía Roland Barthes en *La crítica y la verdad* que escribir es en sí organizar el mundo y que aprender un idioma es comprender cómo se piensa en ese idioma. Es por lo tanto inútil, según él, reescribirse si no se está decidido a re-pensarse. (Roland Barthes *Critique et vérité* 33) ¿Y qué es lo que nos están entregando estas escritoras sino un re-pensarse expresado en una nueva estructura verbal? La validez de sus textos se manifiesta desde el momento en que éstos se asientan en tanto escritura; es un mundo -su mundo, nuestro mundo- el que en ellos se manifiesta. Es una escritura madura que venció la dificultad del idioma y abolió la rigidez de los cánones establecidos hasta hacerlos reventar con susurros de acentos nostálgicos de tierra mojada, de olores y sabores lejanos, pero reconocibles. Al permitir que las voces de su mundo las invadieran, al dejarlas que se internaran, a su manera, dentro de una estructura de signos y acentos diferentes, las escritoras latinas lograron dominar estas voces y vestirlas de identidad y por el poder de la palabra, escribiendo en otro idioma con acento de raíces, están marcando la literatura de nuestros tiempos.

Notas

1. Este ensayo fue previamente publicado en *Ventana Abierta*, vol. III, número 10, California: Universidad de California en Santa Bárbara, primavera 2001: 14-20.

Obras citadas

Alvarez, Julia. *Something to Declare*, North Carolina: Algonquin Books of Chapel Hill, 1999.

Barthes, Roland. *Critique et vérité*, Paris: Editions du Seuil, 1966.

_______. *Essais critiques*, Paris: Editions du Seuil, 1964.

Milligan, Milligan and De Hoyos. *Daughters of the Fifth Sun*, New York, Riverhead Books, 1995.

Inés Arredondo

1928 -1989

Nace Inés Arredondo en Culiacán, Sinaloa, el 20 de marzo de 1928. Falleció en México D.F. el 2 de noviembre de 1989.

Hizo estudios de Biblioteconomía y Arte Dramático en la UNAM. Con la tesis: "Acercamientos al pensamiento artístico de Jorge Cuesta" obtuvo el grado de maestra en Letras Españolas, en 1973, en la Facultad de Filosofía y Letras de la Universidad Nacional Autónoma de México.

Durante su período como becaria del Centro Mexicano de Escritores (1961-1962) preparó algunos de los catorce relatos de *La Señal*. En 1962, Inés recibió la beca de la Farfield Foundation de Nueva York y fue becaria del FONCA en 1989.

Fue maestra de literatura, durante varios años, en escuelas preparatorias de la Ciudad de México. Pertenece a la generación de Juan García Ponce, Salvador Elizondo, Humberto Bátiz y José de la Colina, miembros de la segunda época de la *Revista Mexicana de Literatura*, en la cual Inés publicara cuentos y páginas de crítica.

Es también autora de poesías reunidas en colecciones privadas las cuales consideraba "desahogos adolescentes." Es el relato corto, sin embargo, el género de sus preferencias.

Publicó:

Cuento: *La señal* (1965-1980); *Río subterráneo* (1979); *Opus 123* (1983); *Los espejos* (1988); *Obras completas* (1988); *Inés Arredondo para jóvenes* (1990).

Ensayo: "Acercamiento a Jorge Cuesta" (1982); "Apuntes para una biografía": la de Gilberto Owen (1982)

Premios: Premio Villaurrutia por su libro: *Río Subterráneo* (1979), Medalla Fray Bernardo de Valbuena (1986), Doctorado Honoris Causa de la UAS (1988).

Los demonios íntimos de **Inés Arredondo**

Laura Hernández
UNAM - Campus Guadalajara - México

"Voy a hablar de lo otro,
de lo que generalmente se calla,
de lo que se piensa y lo que se siente
cuando no se piensa".
Juan García Ponce

Domesticidad domesticada, sueños que parten de la vigilia y desaparecen al cerrar los ojos; crueldad, amor y desencanto; almas que juegan a ser vértices en triángulos de silencios y escapes por laberintos borgianos son las características de los cuentos de Inés Arredondo. Ella arrastra, con inocencia perversa, a sus personajes por la corriente de un río oculto, que sólo se puede escuchar poniendo el oído atento a los murmullos de los pensamientos que se agazapan en las cavernas que les sirven de lecho. Pasión y razón, equivalencia y ambivalencia; demonios que la autora trató de exorcizar a través de los hombres y mujeres que pueblan sus relatos.

¿Cómo logró Inés Arredondo desde su equilibrio personal manejar los hilos enredados de las mentes atormentadas de sus marionetas sin quedar atrapada en ellos? ¿Fue un juego, mero ensayo psicológico o aguda penetración de quien tiene conocimiento de causa, y lo utiliza para condenar a otros por sus infiernos vividos? Ella logra que lo cotidiano se vuelva importante en las vidas-sombras de cada una de ellas.

El incesto, la homosexualidad, deseo y rechazo de la pureza original, demonios que Inés Arredondo utiliza con habilidad para introducir una nueva escritura criptográfica, bajo la aparente resignación de los espíritus que deambulan por sus cuentos y aceptan su destino con fatalidad griega.

> . . .La tentación del incesto es considerada así como una inclinación natural originalmente, producto de la sexualidad pura, indiferenciada, que no reconoce limitaciones hasta que éstas le son impuestas al hombre por una fuerza exterior . . .
> (Juan García Ponce 160).

En los siguientes relatos Inés Arredondo presenta el incesto como un ser esquizofrénico jugando con la pregunta: ¿quién soy o bajo qué apariencia me escondo? Soy: "El estío". Madre-mujer separadas por un eros y thanatos que luchan contra el amor sensual -meta inhibida- transformándolo en afecto y ternura. Soy una yocasta dolida que ciega busca en otro cuerpo la carne contigua.

> En medio de aquel beso único en mi soledad, de aquel vértigo blando, mis dedos tantearon el torso como un árbol, aquel cuerpo joven me pareció río fluyendo igualmente secreto bajo el sol dorado y en la ceguera de la noche. Y pronuncié el nombre sagrado.

En este cuento, Inés retoma las palabras de Tomás Segovia:

> El incesto es uno de los polos ideales de todo amor. Representa la pureza noble, es decir, la fidelidad a una pureza originaria.

Fabbiene Bradu añade sobre el tema del incesto en la obra de Inés Arredondo :

> Inés logra crear la existencia de un tema sin consumar la posibilidad que lo vuelva tangible. Esta ambigüedad, este frágil equilibrio se vuelve patente con gran audacia tocando los límites que oscilan entre la normalidad y la insania.

La tarea de la autora, escribió María del Carmen Millán,

> consiste en reconstruir las sensaciones físicas producto del deslumbramiento del amor; describir el halo impalpable que comunica dos cuerpos; acechar el chispazo de un presentimiento que en una mirada se adueña de la voluntad y vacía el pensamiento; señalar las verdades ásperas por las cuales el deseo tropieza y se encarniza con sus víctimas.

En "Apunte Gótico", Inés se adentra en el mundo de los primeros impulsos sexuales de una niña que duerme junto a su padre semidesnudo y es despertada por la fuerza de su mirada. Ella también lo observa iluminado por la luz parpadeante de una vela sobre la mesa de noche que agiganta su figura. Él la mira y se deja mirar. Ella recorre su cuerpo medio cubierto por la sábana. Son momentos suspendidos, pegados al cuerpo, ninguno de los dos se mueve.

> Algo dulce y espeso, en el centro, que hacía extraño mi cuerpo y singularmente conocido el suyo. Mi cuerpo hipnotizado y atraído . . . Me mira y no me toca: no es muerte lo que estamos compartiendo. Es otra cosa que nos une.

En este párrafo descubre una implicación o vivencia muy íntima de la autora, como si aflorara un demonio dormido de otros tiempos en su mente, y para desterrarlo utiliza la imagen de una rata asquerosa que sube por el cuerpo del padre, separándolos:

> Con sus manos sucias se aferra al flanco blanco, sus rodillas raspadas se hincan en la ingle, metiéndose bajo la sábana. Manotea, abre la bocaza, su garganta gotea sonidos que no conozco.

Arredondo da un nombre a la rata: Adelina, hija de la fregona, obviando en ello a una memoria. La figura del padre deseado sin ser poseído, el hombre cercano y distante. Electra angustiada que prefiere verlo muerto que tocado por otra:

> Ahora sí creo que mi padre está muerto. Pero no en este preciso instante, dulcemente, sonríe: complacido. O me lo ha hecho creer la oscilación de la vela.

La autora descendió al punto medular del incesto: la conciencia de la atracción entre padre e hija, y el dolor brutal del rechazo por parte de él, hacia ella, hace que deambule como Eva desterrada pariendo hijas sin padre, mujeres sin hombres, amores truncados por un pecado original que nunca se cometió, pero sí se deseó.

En "La sunamita", Arredondo esconde el incesto bajo la bendecida legalidad del matrimonio para convertir a la sobrina-hija, en sobrina-esposa y así soltar el demonio de la lujuria encarnado en el tío Apolonio, que se aferra a las carnes tersas y firmes de Luisa, transformándose en el esposo Polo. La farsa, preparada por la autora, para que envuelva hábilmente a la inocente comparsa en manos del anciano moribundo, no es perfecta del todo porque ahora, la mujer que ocupará la cama ya no es una niña asombrada y atraída, ahora es adulta, y siente asco y rechazo por el tío-padre-esposo, decrépito y agonizante que se nutrirá de su juventud para no morir. Sin embargo, la que aprende a respirar con ritmo entrecortado de estertores, es ella, aceptando su papel de esposa que languidece atrapada por las circunstancias de una obligación moral más parecida a un suicidio. Y al final del cuento Inés vuelve a dejar escapar su memoria: utiliza las mismas palabras para describir la muerte del padre incestuoso en "Apunte gótico" y la de Apolonio.

"Murió tranquilo, dulce, él mismo".

En "Orfandad", nos proyecta a un subconsciente en forma de un cuerpo mutilado y un rostro deformado, que no puede ser reconocido ni amado, pero que en sueños, se ve hermoso y buscado. Lo onírico encubre la verdad: el rechazo paterno la deja sin brazos para alcanzarlo, ni piernas para seguirlo. Está atada en una cama llena de excremento. Esta imagen que nos da Inés se puede entender como el tálamo sucio por lo que se nos pudre adentro; lo que pensamos es malo y debemos ser castigados por ello, siendo abandonadas en una soledad dolorosa que aparece en "Canción de cuna" -aquí no se esconde el incesto, pero sí la lejanía del posible abuelo-padre, rechazado por la hija adolescente que será madre-hermana de su pecado.

En este cuento Inés Arredondo maneja la regresión ocasionada por la culpa, de no haber sido reconocida, ni amada, por un hombre: su padre - de la hija-hermana, que ya siendo abuela quiere ser madre sin semilla en su seno, pero que busca en ese embarazo gestarse a sí misma y darse a luz para que todos la reconozcan y dejar de ser la amada desconocida, a la que le negaron un padre que la tuviera por hija. Ahora ella busca dentro de sí -en una demencia temporal- un nuevo alumbramiento que justifique su presencia.

En este cuento de estructura circular, vemos venir el nacimiento de la mano de la muerte, y sólo librándose del primero, la madre-abuela se salvará de morir:

> La curación fue rápida. Ella misma pidió que le extirparan "aquello" que no era más que un pólipo. Salió del sanatorio serena, mansamente alegre: abuela solamente.

Haciendo una relación sobre los tres relatos: "Apunte gótico", Orfandad" y "Canción de cuna" -al margen del incesto- encontramos una continuidad del sentimiento de orfandad paterna originaria.

En "Mariposas nocturnas", Inés Arredondo soslaya el incesto en la relación que se crea entre Hernán y Lía. Él, un hombre viejo que le gusta jugar al juego del Minotauro: por las noches es llevada a su laberinto una joven virgen, casi adolescente, preparada con ritos de purificación y aliño. Él la enjoya, le rinde pleitesía y la admira, sin permitir ser tocado. Aquí la autora hace guardar la distancia entre don Hernán, el padre, y su hija, Lía, pero el trato y la cercanía hacen crecer en ella -no sólo su cuerpo, sino también sus deseos- y al atreverse a tocarlo, es rechazada y expulsada del paraíso.

> Esta vez, como las otras, Lía, desnuda, parecía una estatua. Él le abrochó al cuello un collar de esmeraldas de las compradas en el viaje. Comenzaba el rito acostumbrado. Pero cuando, con otro collar en las

> manos, se acercó a ella de frente, para colocárselo, la estatua se movió intempestivamente y sus brazos rodearon a don Hernán atrayéndolo hacia sí. Hubo un momento infinito en el que no se movieron, luego él la rechazó con violencia haciéndola caer hacia atrás.

Inés retoma el tema del abandono cuando la mujer-hija reclama sus derechos de ser amada. Lía, transgrede la frontera, ignorante de la razón secreta que tiene don Hernán, para no tocarla ni dejarse tocar: la homosexualidad triangulada por el fiel Lótar, quien los observa con placer voyerista. Utiliza Arredondo el recurso de la homosexualidad para evitar el incesto, y tocando el tema del sexo sin género, la inocencia del origen del hombre que, como los dioses mitológicos, se aparean sin sentido de culpa, nos introduce a "Sombras entre sombras", que es la continuación de esquema del relato anterior, pero dejando atrás al demonio del incesto, se desborda en una continuación de imágenes, en las que desfila el viejo Ermilo cortejando a Laura -treinta y dos años más joven. La cubre de regalos y atenciones. Su riqueza es el sustituto de la juventud. La madre de la muchacha ve la oportunidad de asegurar su futuro, y la convence para que se case con él. La ambición une a Laura con su padre-esposo, que la llevará a conocer ámbitos aberrantes del sexo, implicándola en sus prácticas homosexuales. La autora, con justo manejo del lenguaje, nos describe las orgías, de las cuales sale siempre airosa la mujer, porque ella ama sinceramente al amante compartido, y sabiendo que la única manera de estar con él es ésa, la acepta:

> Ahora tengo setenta y dos años. Él apenas

> cincuenta y nueve. No tengo dientes, sólo puedo chupar y ya no hago nada para disimular mi edad, pero Samuel me ama, no hay duda de eso. Después de una bacanal en la que me descuartizan, me hieren, cumplen conmigo sus más abyectas y feroces fantasías, Samuel me mete a la cama y me mima con ternura sin límites, me baña y me cuida como una cosa preciosa

Se apiada Arredondo de la mujer y le concede la exquisita crueldad de erguirse, con restos de dignidad sobre la inmundicia moral que la rodea, al mismo tiempo que aplica en sus relatos las palabras de Tomás de Segovia:

> El amor auténtico, es decir, personal, es pues un atentado a la sociedad, porque sucede antes o después o fuera de ella, porque traspasa o se salta la enajenación que es la estructura misma de lo social.

Por esa razón se atrevió a tocar el tema del amor en todas sus formas, sin juzgar las conductas de sus personajes que como apunté al principio. Son sólo marionetas con sus hilos enredados. Sin embargo, ella, la autora queda íntimamente involucrada con cada uno de los demonios que dejó salir de su infierno particular.

El incesto, la homosexualidad, el deseo y el rechazo, la orfandad y el reconocimiento seguirán encadenados a los personajes de Inés Arredondo, porque ellos son la razón que les da vida, y mostrándose a través de una prosa desnuda, rica en imágenes, de conceptos desprejuiciados, justifican el atrevimiento literario que tuvo la autora. Porque, a pesar de haberse involucrado temerariamente en estos argumentos ella rescata, -como sus heroínas-

su alma del infierno al que había sido condenada por buscar la pureza original, el límite inhibido y, sobre todo: ser reconocida por esa carne contigua que le negó un rostro.

Obras citadas

García Ponce Juan. "La carne contigua" *El incesto en la literatura contemporánea*. Cruce de caminos. Universidad Veracruzana.

Sandra Benítez

Nace en 1941 de padre norteamericano, de apellido Ables, y madre puertorriqueña. Su infancia la vivió en México y El Salvador y a la edad de catorce años es enviada a Estados Unidos para realizar estudios. Benítez comienza su carrera como escritora a la edad de 39 y para tomar posesión de su herencia latina, adopta el appellido materno, Benítez, herencia que forjó su niñez cuando crecía en Centro América.
Ha Publicado:
Novelas: *A Place Where the Sea Remembers* (1993) (*Un lugar donde el mar recuerda*); *Bitter Grounds* (1997) (*Aroma de café amargo*) (1999); *The Weight of All Things* (2002).
Premios: Minnesota Book Award por *A Place Where the Sea Remembers* (1993).
Su primera novela, *Allí donde el mar recuerda* (1993), sensitivo y delicado relato de la vida en una aldea mexicana, la hizo merecedora del Minnesota Book Award.
En una entrevista realizada en el *Star Tribune Sunday*, el 25 de marzo del 2001 se dice que Benítez se encuentra ya trabajando en su próxima novela *The Night of the Radishes* cuya protagonista es una mujer de Hopkins, Minnesota quien va a Oaxaca, México para rehacer su vida.
Y de la misma manera que Julia Alvarez declara que es una "dominicana de Vermont", Benítez señala que ella es una una "gringa latina", latina de Minnesota.
El protagonista de su novela *The Weight of All Things* es el hijo único de una amiga de Benítez; es la historia de un niño que lleno de fe en la virgen María y de entrañable amor por su abuelo parte en busca de

su madre; novela que como las anteriores, entreteje la historia personal de la autora con la historia de su país, El Salvador.

"*Aroma de café amargo* (1997), su segunda novela, es un libro que cautiva y perturba por la destreza con que la autora va mostrando el amor, odio, esperanza y tragedia que viven sus personajes.

En esta novela de mucha penetración psicológica, Sandra Benítez narra la historia de tres generaciones de salvadoreños que habitan un país convulsionado por la violencia. Por cuatro décadas (1932 a 1972) las vidas de muchos se van entrelazando inexorablemente. Tanto poderosos como humildes se transforman en víctimas y portadores de esa agresividad que por largo tiempo azotó a El Salvador. La narración se convierte en una saga que relata con igual destreza, simpatía y realismo los avatares de salvadoreños de la clase alta como del campesinado. Así, la opulencia y la miseria aparecen en toda su complejidad. En el corazón del relato yacen Mercedes (la sirvienta), Elena (la patrona), sus maridos, hijos y nietos.

Sandra Benítez recurre a las manifestaciones de la cultura de masas para mostrar la realidad mítica, existencial, onírica y fantástica, presentando una larga serie de situaciones que recrean las estructuras del mundo externo. Acciones que a primera vista podrían parecer triviales, pero que por estar impregnadas de contenido humano, llaman a una reconciliación. Por otra parte, estas situaciones son también indicadoras del fenómeno contradictorio que se da en muchos lugares de Latinoamérica: la persistencia de la cultura oral en convivencia con las manifestaciones de la modernidad. En especial, se destaca el papel que desempeña el radioteatro en las vidas de hombres y mujeres. Su alto sentimentalismo alimenta sueños y sirve de escape a la miseria y violencia. Paradójicamente, uno a uno los integrantes de las familias Tobar y Contreras dueñas de enormes cafétales y plantaciones de algodón, sus empleados y peones van transformándose en víctimas y victimarios.

El manejo verosímil de dos mundos que coexisten paralelamente en medio del odio y la lealtad logra que *Aroma de café amargo* cautive desde sus primeras líneas. La autora entreteje maravillosamente el dolor, la tragedia y el amor que experimentan por igual hombres y mujeres de todas las edades y clases sociales".

María Ester Martínez Sanz
Revista de Libros
El Mercurio, julio de 1999

Nuevas voces salvadoreñas
Sandra Benítez y Demetria Martínez

Elizabeth Coonrod Martínez
Sonoma State University, California

La voz "chicana" en Estados Unidos ha sido la voz de mujer que escribe en inglés pero sobre su cultura mexicana. Ahora esa voz se ha ido ampliando a incluir la experiencia de mujeres de otras herencias o países latinoamericanos, pero que también escriben en inglés.

El término "latina" es el que ahora se emplea para referirse a escritoras de un nuevo género de novelas latinoamericanas en sabor, pero en idioma inglés: la dominicana Julia Alvarez, la cubana Cristina García y la puertorriqueña Esmeralda Santiago, ya tienen varios libros publicados y han ganado premios literarios. Todas han vivido en Estados Unidos desde niñas y su lengua de educación es el inglés, al igual a las ya famosas chicanas Ana Castillo, Sandra Cisneros y Denise Chávez; la diferencia es que estas últimas nacieron en Estados Unidos. Varias de las novelas de estas escritoras se están traduciendo al español y surge el interés por sus obras.

Aunque en Estados Unidos no se suele distinguir entre los nacidos aquí y los que nacen en países latinoamericanos (ya que se lee en traducción a otras latinas, como a Isabel Allende), se está empezando a hacer una distinción entre las varias naciones que representan, por su temática. Esta novedosa tendencia ahora representa un nuevo país de orígen: El Salvador. Dos novelas recientes, *Bitter Grounds* (1997) de Sandra Benítez y *Mother Tongue* (1994) de Demetria Martínez, ejemplifican la vida salvadoreña y el peligro de que ese pueblo sea exterminado: la primera recorre tres generaciones entre una y otra revolución y la otra la huída del país.

Benítez tiene herencia marcadamente mezclada: su madre es de Puerto Rico y su padre de Missouri, pero ella se crió en México, El Salvador y los Estados Unidos. *A Place Where the Sea Remembers* (1993; *Un lugar donde el mar recuerda*), tiene lugar en un pueblito cerca de una playa en México. La novela describe en forma lírica las vidas de los que viven y trabajan en esa región. *Bitter Grounds* (*Aroma de café amargo*) es más extensa, y narra la vida de tres generaciones de mujeres salvadoreñas, de clase alta y baja, desde la década de 1930 hasta la de 1980.

Demetria Martínez, al igual que Denise Chávez, es del suroeste estadounidense: nació y se crió en Albuquerque, Nuevo México. Es de una generación posterior a la de Benítez; nació en 1960, mientras que Benítez nació en 1941. Se ha distinguido como poeta, pero también es conocida como periodista y activista en favor de los refugiados centroamericanos. En 1987, en Arizona, fue acusada de ayudar y propiciar la entrada de dos mujeres salvadoreñas a los Estados Unidos y fue enjuiciada en relación con el Movimiento de Santuario, o sea protección a los que huían de El Salvador para proteger su vida. *Mother Tongue* (*Lengua materna*) es su primera novela.

Mientras que los personajes de la novela de Benítez demuestran cómo el gobierno salvadoreño ha enriquecido a unos y empobrecido a otros, especialmente a los nativos (indios) del pueblo, en la novela de Martínez se entretejen los actos de violencia que comete nuestra sociedad: la guerra contra indefensos en el pequeño país salvadoreño y el abuso sexual de niños en los Estados Unidos.

El hecho de que estas escritoras sean estadounidenses facilita el reconocimiento de unas voces perdidas en el "melting pot" de los Estados Unidos. Al comienzo de la novela de Martínez y en el epílogo de la novela de Benítez, se hace referencia a las 75 mil personas que murieron durante la guerra civil que tuvo lugar entre 1980 y 1992. No se menciona, sin embargo, en las novelas la existencia de unos 300,000 refugiados que durante la guerra civil huyeron principalmente a México y a Estados Unidos.

En el prefacio de la novela de Martínez, se asocia el comienzo de la guerra civil con el asesinato del arzobispo Oscar Romero en 1980 y los más de mil millones de dólares que el gobierno de Estados Unidos ha invertido en una guerra fratricida.

Martínez cita, al comienzo de su novela, el *Popol Vuh*, libro sagrado de los mayas: "Recuérdanos cuando ya no estemos, no nos olviden ". . .

Estas son novelas para recordar a un pueblo que no se conoce. Al igual que la novela de Julia Alvarez *In the Time of the Butterflies* (*En el tiempo de las mariposas*) (1994) estas novelas recuerdan algo que muchos nunca supieron la vida y la historia de nuestros hermanos en este continente. Sus autoras se conocerán ahora, como las autoras de *House on Mango Street* (Cisneros) y *So Far from God* (Castillo), por el pueblo que nos presentan. Se agregan a la explosión de escritoras latinas en Estados Unidos que comenzó a fines de los ochenta.

Benítez, al igual que Alvarez en su novela *In the Time of the Butterflies*, y algunas escritoras mexicanas tales como Angeles Mastretta y Laura Esquivel, logra contar la historia de la mujer una historia ignorada por los grandes del "boom" de los años sesenta y setenta.

Al comienzo de la novela encontramos a dos mujeres: Mercedes, mujer pipil esposa de un campesino que trabajaba en la finca de café del marido de Elena, y Elena la matriarca de una gran familia que perpetuará su riqueza y lugar en la sociedad por el resto del siglo.

Desde el principio se establece el contraste de la vida diametralmente opuesta de estos personajes: Mercedes, viviendo en su jacal y Elena quien se va de viaje a Nueva Orleans y asiste a fiestas donde se consume caviar importado y langosta fresca.

Una minirevolución estalla y los trabajadores del cafetal matan a uno de los dueños, el marido de la amiga de Elena. Como represalia, los dueños y la guardia nacional lanzan "la matanza" (como se llama en la novela y en la historia) de 1932, en la que muere el marido de Mercedes junto a muchos otros campesinos indígenas. Mercedes logra huir con su hija Jacinta pero su bebé es capturado por la Guardia. Nunca lo vuelve a ver; otra familia lo cría y llega a ser miembro de la Guardia nacional que muchos años después matará a la hija revolucionaria de Jacinta. Cuando Jacinta tiene apenas 18 años, llega a trabajar para Magda, la hija recién casada de Elena, una mujer moderna quien necesita tener a alguien de confianza a cargo de la casa ya que ella quiere establecer su propio negocio. Magda depende totalmente de Jacinta, ya que su marido no está de acuerdo con el negocio. Las dos mujeres tienen mucho éxito, son muy trabajadoras y emprendedoras. El negocio le trae fama y dinero a Magda, mientras que Jacinta no recibe ni aclamación ni recompensa.

El contraste de dos mujeres de caminos diferentes existe también en una radionovela que escuchan los trabajadores, reunidos en la cocina a la hora de la siesta. La radionovela recorre varios años y se intitula *Las dos* (el título que originalmente iba a llevar el libro). De las dos protagonistas, una se porta muy mal y la otra es buena, aunque sabe que su recompensa tomará muchos años por llegar. Esto parece guiar el comportamiento de los trabajadores indígenas. ¿Algún día tendrán su recompensa? Quién sabe. Son los estudiantes inteligentes, como la hija de Jacinta, quienes se convencen de que no cambiará la vida para ellos y que hay que iniciar una revolución. Termina la novela con el comienzo de la revolución en 1980 y el sacrificio de la vida de María Mercedes (hija de Jacinta) al comienzo de la misma al igual que su abuelo quien había sido sacrificado al comienzo de "la matanza" de 1932.

Esta es una historia narrada por mujeres que examina su vida oponiendo las oportunidades que tienen las mujeres de la clase alta al ciclo de servidumbre de las mujeres de la clase baja. Cuando al final de la novela muere el marido de Magda durante un secuestro, ella y su familia se van a vivir a Miami con el dinero que han acumulado a lo largo de los años mientras la mayoría del pueblo sigue viviendo en condiciones paupérrimas.

A pesar de las muestras de amor, compasión y odio entre los personajes, la novela no contiene propaganda ni persuasión política, como algunas novelas de los años ochenta. Recuerda en cierta manera a *Un mundo para Julius* del peruano Alfredo Bryce Echenique, en su interpretación de los niveles de clase. En *Bitter Grounds* hay varias escenas de comparaciones entre las mujeres indias y sus patronas (hasta el apellido de Mercedes es "Prieto", indicando el color de su piel o su raza), pero Benítez las deja ahí como preguntas incómodas en espera de respuestas. Muestra que Mercedes tiene que dejar atrás definitivamente el lenguaje náhuatl y los dioses indígenas que son desplazados por el lenguaje y personajes de la radionovela *Las dos*. Quizás no hay manera de integrar las sociedades modernas sin los sacrificios de los indios, como comenta Mario Vargas Llosa (17), y quizás un ideal en que existan las creencias y las lenguas de los nativos de este continente es incompatible con la meta de la política actual. Vargas Llosa pregunta si será imposible preservar el pasado y también garantizar la libertad y una vida decente para todos. Un ideal no se ha alcanzado para Latinoamérica, y por eso la literatura testimonial seguirá interrogando. (Vargas Llosa 18).

Demetria Martínez logra algo muy diferente con su novela de 194 páginas en comparación a las 444 de la novela de Benítez: interpretar el sentido de destierro de un salvadoreño que huyó para no perder la vida durante la guerra civil y, a la vez, la necesidad de reconocer un subpueblo de Estados Unidos. Se entretejen las vidas de dos personajes principales, mujer chicana y hombre salvadoreño. Con la ayuda de las fuerzas católicas internacionales, el salvadoreño encuentra hospedaje en Albuquerque, en el suroeste de Estados Unidos. José Luis vivirá en el sótano de la casa de la madrina de Mary, y encontrará empleo como lavador de platos en la cocina de un restaurante de la plaza central. Intentará recomponer su vida, y su estado síquico, entre estos nuevos espacios. Pero su espíritu permanece encarcelado. Aunque vive en el presente, sus recuerdos, constantes en su cerebro como explosiones de bombas, son de El Salvador, un país del que escapó y en el que perdió a su prometida y a sus familiares.

Mary, la joven que lo recoge en el aeropuerto y lo instala en su nueva casa, y luego lo lleva a las reuniones donde él explicará su experiencia en El Salvador, se enamora desde el primer día de él. Pero en la vida de ella también hay muchos vacíos. Su madre había muerto de cáncer unos años antes. La crió como madre soltera, y ahora la joven se siente muy sola. Tiene trabajo de medio tiempo, sin saber por qué camino ir en la vida. Cuando se siente optimista, compra una prenda de ropa interior en el K-Mart, la tienda de los pobres. Vacila entre ligera tristeza y depresión total.

El vecindario donde viven y trabajan es un barrio pobre, de gente que no tiene más futuro que el momento en que viven. Mary piensa en José Luis y lo que habrá sufrido, para no pensar en su propia vida. Cuando llegan a conocerse íntimamente, ella le hace varias preguntas sobre su vida. Aunque la novela es contada por ella, José Luis habla en tres fragmentos. Mary representa a los Estados Unidos, no al gobierno que perjudica y a veces intenta ayudar a los latinoamericanos, sino a una parte de los Estados Unidos que no tiene poder, pero que intenta tener voz. José Luis, quien piensa que ella nunca podrá entender su vida y sus sufrimientos la identifica con la imagen negativa. El desconoce el mundo chicano, o de este barrio próximo a la Plaza Vieja (o sea el antiguo centro de Albuquerque), o de la difícil juventud de ella, al igual que se desconoce en Estados Unidos el aprieto de esta clase no mayoritaria. La novela evoca un doble mensaje, de que Estados Unidos necesita conocer mejor a su propio pueblo, al igual que a otros pueblos. Según la investigadora bell hooks, la cultura popular en Estados Unidos refleja a los pobres como estereotipos sin dignidad, tipos perezosos que harían lo que fuera para enriquecerse (168). La verdadera situación en que viven es tan desconocida como los apuros que pasa un salvadoreño o un guatemalteco que huye de la tortura y la muerte en su país. El resultado de la novela de Martínez es un choque entre esos dos mundos, y una apertura para conocerlos mejor a ambos.

Cuando Mary sólo menciona una palabra clave, José Luis de repente la ve como policía o guardia nacional y reacciona violentamente. La empieza a golpear brutalmente reclamando la tortura y la muerte de su prometida. Mary se asusta y también empieza a gritar. Se abre, emocionalmente, dejando salir lo que había estado encerrado en ella por muchos años: algo brutal que ocurrió cuando ella tenía sólo siete años de edad. Su mamá la había dejado bajo el cuidado de un vecino, un hombre de corbata, que abusó sexualmente de ella. Nunca supo expresar lo que le pasó, y había soportado ese secreto por muchos años. Juntos, Mary y José Luis libran lo que llevaban muy adentro, el dardo que escondían, que había causado las heridas con que se enfrentaban a su vida. Su vacío más profundo llena el pequeño cuarto en que se encuentran. Cuando de repente suena el silbido de un tren, no se sabe por un momento si es un tren que escuchó José Luis en El Salvador en el momento en que encontró el cadáver de su prometida, o el que escuchó Mary en ese momento de agonía en su niñez, o en el momento actual, en la recámara del sótano de la casa en Albuquerque.

Esta pausa lleva a un reconocimiento de que ahora los dos pueblos diferentes, el estadounidense y el salvadoreño, pueden empezar a conocerse mejor, para ver cómo los problemas sociales en cada uno afectan al ser humano en general. Cada cuento tiene su medicina, dice la narradora, en una carta hacia el final de la novela. El lector tendrá que decidir

> . . . what you need most from this one so you can take it and let go of the rest. (162
> ...qué parte de esto tomar para que te ayude a entender).

Su admonición es de entender la subestrada del pueblo mundial. No se puede decidir la situación de cada pueblo por su política, sino por la manera en que sobreviven los que no tienen voz. En el caso de la mujer, la sociedad tiende a acusar en vez de ayudar a las que se encuentran en situaciones difíciles. No es parte de la visión panorámica de una sociedad evaluar las situaciones de poder entre hombre y mujer, adulto y niña. El patriarcado es símbolo del imperialismo que acaba con las vidas de los marginados (hooks 204). Nuestra sociedad ha borrado la experiencia de las mujeres que no tienen poder ni voz. Según la crítica Tey Diana Rebolledo, las escritoras chicanas o latinas muestran a los que ejercen el poder sobre ellas y que las han silenciado (109-110). En cierta manera, han eliminado su existencia. Cuando Mary narra su experiencia con el vecino, describe la sonrisa del hombre de corbata: When he smiles there isn't really a smile there; it's a minus sign" (165; cuando sonríe no se le dibuja en la boca una sonrisa sino un signo de resta). Y más tarde, cuando el hombre se despide de su mamá: "He smiles, canceling the two of them . . . He will go out and cancel whole populations" (167); Sonríe, eliminándolas a ambas . . . Saldrá al mundo y eliminará a pueblos enteros). Martínez compara a las mujeres pobres y silenciadas de este país con los pobres y marginados de El Salvador.

Ni en la novela de Martínez ni en la de Benítez, tienen reconocimiento en el mundo político los pobres de esos pueblos. Pero a la vez los espacios en que se desarrolla su vida están conectados al tiempo universal colectivo (Bernd 100), o sea, están conectados a las acciones y al control de los detentores del poder. Estas autoras les dan voz a los que no pueden hablar. Los narradores tratan de lo que usualmente no se trata y señalan lo que usualmente no se señala (Pérez 135). De hecho, logran una concienciación de vidas canceladas anteriormente. Para descubrirlos, el viaje se tuvo que hacer hacia el interior en vez de examinar el exterior del pueblo. Un vistazo hacia adentro logra respuestas y logra hallar las voces olvidadas e ignoradas. Si antes en la novela se representaba a un pueblo con el rito de pasaje, o sea, la historia de la vida de un miembro de ese pueblo, el viaje ahora es a la siquis, a lo que yace inconscientemente en el ser humano, como una exploración por medio de la siquiatría (Bernd 100). Ahora se descubre cómo se ha construido la persona que representa al subpueblo, aquél que se desconocía al tratar sólo la representación de los que han tenido el poder y la voz.

En estas dos novelas en inglés se muestran las voces de los marginados y la falta de entendimiento entre los diferentes pueblos lo cual es otra manera de abrir las fronteras del entendimiento. Una concienciación del pueblo escondido, y hasta ignorado, requiere su transmisión en inglés al igual que en español. Benítez y Martínez usan palabras del español, de vez en cuando y, hasta del náhuatl al comienzo de *Bitter Grounds*, con lo cual logran informar a un público estadounidense sobre especifidades de la cultura del pueblo salvadoreño o chicano. Su publicación en inglés ayuda a llegar a un mayor público que desconoce muchas de las historias de este continente. Eso logró Julia Alvarez con su novela *In the Time of the Butterflies*, no sólo contar la historia de los años del trujillato en la República Dominicana, sino también la historia de las mujeres de esa época y ese pueblo, su vida y sus voces. La novela de Alvarez que se acaba de traducir al español y las novelas de Cristina García, de Esmeralda

Santiago y de las chicanas más conocidas, Ana Castillo y Sandra Cisneros, han sido traducidas y publicadas en español en años recientes. Se espera que eso también se logre con estas novelas de Benítez y de Martínez. Así continuará la concienciación por el continente.

Benítez, con su novela total, un retrato histórico de varias generaciones, logra un resultado de tragedia y melodrama en que el lector necesita decidir el final. Martínez logra una buena descripción de unos espacios desconocidos [por] la cultura angloestadounidense y chicana (Pérez 138). El final conmueve y molesta al lector. Leídas en su conjunto, logran hacer pensar en la creciente población salvadoreña de Estados Unidos.

Las novelas de Sandra Benítez y de Demetria Martínez integran la experiencia salvadoreña al mundo de la escritura chicana y latina.

Obras citadas

Benítez, Sandra. *Bitter Grounds*. New York: Hyperion, 1997.

Bernd, Zilá. "The Construction and Deconstruction of Identity in Brazilian Literature". Latin American Identity and Constructions of Difference. Ed. Amaryll Chanady. Minneapolis: University of Minnesota Press, 1994; 86 -103 hooks, bell. Outlaw Culture: Resisting Representations. New York: Routledge, 1994.

Martínez, Demetria. *My Mother's Tongue*. New York: One World, 1994.

Pérez, Daniel G. "La internalización de la voz narrativa Chicana en el trabajo de Demetria Martínez." Escritura 18 (Caracas), enero dic 1993; 133-140.

Rebolledo, Tey Diana. Women Singing in the Snow. Tucson: University of Arizona Press, 1995.

Vargas Llosa, Mario. "Latin American: Fiction and Reality." On Modern Latin American Fiction. New York: Noonday Press, 1987; 1.

Yolanda Blanco

Iniciación

Y me dio esta oración
para decirla tan sólo
a las horas de la sangre:
Aprendo del menstruo
Forjo mi contigüidad con la luna
De la ubicua tierra
arranco mi fuerza
Sé que mes a mes hay un hijo que me sueña.

Yolanda Blanco nace en Managua, Nicaragua, en 1954. Pertenece al grupo de escritoras que irrumpió en el panorama poético nicaragüense en los años setenta.

Ha publicado: *Así cuando la lluvia* (1974); *Cerámica Sol* (1977); *Penqueo en Nicaragua* (1981); y *Aposentos* (1985).

Yolanda forma parte de la antología bilingüe de poetas latinoamericanas *Open to the Sun* (1981); *IXOK Amar.Go* Central American Women's Poetry for Peace (1987); *La mujer nicaragüense en la poesía* (1992); *Antología General de la Poesía Nicaragüense* (1994); y *Voces femeninas del mundo hispánico* (1996). *The poetry of Joaquín Pasos, A Bilingual Anthology*, co-translated by Chris Brandt and Yolanda Blanco. Hard Press, Stockbridge, Massachussets. *El poeta en Nueva York, Homenaje a Federico García Lorca*, Madrid, 1998. Colaboración poética en la celebración del Centenario del nacimiento del poeta andaluz.

La poesía de Yolanda Blanco
Cantos de inocencia y de experiencia

Steven F. White
St. Lawrence University

Tal como William Blake, la poeta nicaragüense Yolanda Blanco demuestra en su obra poética un entendimiento profundo de cómo la inocencia y la experiencia son "dos estados contrarios del alma humana". Estos dos modos de percibir, además, deben iluminarse de una forma dialéctica, ya que la experiencia no es la negación de la inocencia, sino una coexistencia contraria capaz de producir una síntesis mayor basada en la visión de la imaginación humana hecha tangible a través de la poesía. 1 Lo que importa es la tensión creadora en todo intento humano de resolver este diálogo de contrarios. La inocencia y la experiencia, según Blake, no se tratan de la niñez y su ausencia necesariamente, sino de dos zonas interpenetrantes o fronterizas de la vida humana entera. El movimiento entre la inocencia y la experiencia, tanto para Blake como para Blanco, acaba transformándose en una lucha radical para conseguir la liberación del hombre y de la mujer en términos sexuales, religiosos y políticos.

Las dos agrupaciones que inventó Blake para sus poemas también se aplican a la obra de Yolanda Blanco que se puede analizar de la siguiente forma: *Así cuando la lluvia*, *Cerámica Sol* y *Resistencia de árbol* son cantos de inocencia; *Penqueo en Nicaragua* y *Aposentos* corresponden a los cantos de experiencia. Se puede leer a Blake a través de un análisis de ciertos emblemas opuestos, como, por ejemplo, el cordero y el tigre. En la poesía de Blanco ocurre un fenómeno simbólico semejante cuando se contrastan distintas imágenes de la fruta que aparecen en *Así cuando la lluvia* y *Penqueo en Nicaragua*:

> Estás muy joven para cortarte.Ya hueles es
> cierto, como a madroños como a mameyes
> y me estás invitando a besarte. ¡Ah! ponte
> a punto muchacho.
>
> (de *Así cuando la lluvia*)

> "Los cadáveres del pueblo"
> La muerte ante sus casas se les disfrazó de guardia.
> Cayeron bajo el horror de los cohetes. Perseguidos desaparecieron. Ráfagas de garands los desgarraron.
> Chavalos quinceañeros veinteañeros los muchachos:
> Han caído como caen las frutas cuando están a punto. Brindaron su sazón a Nicaragua.
>
> (de *Penqueo en Nicaragua*)

De la misma manera, "la florecita blanca", "las flores de la luz" y la "alegría florida" de los cantos de inocencia de Blanco deben coexistir dialécticamente con "las flores del Horror" y las flores silvestres haciendo la guardia que "amanecen sobre las fosas comunes" en los cantos de experiencia.

En los mundos poéticos de Blake y Blanco, entramos en el estado de la experiencia no cuando tenemos una conciencia del deseo sexual, sino cuando fuerzas mayores exteriores intentan restringir, limitar y controlar el deseo sexual. La inocencia es, precisamente, la libertad de hacer el amor y de escaparse de la idea de la sexualidad como algo degradante. 2 De hecho, Ona, en el poema de Blake "A little Girl Lost" ("Una muchacha perdida"), celebra su contacto sexual con un muchacho y experimenta un profundo terror sólo en la presencia posterior de la figura paternal cuya mirada antagónica se relaciona metafóricamente con el "libro sagrado". Aunque su obra muchas veces tiene un carácter misógino y homocéntrico, Blake es, quizás, el primer escritor que usó la palabra "patriarcal" de una forma negativa. 3 Debido en gran parte a su contacto con algunos escritores asociados con el círculo de Joseph Johnson en Londres a finales del siglo XVIII, sobre todo con Mary Wollstonecraft, Blake concibió una obra que contiene muchos elementos protofeministas. Blake intenta demostrar en su poesía que una fuente de los males sociales se encuentra en las estructuras patriarcales del nexo padre-cura-rey-Dios.

Menciono la indignación de Blake que nace de su reconocimiento de habitar un mundo profundamente opresivo en cuanto a lo sexual porque creo que forma la base del vínculo tal vez más importante entre las obras de Blake y Blanco cuyo libro *Aposentos* ataca ferozmente la sociedad patriarcal contemporánea. En la primera estrofa de "Una muchacha perdida", Blake se dirige de una forma profética y visionaria a "los niños de una edad futura" que leen la "página indignada" en que aparece su poema porque quiere que ellos (y ellas también) sepan que había una época (la de Blake) en que "el Amor, el dulce Amor, se consideraba un crimen". El paso de dos siglos desmiente el optimismo implícito en el poema de Blake, según Yolanda Blanco en "A una niña del siglo futuro":

> Si preguntaras
> Si las burlas ¿Dónde ocultar tronco cabeza extremidades?
> Si mi vientre ¿Dónde los hijos?
> Si la madre ¿Cuáles encéfalos aortas productivas?

> Ay, niña mía del siglo que viene inquiridora,
> ¿Cómo decir, cuánto hablar?
> Anfibia soy Ornitorrinca Marsupial.

Desgraciadamente, según informa la poeta, la mujer sigue siendo regida por las leyes biológicas y normas sociales que le son impuestas que tienen que ver con su capacidad reproductiva: la identidad de la mujer está ligada de una forma absoluta "*marsupialmente*" a su progenie. En el poema de Blanco, la profecía con su mirada hacia el futuro expresa un pesimismo con raíces en una prehistoria zoológica. En *Aposentos* Blanco describe los parámetros de su lucha contra la desigualdad entre los sexos y disputa la caracterización de la mujer como "humana de segunda", "costilla secundaria", "macho castrado" y "cuarto mundo". En "Mujer loba de la mujer", después de cuestionar los papeles estereotipados de los dos sexos determinados por la sociedad y perpetuados por los padres a través de la familia, Blanco pregunta a la mujer en su poema: "¿Es dogma que sólo has nacido/ para lumbre del hogarY?" En "Por la calle, zagaletonas me rebasan, las piropean", la hablante lírica condena a las mujeres ("emperifolladas" y "encueradas") que se conforman a una imagen sensual superficial impuesta por el mundo masculino:

> Como gata panza arriba me defiendo de pájara pinteadas niñas de sus senos opulentos

En "Acontece", Blanco rechaza, además, el macro-sistema jurídico de la sociedad inventada por los hombres para controlar a la mujer considerada como una persona anónima:

Perenceja Mengana Fulana
qué de códigos artículos decretos te atenazan.

Esta realidad injusta encuentra su reflejo en el micro-sistema íntimo de la jurisdicción de la casa:

Cuánta onza
pañales
Cuánto trapo
aplazan tu canto
tu sudor legítimo ajeno al parto
Y esa ley, puño y letra del amado
Y esa costumbre rictus grito del amado.

Tanto Blanco como Blake en sus cantos de experiencia expresan la política interna y externa de la institución del matrimonio y demuestran cómo la opresión de la mujer se debe a su asimilación de los valores masculinos.

La percepción de ambos poetas de la injusticia social también abarca los males que se pueden atribuir a la sociedad moderna capitalista. El famoso poema de Blake "London" describe el sistema explotador de un país que se está industrializando. La repetición de la palabra "every" a través del poema produce el sentido de un absoluto universal que corrompe la inocencia de una forma total: hasta los niños de las prostitutas sifilíticas nacen ciegos. En su poema irónico y sardónico "De un mundo feliz", Yolanda Blanco entabla un diálogo intertextual con Darío cuando se dirige a la mujer y dice:

¡Es tuya el alba de oro de un mundo feliz
con talidomidas y smog!

Blanco se refiere, por supuesto, a la novedosa

medicina de la generación de su madre que al eliminar la náusea asociada con el primer trimestre del embarazo tenía el defecto de producir deformidades en el feto. La contaminación del medio ambiente, como se sabe de sobra, causa enfermedades respiratorias que afectan adversamente a la población infantil de una forma desproporcionada.

Este paisaje urbano devastado de los cantos de experiencia puede considerarse una especie de antipastoral para yuxtaponerse con el espacio pastoral idealizado de los cantos de inocencia. En el caso de Yolanda Blanco, (como por ejemplo en el poema "Trato de moldear" de *Así cuando la lluvia* donde dice "He querido atrapar/ el eco de los/ tropeles nahuas./ Rastreo tu huerto/ Macuilxochitzin" y sobre todo en el libro *Cerámica Sol*), este terreno idílico se asocia con la tierra mítica y endiosada de lo indígena nicaragüense antes de la llegada de los españoles. Como explica la poeta en un breve prólogo al libro:

> De la intención del poemario diré, que la sangre contigua me ha impulsado, y un ardiente afán de recobrar la palabra primigenia, el decir aborigen de los aquellos tiempos, cuando todas las cosas eran dioses y diosas. (1)

Estas ideas crean un contexto literario en que la poeta que se nombra con insistencia ("Yo, Yolanda viviendo en León de Nicaragua") logra convertirse en sacerdotisa indígena precisamente para poder comunicarse con las fuerzas sagradas: "De cacao refulgente es la bebida que preparo/ azul el altar que levanto/ olorosos los maderos del zahumerio". Se puede leer este poema, "Canto a los soldados del sol", con su descripción de las preparaciones para el combate y el sonido del "justo tambor de la sagrada guerra", como un texto revolucionario producido durante un período de censura y de fuerte represión en Nicaragua.

De la misma manera, no se debe analizar los cantos de inocencia y de experiencia de Blake (escritos entre 1788-1794) sin tomar en cuenta la presencia secreta de la Revolución Francesa y el pensamiento implícito de ciertos escritores de su época como, por ejemplo, Edmund Burke. [4] He aquí, entonces otro rasgo que comparten ambos poetas en cuanto a la búsqueda de un nuevo sistema político de mayor igualdad: Blake repudia el régimen autocrático y feudal derrocado por el pueblo francés; Blanco, por su parte, denuncia la tiranía somocista en *Penqueo en Nicaragùa* (escrito entre septiembre de 1978 y marzo de 1979), un libro que describe un semejante cambio social repentino y de tipo insurreccional. *Penqueo en Nicaragua* además, con su crónica del pueblo alzado de Monimbó, es una continuación de la poética indigenista de *Cerámica Sol*.

Hay, sin embargo, una diferencia fundamental entre los dos poetas. Blake sabe reconocer, describir y denunciar la injusticia social, pero parece no poseer la conciencia incendiaria necesaria para proponer soluciones a estos mismos problemas que destaca con tanta lucidez en un poema como "London". Peor todavía, es la interpretación factible de "The Little Black Boy" y "The Chimney Sweeper" como textos que carecen de ironía y que abogan por una aceptación pasiva de la injusticia y el sufrimiento. En cambio, la obra cíclica de Yolanda Blanco sí ofrece respuestas potenciales en la forma de altenativas radicales para reemplazar los antiguos y represivos sistemas políticos y religiosos, además de las normas injustas y poco egalitarias que predominan en las relaciones sexuales.

El eje del movimiento de los cantos de inocencia de sus primeros dos libros a los cantos de experiencia de *Penqueo en Nicaragua* y *Aposentos* es la figura de la poeta transformada en sacerdotisa, voz vaticinadora, y maga mistagógica que afirma las doctrinas iniciáticas. El paisaje de *Así cuando la lluvia* y *Cerámica Sol* se transforma primero en los parámetros humanos de un país específico ("un pecho que continúa latiendo /al ritmo revolucionario") en *Penqueo en Nicaragua*. En este territorio definido se lucha por motivos morales contra "la bestia" apocalíptica que fue la tiranía somocista con la esperanza de reintegrarse (tal como se manifiesta en la obra de Blake) a un nuevo Edén. Los límites del sitio de la inocencia anterior y recobrada luego se extienden para convertirse en el origen del poder sagrado femenino en *Aposentos*: "De la ubicua tierra/arranco mi fuerza". La poeta, entonces, se encuentra "inmersa en firmes ciclos", con una clara conciencia de su "alquimia fundadora y lo alquímico del sexo". La base de su sabiduría radica en el cuerpo femenino. La poeta expresa un gran conocimiento de su anatomía y de su realidad biológica vinculada a los grandes ciclos de la naturaleza con un lenguaje preciso y científico para poder afirmar su nueva identidad poderosa e independiente: "Yo/ déspota de mi flora silvestre". Así se logra sobrevivir el desencanto y el pesimismo de la experiencia. Es preciso, además, según la poeta, invocar la solidaridad espiritual de otras mujeres:

> Mujeres mías insurrectas las Antígona, las
> Rafaela Herrera las Luisa Cáceres. ¡Frun-
> zan mi ceño disconforme yo názcanme!

Este nuevo espíritu que se propone en la obra

de Yolanda Blanco abarca lo sexual, lo político y también lo religioso como en "Oración", el último poema de *Aposentos*:

> En nombre del pubis y de los senos y de la
> santa mente crezca mujer
>
> Amén.

Resistencia de árbol, una serie de veinte y cuatro poemas breves, es una especie de regreso al paisaje de la inocencia de *Así cuando la lluvia* pero con una pureza lingüística mayor. Estos poemas, con su notable sutileza japonesa y su certeza infalible de tipo zen, demuestran una gran serenidad y paz interior. Hay un reconocimiento, sin embargo, de que el deseo de permanecer en la inocencia deshumaniza la experiencia convirtiéndola en una zona innecesariamente horrorosa y limitante en cuanto a la imaginación humana. La hablante lírica, después de abrirse un camino "dando con el mazo" en *Aposentos*, afirma su alianza trascendente con el mundo natural en *Resistencia de árbol*:

> Buscando la luz, topo la oscuridad.
> Resuelta a la oscuridad, salgo a la luz

Notas

1. Alfred Kazin. "Introduction." *The Portable Blake*. William Blake. Ed. Alfred Kazin (New York: Viking, 1946): 41-42.

2. Véase Mary Lynn Johnson. "Feminist Approaches to Teaching Songs," *Approaches to Teaching Blake's Songs of Innocence and of Experiences*. Ed. Robert F. Gleckner y Mark L. Greenberg (New York: MLA, 1989): 61.

3. Véase Alicia Ostriker. "Desire Gratified: William Blake and Sexuality." *Blake: An Illustrated Quarterly* 16 (1982-83): 156-165.

4. Véase W. J. T. Mitchell. "Image and Text in Songs," *Approaches to Teaching Blake's Songs of Innocence and of Experiences.* Ed. Robert F. Gleckner y Mark L. Greenberg (New York: MLA, 1989): 46.

Obras citadas

Blanco Yolanda. *Cerámica Sol*. León , Nicaragua: UNAN, 1977: 1.

María Luisa Bombal

1910 – 1980

Nace María Luisa Bombal en Viña del Mar, Chile, en 1910. En 1922 se traslada con su familia a París donde realiza estudios en La Sorbonne y presenta una tesis sobre Prosper Mérimée. En 1931 regresa a Chile y de ahí, en 1933, se traslada a Buenos Aires donde publica sus primeros cuentos en la revista *Sur*, dirigida por Victoria Ocampo, revista de la que también fuera colaborador Jorge Luis Borges. En 1970, tras la muerte de su marido, regresa a Chile donde fallece el 6 de mayo de 1980 desapareciendo así una de las grandes voces de la narrativa hispanoamericana.
Publicó:
Novelas: *La última niebla* (1935); *La amortajada* (1938).

Al igual que Borges, Bombal juega con la realidad y la fantasía, y en sus obras es difícil distinguir cuándo está hablando lo real, cuándo lo fantástico. Contrapone María Luisa Bombal el terreno de la magia y del sueño de un mundo femenino con la brutalidad de un cierto mundo masculino.

María Luisa Bombal
en los mundos del silencio

Carmen Ferrero
Moravian College, PA

"Escribo a tientas en el silencio y por el camino descubro partículas de verdad, pequeños cristales que caben en la palma de una mano y justifican mi paso por este mundo".
Isabel Allende

Nadie duda hoy día que María Luisa Bombal (1910-1980) ha sido una de las narradoras chilenas de más renombre en este siglo, ya que su aportación a las letras hispanas es novedosa no sólo en el campo de la literatura de mujeres, sino en la nueva novela latinoamericana que se desarrolló a partir de los años treinta. A pesar de haber publicado poco, las breves novelas y los cuentos de Bombal siguen atrayendo a lectores y críticos por su alta calidad literaria. Bombal representa, por medio de la metáfora del silencio y la muerte, el mundo interior de la mujer para denunciar, precisamente con ellos, el mutismo al que ésta ha sido sometida en la sociedad.

Cuando Bombal publicó *La última niebla* en 1935, sorprendió a todos con un estilo narrativo sensual y poético. A su estilo se añadía la temática elegida: la experiencia íntima de silencio y aislamiento de una mujer que se desarrollaba en las páginas con un toque surrealista, donde los sueños y el fluir de los pensamientos se unían al cuestionamiento de una sociedad opresiva para la mujer. Su siguiente novela, *La amortajada*, y los cuentos que publicó poco después continuaron en esa misma línea discursiva y temática.

La idea del viaje interior y el explorar la conciencia del personaje adquiere protagonismo en las narraciones de la escritora, más interesada en una expresión lírica de las fuerzas de los sentimientos de sus personajes que en los acontecimientos externos a ellos. Gloria Gálvez Lira, en su libro *María Luisa Bombal: realidad y fantasía*, nos habla del gusto de la escritora por entrar en el subconsciente, y la libre fantasía que revelan las verdades más íntimas de las mujeres en su obra. Todos los críticos que han estudiado a la escritora chilena coinciden en afirmar que Bombal retrata con gran lirismo y precisión los conflictos del alma femenina y la experiencia de la mujer hispana (en concreto la chilena, según Susan Munnich) de la clase acomodada.

María Luisa Bombal ha creado protagonistas que con frecuencia han sido vistas bajo un enfoque estereotipado: mujeres sensibles, soñadoras, románticas y pasivas, seres alienados que sufren *en silencio* la marginación que -por ser mujer- les toca soportar. Los mundos soñados que ellas crean, al igual que los estados del mundo natural, les sirven de escape, pero son insuficientes para moverlas a actuar. En los últimos años se ha iniciado un análisis que saca a la luz otras características de la narrativa de Bombal más allá de lo que se percibe con una primera y superficial lectura. Así vemos cómo la relación de la heroína con el mundo pone de relieve una denuncia de la alienación de la mujer. Tejida entre la rica visión de imágenes del discurso bombaliano, encontramos, tal y como apunta Celeste Kostopulos-Cooperman, "the alienation arising from the conflict between the self and the other" (3). Esta alienación, apoyada con la fuerza de un intenso lenguaje poético, nos lleva al fondo del mensaje de las obras de Bombal: descubrir indirectamente los mecanismos internos y externos que han aislado a esas mujeres prtagonistas de su entorno político-social. El silencio que se le ha impuesto a la mujer representa una visión del mundo interno a través de los monólogos interiores. Pero esto no elimina circunstancias del mundo exterior que han obligado a la mujer a realizar este viaje hacia ella misma.

Bombal, según Munnich, alerta a las mujeres sobre "cuán ajenas somos a nuestra circunstancia cultural e histórica" (20). El acontecer político, que le llega a las protagonistas muy de soslayo, es algo que sólo controla el hombre. De ahí nace, según Lucía Guerra-Cunningham, el comentario social y político que las obras de Bombal hacen sobre la situación de la mujer. La inadecuación entre el yo de la protagonista y el mundo externo, crea -según menciona Guerra-Cunningham- una falta de sentido para su interioridad. La falta de control sobre su entorno deja además a la mujer anclada fuera de la historia. El mundo masculino, asociado con la racionalidad, el trabajo, la tecnología y la ciudad, se halla directamente opuesto al femenino, que, como contrapunto, se ve unido a la naturaleza, lo instintivo y la pasividad. Esta polaridad, nunca resuelta según Hernán Vidal, siempre aboca al fracaso en la obra de Bombal: "La parte femenina de la psiquis necesita de lo masculino para alcanzar conciencia individualizada de sí misma e ingresar en la historia" (52) pero como las protagonistas bombalianas son incapaces de encontrar una identidad satisfactoria junto al hombre, quedan "prisioneras en la enajenación mental" (54) y, por ende, fuera de la historia. Este "presentar heroínas en el limbo que excluye a la mujer de la participación histórica" (118), de acuerdo a Hernán Vidal, nos lleva a entender el porqué del silencio denunciador de esas mujeres que no se resignan en su yo interno a ser la parte pasiva de esa dualidad social entre lo masculino y lo femenino. Las protagonistas de Bombal, a través de su preocupación por lo interno y lo personal, plantean cuestionamientos centrales sobre la sociedad.

En *La última niebla,* primera novela de Bombal, la oposición entre sonido y silencio cobra una gran importancia. La narradora no nos dice mucho sobre ella misma o su pasado (ni siquiera sabemos su nombre), pero sí "oímos" el constante fluir de su conciencia. Por lo que respecta al mundo exterior, apenas se "oyen" voces externas aunque sabemos que ella "continuously monitors the movements and changing sounds that exist in her outer world" (Kostopulos, 12). Los sonidos posiblemente marcan en la novela la fina línea que separa sus ensueños de la realidad. Hacia el final de la novela la protagonista se siente horrorizada por el silencio de años que se ha instalado en su vida.

Para Lucía Guerra-Cunningham, la novela se debate en "la oposición entre el silencio, símbolo de la muerte, y los sonidos que representan la vitalidad" (61). Al comienzo de la novela, una muchacha muerta evoca para la narradora "Silencio, un gran silencio, un silencio de años, un silencio aterrador que empieza a crecer..." (16). Sin embargo, a pesar de su terror al silencio, ella opta por ocultar sus sentimentos y refugiarse en un mundo de ensueños acallando el dolor punzante que es "como un grito" (21). En ese mundo imaginado todo el episodio del encuentro con el amante sucede sin voces, así como la posterior aparición de éste y su "venir silencioso" (33) en un carruaje cerrado. Este silencio del mundo más allá de la realidad puede representar la falta de comunicación con su esposo y los demás que la rodean. En su desesperación, la mujer se refugia en los únicos sonidos reales para ella: los del mundo natural. Sus gritos sólo encuentran ecos de respuesta en los bosques; en su amante no busca la voz sino el latido de su corazón, la vida que bulle en su respiración, pero todo intento de comunicación por medio del lenguaje falla. Esto nos recuerda, según Luisa Valenzuela, que el derecho de la mujer a la palabra ha sido siempre restringido, así como su derecho a ser escuchada.

La amortajada es una novela narrada desde la perspectiva de una mujer muerta, es decir, un ser silenciado para siempre: "Han trazado un círculo de silencio a su alrededor" (97). Su discurso se registra pero no es oído; ella habla dando paso a otras voces a través de la suya, voces de hombres que no la escucharon, porque en vida siempre tuvo que callar. Curiosamente, la muchacha callada que fue, en el fondo temía el silencio "absoluto y total que solía despertarla durante las noches" (136) y que reinó en todas las ocasiones más importantes de su vida: calló su amor apasionado por su primo, calló su embarazo y el accidental aborto, y por último también ocultó su amor por el esposo y se vio obligada a callar su desprecio por él al saber que la engañaba. Sólo al morir logra lo que no consiguió en vida: romper el silencio y cuestionar su vida.

En el cuento "El árbol", el silencio de la protagonista es importante tanto a nivel de forma como de contenido por su carga simbólica. Aquí es una actitud ante la vida, un arma que ella aprende a utilizar como último recurso y que exaspera al hombre (68). La asociación de la mujer con el mutismo, y del varón con el mundo exterior de palabras y ruidos vuelve a aparecer en "Las islas nuevas", cuando la narradora se refiere así a los hombres: "Y tosen, fuman, hablan fuerte, temerosos del silencio como de un enemigo que al menor descuido pudiera echarse sobre ellos..." (78). Porque el silencio es también aliado de la mujer que, cuando calla, en contra de lo que han argüído muchos críticos, no es pasiva. Su silencio y evasión no es entrega incondicional sino protesta ante el marido que la ignora o la engaña. Por otra parte, la enajenación, física y mental, de que se "acusa" a la mujer bombaliana, es indicación de que sus cuentos y novelas expresan sin tapujos la situación de desventaja de la mujer respecto al hombre entre la clase acomodada en su época.

En el ya conocido estudio de Gilbert y Gubar, *The Madwoman in the Attic*, se pone de relieve cómo la escritora, para hablar de su verdad, debe hacerlo indirectamente. Sus obras literarias son como palimpsestos, es decir, la superficie llena de vacíos y silencios oculta un nivel de significado más profundo, al que sólo tenemos acceso leyendo entre líneas, buscando conexiones a veces poco afines con los modelos de escritura masculinos. Esta característica otorga una doble voz a las novelas de Bombal: la voz silenciada de la superficie y la voz subversiva que subyace bajo la apariencia de la sumisión o la locura. El silencio, pues, funciona como una imagen. Puesto que la mujer tiene su propia individualidad y reacciona de forma distinta al desamor y la marginalidad, tiene también su propia forma de expresar su experiencia. En opinión de Gwendolyn Díaz las metáforas bombalianas "come to signify a woman's effort to create a speech" (61). Ese nuevo discurso le da a la mujer el poder de expresarse de una forma propia que, si bien no implica la liberación de las ataduras, al menos le permite tener acceso a una esfera desde la cual dar a conocer su situación.

Bombal no pretende etiquetar o racionalizar su universo conceptual, sino dar paso al fluir de su conciencia para así mejor expresar la experiencia del silencio. Lo femenino y lo semiótico (el estado preverbal) tienen en común la marginación, "así como lo femenino está marginado en la sociedad machista, la semiótica está marginada en el lenguaje" (Moi, 173). Por lo tanto, el discurso femenino que transmite la experiencia de la mujer, como el de Bombal, es difícil de ser interpretado con las herramientas que el orden simbólico y racional nos ofrecen. Estas herramientas nos harían caer en el peligro de clasificar estas novelas como "femeninas" por su temática y estilo, pasando por alto las metáforas de un silencio que oculta una protesta.

Las protagonistas de Bombal llevan en ellas un germen de psicosis que las hace crear mundos imaginarios (una doble vida) para alejarse de la rutina y el desamor. En medio de tanto silencio, la protagonista de *La última niebla* desea una enfermedad física, un dolor que la haga sentir viva. Todas las heroínas de Bombal viven buscando un amor ideal como único centro de su vida y el fracaso en la búsqueda es lo que las hunde. Gwendolyn Díaz relaciona este anhelo de amor y sexualidad con el deseo de estas mujeres de crear su propio lenguaje que les permita, asimismo, dar voz a una nueva visión femenina del mundo. Por su parte, Gabriela Mora, en su artículo "Rechazo del mito en *Las islas nuevas* de María Luisa Bombal", nos recuerda que la errada noción de centrar la felicidad femenina en el amor, es castigada por Bombal al hacer de sus heroínas unas desgraciadas. El mensaje de estas novelas nos comunica que la expectativa del amor masculino por sí mismo no va a traer la felicidad a la mujer hasta que ésta no desarrolle su propia forma independiente de ser y estar en el mundo. Deducimos, pues, que la rebelión de esas protagonistas de Bombal está en su silencio y pasividad.

Al aislarse de la sociedad tradicional (espacio simbólico) crean su propia esfera, donde abundan las imágenes que revelan la mutilación de que han sido objeto y el deseo de liberarse. Para ilustrar esta idea Bombal utiliza una imagen: la gaviota. En *Las islas nuevas*, Yolanda es la encarnación de la vieja metáfora que identifica a la mujer con el pájaro; incluso antes de ver el muñón del ala que falta en su espalda, Juan Manuel le dice: "Ya sé a qué se parece usted. Se parece a una gaviota" (88). Y mientras en sus pesadillas del pasado Yolanda se siente ahogada por "un silencio verde como el del cloroformo" (94), silencio que simboliza la muerte, Juan Manuel "arrastra sus botas pesadas de barro y mata a los pájaros sin razón ni pasión" (96). El hombre, inconsciente del daño que causa, destruye a los pájaros sin saber que Yolanda es, metafóricamente, uno de ellos. En *La última niebla* también aparece la figura del hombre como cazador de pájaros que se burla del temor de la narradora, quien no soporta la visión de los animales muertos y sangrantes. El simbolismo de las aves para Bombal es así resumido por Celeste Kostopulos-Cooperman: "...birds thus function as antithetical symbols which visually transmit the continuous struggle between the creative and the destructive forces in the heroine's life" (15). La ya tradicional asociación de la mujer con el pájaro refuerza líricamente su antagonismo con el hombre que lo destruye. De hecho, el esposo de Brígida -la protagonista de "El árbol"- le dice a su esposa que ella es "como un collar de pájaros", y como tal, ella vive enjaulada en su matrimonio. Respecto a este tema, Marjorie Agosín apunta que la carencia de alas de Yolanda, la mujer-pájaro, indica la inmovilidad de la mujer atrapada en un espacio confinado. Mutilada, Yolanda sólo puede "volar" a espacios imaginarios a los que el hombre-cazador no tiene acceso.

Otro elemento que sirve para romper el silencio en la obra de Bombal es el piano, instrumento que tradicionalmente se asocia con la voz femenina y que a veces la sustituye, convirtiéndose en otra forma de comunicar experiencias. La música canaliza y da salida a la pasión de la mujer de otra forma silenciada. Regina, cuñada de la narradora de *La última niebla*, vive llena de pasión e intensidad gracias a su amante, algo que causa profunda envidia en la narradora. Regina "plays the piano... has a lover... but mostly, Regina has a voice, the voice she creates by breaking the law of established order, by defying the social code and becoming an outcast..." (Díaz, 52-53). Su amor transgresor le da la fuerza de la pasión que "habla" por medio del piano. Tanto Kostopulos-Cooperman como Vidal dedican parte de sus respectivos estudios sobre Bombal a analizar la importancia del piano en el cuento "El árbol", donde existe una clara asociación de ciertos movimientos musicales a las diferentes etapas de la vida de Brígida, desde la ilusión de su infancia y el desencanto juvenil después de su boda, hasta la sensación de alienación y encierro de años posteriores.

Podemos llegar a la conclusión de que la dimensión simbólica del silencio da una voz a la mujer quien tradicionalmente ha sido excluida del quehacer social y político. La escritura va recreando el silencio y la enajenación en sus varias formas, dándoles un cuerpo y una realidad en el relato. Estas novelas y cuentos, llenos de imágenes que resaltan por su fuerza poética, ponen de relieve los estados límites en que la mujer se ha visto obligada a vivir en el silencio, pero es ahí, como hemos ido viendo, donde se desarrollan espacios mentales que le permiten a la mujer dominar su realidad fuera de las normas impuestas. El silencio se escribe en y entre las palabras, como otra voz que llena y habla. En el círculo imaginario que habitan las heroínas de Bombal aparecen otros modos de ser y estar en el mundo, otras formas de comunicación que no necesariamente implican pasividad.

Obras citadas

Agosín, Marjorie. *Las desterradas del paraíso, protagonistas en la narrativa de María Luisa Bombal*. New York: Senda Nueva de Ediciones, 1983.

Bombal, María Luisa. *La última niebla/El árbol*. Santiago: Editorial Andrés Bello, 1982. (Todas las citas de *La última niebla* pertenecen a esta edición).

Bombal, María Luisa. *La última niebla/La amortajada*. Barcelona: Seix Barral, 1984. (Todas las citas de *La amortajada* pertenecen a esta edición).

Díaz, Gwendolyn. "Desire and Discourse in María Luisa Bombal's *New Islands*." *Hispanófila* 112 (sept. 1994): 51-63.

Gálvez Lira, Gloria. *María Luisa Bombal: Realidad y fantasía*. Maryland: Scripta Humanistica, 1986.

Gilbert, Sandra M., and Susan Gubar. *The Mad Woman in the Attic: The Woman Writer and the Nineteenth-Century Literary Imagination*. New Haven: Yale University Press, 1979.

Guerra-Cunningham, Lucía. *La narrativa de María Luisa Bombal: Una visión de la existencia femenina*. Irvine: Universidad de California, 1980.

Kostopulos-Cooperman, Celeste. *The Lyrical Vision of María Luisa Bombal*. London: Tamesis Books Limited, 1988.

Moi, Toril. *Teoría literaria feminista*. Madrid: Cátedra, 1988.

Mora, Gabriela. "Rechazo del mito en *Las islas nuevas* de María Luisa Bombal". *Revista Iberoamericana* 132-133 (1985): 853-865.

Munnich, Susana. *La dulce niebla, lectura femenina y chilena de María Luisa Bombal*. Chile: Editorial Universitaria, 1991.

Vidal, Hernán. *María Luisa Bombal: la feminidad enajenada*. Gerona: Clásicos y Ensayos, Colección Aubí, 1976.

Carmen Boullosa

Carmen Boullosa nace en la Ciudad de México el 4 de septiembre de 1954. Poeta, dramaturga y narradora. Estudió lengua y literatura hispánicas en la Universidad Iberoamericana y en la Universidad Nacional Autónoma de México.
En 1983 funda el taller editorial *Tres sirenas*.
Ha publicado:
Cuentos: *La Midas* (1986); *Papeles irresponsables* (1989).
Novelas: *Mejor desaparece* (1987); *Antes* (1989) [Premio Xavier Villaurrutia el mismo año]; *Son vacas, somos puercos: filibusteros del mar Caribe* (1991); *El médico de los piratas* (1992); *Llanto, novelas imposibles* (1992); *La milagrosa* (1993); *Duerme* (1994); *Cielos de la tierra* (1997); *Treinta años* (1999); *Prosa rota* (2000); *Leaving Tabasco* (2001).
Poesía: *El hilo olvida* (1978); *La memoria vacía* (1978); *Ingobernable* (1979); *La voz y método completo de recreo sin acompañamiento* (1983); *La salvaja* (1989); *Todos los amores: Antología de poesía amorosa* (1997).
Teatro: de sus obras han sido estrenadas: *13 señoritas* (1983); *Xe Bubulú* (1984); *Cocinar hombres* (1985) y *Los totoles* (1985); *Mi versión de los hechos* (1987); *Aura y las 11 mil vírgenes, Propusieron a María* (1987).
De su novela *Duerme*, dice la autora: "es una novela de aventuras... pero al mismo tiempo es una novela sobre mi pleito con la materia, mi pleito contra la identidad sexual, contra el cuerpo". Juega con las palabras Carmen Boullosa, "por aquí, por aquí, Tlamayauhca, Nite, uica", se interponen los lenguajes, se interponen los ropajes, "...todo acá es muy extraño. Este hombre es sin ropas mujer", y se viste el personaje de ropa ajena para poder viajar por la

vida acompañando a su madre en su largo peregrinar de prostituta, y a los diez años, el hombre es esclavo, y ya mujer es descubierta y violada y sigue el camino de la madre hasta que atraviesa las grandes aguas vestida de hombre para escapar a su suerte, vestida de india para escapar a la muerte.

El fin de siglo, el paraíso perdido, la utopía de un futuro inexistente y la destrucción de una sociedad cuya salvación se encontraría en el olvido y en la memoria que trae consigo la lengua son los temas desarrollados por Carmen Boullosa en su novela *Cielos de la tierra.* Juega Boullosa con los límites del tiempo, con aquellos delicados momentos que se encuentran entre dos tiempos, momentos de enfrentamientos, momentos de crisis, momentos que bordean el abismo y de los cuales queda el tiempo roto y un futuro impredecible.

Son vacas, somos puercos una metaficción historiográfica de Carmen Boullosa

Nelly Zamora-Bello
Valparaiso University, Indiana

Carmen Boullosa, novelista, poeta y dramaturga mexicana hace parte de una nueva generación de escritores latinoamericanos que está incursionando a pasos agigantados en los terrenos de la ficción. *Son vacas, somos puercos*; publicada en México en 1991, corrobora el impulso y placer que la escritora siente al reinventar una nueva realidad por medio del placer de la escritura.

En los últimos años han incursionado dentro del marco de la crítica literaria y de la literatura en general, teorías que hermanan el problema de la historia con el problema de la ficción dentro de un constructo teórico posmoderno, como es la metaficción historiográfica. Este fenómeno se ha descrito por medio de factores como: la coexistencia de códigos que responden tanto a la historiografía como a la metaficción; la función del elemento paródico en relación con la historiografía; la copresencia de elementos correspondientes a dos culturas: la "high culture" y la "pop culture", entre otros.

Una de las teóricas que más ha escrito en torno a este problema es Linda Hutcheon, quien lo ha denominado así, centrando su atención especialmente en definir y establecer los principales rasgos de la metaficción historiográfica como concepto dentro del contexto general de la posmodernidad. Dentro de su teoría se destacan, entre otros, los siguientes elementos: la intertextualidad, la autorreflexividad, el problema ontológico, la subjetividad, la parodia y la memoria como rasgos característicos de la metaficción historiográfica.

El objetivo del presente estudio es, pues, presentar el análisis de la obra *Son vacas, somos puercos*, tomando como punto de partida dichos elementos. En primer lugar, se analizará el porqué la obra de Boullosa puede ser considerada como una narrativa de metaficción historiográfica y qué rasgos hacen que se considere como tal. En segundo lugar, se estudiarán los elementos pertinentes que la caracterizan como novela posmoderna.

Son vacas, somos puercos es una novela en donde realidad empírica y ficción aparecen fundidas. Carmen Boullosa nos presenta el mundo de los bucaneros y filibusteros en América en el siglo XVII, a partir del relato que hace uno de ellos, J. Smeeks, esclavo blanco y francés que se convierte en filibustero, desempeñando al mismo tiempo, el oficio de curandero, médico y cirujano. Es él quien cuenta sus aventuras y actividades dentro de la comunidad de Los Hermanos de la Costa, a la que finalmente llega a pertenecer.

La narración empieza con el relato en primera persona por parte de la voz narrativa:

> ¿Verlo? Todo lo he visto. Por algo tengo los ojos de J. Smeeks, a quienes atribuyen el nombre de Oexmelin, y quien se dice a sí mismo públicamente para no llamar la atención sobre su persona, Esquemelin, Alejandro Oliveiro Esquemelin, aunque mi nombre sea Jean Smeeks...

Este personaje que aparece como protagonista de la historia que cuenta, señala el primer rasgo de la novela: su intertextualidad. Aunque el intertexto histórico está claramente presente en la ficción, éste no cumple ninguna función epistemológica. En primer lugar, el narrador, J. Smeeks u Oexmelin o Esquemelin o Alejandro Oliverio Esquemelin, es el encargado de relatar (es posible que 40 años más tarde, aunque esto aparece muy vagamente) los sucesos vividos por él desde su llegada a Isla Tortuga en 1666. Este personaje que históricamente es reconocido, puesto que escribió un libro sobre los bucaneros en América: *De Amerikaensche Zee-Rovers* (1678), es ficcionalizado en la obra convirtiéndose en el punto central de la historia. La "histoire" de la novela es, por lo tanto, la historia (story) que este personaje cuenta sobre su vida en el libro que escribió y que está relacionada con la historia (history) de un período determinado.

La intertextualidad aparece en la novela, y se corresponde con las características que Hutcheon le atribuye a este término desde un punto de vista teórico:

> ...a formal manifestation of both a desire to close the gap between past and present of the reader and a desire to rewrite the past in a new context.

La narración subvierte estos elementos intertextuales a través de la parodia de la historiografía. Son varios los datos que aparecen en la novela y que están estrechamente relacionados con la historia (H), pero que son parodiados por la figura del narrador, en la medida en que él es un bucanero encargado de conservar en la memoria estos sucesos, con el único fin de perpetuar el recuerdo del Negro Miel y de Pineau, sus maestros e iniciadores en los oficios de curandero, médico, cirujano y, finalmente, filibustero. Los datos históricos son incorporados a la novela, pero no asimilados. Hutcheon señala en relación con este aspecto:

> As readers, we see both the collecting and the attempts to make narrative order. Historiographic metafiction acknowledges the paradox of the reality of the past but its textualized accesibility to us today. (*A poetics...*, 114).

Esto se observa a través de la presencia de la ficción y la realidad en un mismo nivel, es decir, la coexistencia de figuras reconocidas y famosas dentro del mundo de los piratas como Henry Morgan, Francis L'Ollonais con personajes de la ficción como el Negro Miel y Pineau. El fin de la narración, pues, no es presentar figuras que desempeñaron un papel superior dentro del contexto histórico, sino por el contrario, partir de esos personajes marginales, para hacer de ellos los personajes principales. Los personajes escogidos por Carmen Boullosa para constituir su novela son filibusteros, piratas y bucaneros. Los filibusteros, según Soledad Acosta en su libro *Los piratas en Cartagena* (1886), eran los miembros de ciertas compañías que tenían sus guaridas en las pequeñas Antillas que los españoles no habían tomado para sí, y en donde se aprestaban expediciones contra las colonias españolas.

Estos personajes son personajes marginales que se definen principalmente a través de rasgos negativos. Al mismo tiempo, sus acciones están impregnadas de violencia, muerte y crueldad. Son muchos los apartes de la obra en donde esto se puede ver:

> Con el vino en la sangre, sobre el maltratado cuerpo me paré y lo pateé y lo pateé, perdida la noción del tiempo, hasta que bajo mis talones no quedó más que una

> masa infecta, como un vómito, como un caldo, con la ropa hecha jirones, como panes flotando en la espesa sopa de miga: Yo era El Trepanador y aquello había sido el asesino de los dos hombres que me habían enseñado a serlo. (116)

El mismo título de la novela denota el carácter animalesco de sus personajes: vacas y puercos. *Vacas* se aplica a aquellos hombres que permanecen en tierra domesticados y que se oponen al carácter del filibustero, ya que éste no puede dormir a diario bajo el techo de una casa sin exponerse a la locura del mar Caribe. Se diferencia, pues, de aquellos denominados como *puercos*, ya que su carácter es más aventurero, de alma libre y de valentía, pero que de todas formas denota suciedad. Desde el primer momento el narrador decide referir la historia de estos personajes marginales y plantea que su historia no va a ser la historia de Morgan, sino la suya en relación con el Negro Miel y Pineau:

> Yo, con los ojos y oídos de Smeeks, lo único que puedo hacer al respecto es no hablar en este libro del traidor Morgan, y dedicar todas sus páginas a nuestra estadía en el Caribe para la memoria del Negro Miel y para hablar de Pineau de quienes yo aprendí el oficio y la verdadera Ley de la Costa. (15)

La novela, por lo tanto, no tiene un afán trascendente; su fin es más un fin inmanente: el contar para no olvidar algo que en la historia quisiera ser olvidado. Este es otro de los rasgos que caracteriza la novela como una metaficción historiográfica y que se relaciona con otra de sus características: la autorreferencialidad. Es, pues, un discurso que se autorrefiere a sí mismo, y en donde la memoria cumple un papel importante, pues es a partir de ella que se refiere la palabra. Más que el proceso de conocer, en la obra aparece el proceso de narrar, el cual está mediatizado por ese intertexto existente que funciona como pretexto.

Además de la presencia de un intertexto, cuya única función es servir de base para construir una "histoire" que habla de la historia, *Son vacas, somos puercos* es un relato que no procura la búsqueda de una sola verdad o de una historia oficial, sino que opta por la pluralidad de verdades y mentiras, presentadas todas ellas bajo el punto de vista del narrador, protagonista y escritor de su historia. Explica Linda Hutcheon al respecto:

> ...historiographical metafiction plays upon the true and lies of the historical record. [...] certain known historical details are deliberately falsified in order to foreground the possible mnemonic failures of recorded history and the constant potential for both deliberate and inadvertent error. (*A poetics...*, 114).

La subjetividad es otro de los elementos del relato que entra en relación con la naturaleza intertextual del pasado y las implicaciones ideológicas de escribir acerca de la historia. Este rasgo problematiza también la relación ficción-historia, puesto que el narrador reflexiona también sobre su narración. En el último capítulo de la primera parte, el cual aparece en paréntesis con el título *Número Aparte*, el narrador se cuestiona sobre la veracidad de su historia, problematizando el hecho mismo de narrar:

> No fue bautizado como Negro Miel sino como Negro Piedra. Atado a la noria por

> una larga tira blanca de tela enrollada al cuello, da vueltas noche y día. Esto desdice la veracidad de la historia, según la voy contando. (64).

La autorreflexividad caracteriza el fragmento y deconstruye la historia como tal, pues es el narrador el que duda de lo que cuenta. Se da, además, una contradicción en torno a su papel de narrador confiable y de relator de hechos, que él vivió, pero que supuestamènte falsea. Se establece, por lo tanto, un juego entre verdades y mentiras sin ofrecer ninguna solución al lector. Los datos se falsean deliberadamente para mostrar las fallas de la memoria, que es el único medio "confiable" para referir la historia. Por lo tanto, se ve que el narrador en esta novela no es un sujeto seguro ni confiado de su memoria. Duda de sí mismo, de su habilidad para conocer el pasado con certeza. Su subjetividad se inscribe dentro de la historia misma y la problematiza:

> Esta verdad destruye la veracidad de mi historia, de la que yo he ido contando. Pero no debemos fiarnos de esta apariencia, porque ambas son la misma, sólo que en lugar de avanzar por su eje horizontal, la he cruzado de pronto hacia arriba, vertical, y he hallado esto. Creánlo. (64).

La coexistencia de los planos diacrónico (horizontal) y sincrónico (vertical) supone, a la vez, la presencia de la historia y la ficción en un mismo nivel en donde ambas dependen de las convenciones narrativas y, principalmente, del lenguaje. *Son vacas, somos puercos*, muestra la fusión de la historia y la ficción por medio del condicionamiento histórico de la ficción y de la estructuración discursiva de la historia. Se conoce el pasado únicamente a través de sus "textualized remains".

En cuanto a esto Hutcheon señala:

> First of all, historiographic metafictions appear to privilege two modes of narration, both of which problematize the entire notion of subjectivity: multiple points of view or an overtly controlling narrator. In neither, however, do we find a subject confident of his/her ability to know the past with any certainty. This is not a trascending of history, but a problematized inscribing of subjectivity into history (*A poetics...*, 118).

En la novela estos dos modos de narración aparecen problematizados por el narrador, el cual se mueve en ambos niveles: el de la metaficción y el de la historiografía. El es el elemento paródico en la narración, pues es a apartir de su relato que se falsea la historia deliberadamente. Se podrían llegar a establecer ciertas similitudes entre esta novela y el relato de Borges "Pierre Menard, autor del Quijote", donde este último funciona como intertexto del primero, y en el que está implícito el problema del original y la copia, que también se encuentra en *Son vacas, somos puercos*. El elemento lúdico participa en la obra. La ficción y la historia se convierten en un juego que consiste en decir lo que otros ya han dicho, y ahí está el meollo del asunto, pues es el lector el encargado de dar solución a esta paradoja: ¿Cuál es el original y cuál es la copia? Revisando los estantes de la biblioteca, me encontré con un libro que hablaba de la existencia del libro de Esquemelin: *The Memoires of a Buccaneer* de G. Alaux. En éste se dice respecto del libro de Esquemeling:

> Esquemeling's book, which he wrote in Dutch in 1678, is "a true account of the most remarkable assaults commited of late years upon the coasts of the West Indies by Buccaneers of Jamaica and Tortuga... wherein are contained more especially the unparalleled exploits of Sir Henry Morgan, an English Jamaican hero, who sacked Porto Bello; burnt Panama, etc". This is how the first English edition on 1684 described a work which, nearly three hundred years later, is still as exciting and readable as ever. Esquemeling himself was a Buccaneer and was present at the events which he describes, and his story has all the colour and vitality of actual experience.

Si se compara esta presentación con la obra de Boullosa se ve el paralelo indiscutible entre ambas. El proceso de recepción tiene gran importancia aquí, pues el lector es el encargado de descubrir los elementos paródicos que aparecen en el texto. Además en el caso de la novela y su gran intertexto, una de sus principales diferencias estaría dada por la parodia a la lectura. Se ironiza, por lo tanto, una lectura contextualizada del libro de Esquemeling, a partir de su reescritura y también a partir del tono del narrador. Muchos de los datos que aparecen en la novela, a primera vista parecen una simple copia del texto de 1678, pero, sin embargo, son presentados por medio de una mirada irónica:

> Yo, que fui filibustero y defendí arriesgando mi vida a la Cofradía, y que ahora no soy más que un pintapanderos, borroneando papeles para que la memoria del Negro Miel no se escape, después de cientos de años aún me emociono (en el recuerdo)

con el sueño de Los Hermanos de La Costa (80).

El sueño y el recuerdo son dos elementos que aparecen en el relato como distanciadores de la realidad y como aproximadores de la ficción. A partir de ellos se construye el relato. ¿Es el relato producto de un sueño? o ¿Es el resultado del recuerdo de un sueño? o ¿es la fusión del sueño y el recuerdo? Estas son otras de las preguntas que se sugieren en el relato y que quedan para ser resueltas sin optar por una solución única, señalando el carácter ambiguo del mismo como otro de los rasgos que impregna la narración. La ambigüedad está relacionada con la indeterminación del protagonista y narrador, que constantemente juega con el lector al reflexionar sobre la historia que cuenta, y al cambiar de nombre y adoptar otro, en una suerte de fragmentación del sujeto:

> Al empezar a contar mi historia, dejé asentado tener los ojos y los oídos de Smeeks, El trepanador o Esquemelin, según fuera el nombre con que yo o los otros me designaran. En el orden de tal historia, ya fui Smeeks, ya ocurrió la ceremonia (que deberá describir con mayor detenimiento, contar por ejemplo cómo quien se hace hermano bebe sangre de los otros hermanos y a su vez se sangra para que los otros beban de la suya, toda revuelta en vino, pero no he querido detenerme en cada detalle para poder llegar al fin de mi historia), y creo que desde un principio he sido Esquemeling, porque es él quien acostumbra narrar mi historia para que no se me llame la atención sobre la persona de Smeeks, en sí sin ninguna importancia. Ha

> llegado el momento en que ojos y oídos no bastan para continuar. Necesito también tener el corazón de Smeeks, El Trepanador, Esquemelin (93).

La indeterminación caracteriza al narrador a lo largo de la novela y genera en el relato ese carácter anfibiológico en torno al sujeto que narra. Se conocen los nombres que éste adopta, pero se desconoce el momento en que cada uno ellos narra o se funde en uno solo. La voz narrativa parece ser una durante la mayor parte de la narración, a excepción de las ocasiones en las que el narrador se auto-cuestiona por su ser.

Inmersa en el contexto posmoderno, se puede plantear que en *Son vacas, somos puercos* confluyen dos conceptos vitales: la doble codificación y el proceso de experimentación lectoral, los cuales están estrechamente relacionados con aquellos que se mencionaron anteriormente como la intertextualidad, la autorreflexividad, el problema ontológico, la subjetividad, la parodia y la memoria. Es importante anotar cómo la obra, de otra parte, rescata el género de los relatos de viajes inscribiéndolo en su discurso. El espacio cumple también un papel importante, pues tiene como principal función la de señalar las diferentes transformaciones del protagonista dándole un mayor énfasis en relación con el período en el que se desenvuelve.

En *Son vacas, somos puercos* es el narrador quien con un par de ojos y oídos ha fijado un momento histórico en su memoria (que no parece muy fiable) y como tal quiere presentarlo al lector. A la par que la memoria, la experiencia funciona como materia vital en la confección de esta historia. Es a través de los ojos y oídos de Smeeks que el lector presencia y participa de cada uno de los sucesos que la voz narra. El narrador es paradójico, porque a pesar de que conoce la historia que narra porque la ha vivido, duda de la veracidad de la misma. Se ve, por lo tanto, la contradicción en relación con los hechos que narra, ya que es un narrador no confiable, que pretende ser confiable y que presenta hechos que quiere que sean asumidos como confiables. Se señala, por lo tanto, "the unresolve contradiction", como aspecto típico de la cultura posmoderna y como elemento característico de la metaficción historiográfica.

La metaficción está presente en la medida en que el narrador se cuestiona por la narración y por la veracidad de su historia, objeto de su narración. En *Son vacas, somos puercos*, los hechos narrados están dados por la pluralidad en cuanto a las verdades históricas. No se puede hablar de una sola verdad. En la narración está implícito el deseo de contar la historia, el cual está mediatizado por otro deseo que es el de mantener el recuerdo de dos de los principales acompañantes del narrador durante sus travesías por el Caribe. Y ese deseo va a estar presente hasta el final, ya que en varias ocasiones el narrador se referirá al lector para que éste a su vez lo tenga en cuenta. Es, por lo tanto, un deseo cuyo fin es perpetuar la historia y su historia inmersa en ella, haciendo énfasis en el carácter metaficticio de la misma.

Esta ficcionalización conlleva al desdoblamiento del narrador, el cual se autorrefiere a sí mismo. Smeeks se sitúa en una posición externa para referirse a su forma de ser y de actuar como personaje. El tiempo de la historia y el tiempo del relato aparecen fusionados y separados al mismo tiempo. El narrador cuenta desde un presente el recuerdo de su historia o el sueño del recuerdo de ésta:

> Una de esas primeras tardes, todavía desconcertado por verme en un viaje que nunca imaginé, que no busqué, un viaje salido de la nada un día cualquiera, cuando deambulaba sin visos de cambiar la casa de mi pobreza, como si el viaje fuera el fruto de las artes insondables del mago cuya sabiduría le permitiera obtener la materia de la nada...(17).

En este fragmento y en general, en todo el relato, aparece como constante la presencia dual del narrador, el cual algunas veces aparece como un yo narrativo, refiriéndose a un yo, pero otras veces aparece como un yo refiriéndose a un él, que es él mismo yo. Esta dualidad rompe con el carácter de especificidad de la narración y le da a la obra esa pluralidad que responde a una historia que es "falseada" por la metaficción. Se observa, por lo tanto, cómo la verdad y la mentira en relación con la historia están en constante juego, un juego "deliberado" en donde la metaficción incorpora datos históricos, pero no los asimila. Simplemente subvierte el orden y crea a partir de ellos una nueva historia.

Como conclusión de este análisis se puede decir que *Son vacas, somos puercos* de Carmen Boullosa es una narración que se inscribe dentro de la metaficción historiográfica. La presencia de un intertexto que no tiene como fin una función epistemológica es uno de los rasgos que la caracterizan como tal. Es una obra en donde los protagonistas son seres excéntricos y marginales que marcan el carácter diferencial y plural de la novela. La narración, de otra parte, incorpora los datos históricos como simple información, pero no los asimila como una única verdad, es más, la obra sugiere la posibilidad de varias verdades al fusionar el intertexto y el texto en uno solo. Otro de los aspectos, por los cuales se puede considerar la novela como metaficción historiográfica es su carácter autorreferencial y autorreflexivo, lo cual supone lo ontológico como uno de sus principales problemas. Relacionado con esto, aparece la subjetividad inscrita en la historia. El narrador no es un sujeto seguro ni confiado de su habilidad para conocer el pasado, de ahí su carácter fragmentado.

Obras citadas

Acosta de Samper, Soledad. *Los piratas en Cartagena.* Medellín: Editorial Bedout, 1886.

Alaux, G. and A. T. Sertevens. *The Memoirs of a Buccaneer.* London: George Allen and Unwin LTD., 1954.

Boullosa, Carmen. *Son vacas, somos puercos.* México: Ediciones Era, 1991.

_______. *El médico de los piratas.* Madrid: Ediciones Siruela, 1992.

Esquemeling, John. *The Buccaneers of America.* (Translation of 1684-5 by Alonso de Bonne-Maison). London: George Routledge.

Hutcheon, Linda. A *Poetics of Postmodernism: History, Theory, Fiction.* London: Routledge, 1988.

_______. *The Politics of Postmodernism.* London: Routledge, 1989.

Kemp, P. K. and Cristopher Lloyd. *The Brethren of the Coast.* London: Heinemann, 1960.

Riva Palacio, Vicente. *Los piratas del Golfo.* México: Editorial Porrúa, 1946.

Intrahistoria y memoria del presente en *Cielos de la tierra* de Carmen Boullosa

Holanda Castro

"¿Y por qué sí los libros?
Porque los libros vencen la muerte de una
manera muy distinta a como lo hemos
conseguido los sobrevivientes".
Lear

¿Cómo las letras se sobreponen a golpes y desapariciones? ¿Cómo las letras son memoria y escapan de nuestras propias muertes? La obra de Carmen Boullosa proviene de destrucciones y conflictos, lo cual hemos tenido la oportunidad de corroborar en las múltiples entrevistas que se le han realizado y, particularmente, en esta penúltima novela *Cielos de la Tierra,* sobre la cual la autora nos advierte: *Cada línea sabe atrás de sí a la destrucción*.

Algunos críticos de renombre, entre ellos Karl Kohut o Andreas Huyssens, han calificado la nueva novela histórica como la novela postmoderna por excelencia, como termómetro de la novelística más actual en una suerte de fenómeno global de fin de siglo. La memoria, el pasado, la revisión de la nostalgia quizás, obsesiona a los narradores contagiosamente... ¿Dónde se dan la mano narrativa e historiografía y por qué? Sería preciso, entonces, detenerse en esta idea de la memoria en la escritura como el hacer post-funerario que puede significar la conciencia del tiempo. El filósofo checo Vilèm Flusser explica con una claridad casi meridiana que

> The concept "memory" is one of the fundamentals of western civilization (and probably of all civilizations), as it implies

> the specificity (the "dignity") of the human being. Unlike the other creatures, we do not only pass on inherited but also acquired information, we do not only have a genetic but also a cultural memory. This faculty of storing acquired information and of thus making it available (retrievable) to others is almost weird, as it is contrary to our natural condition... thanks to the cultural memory we are anti-natural beings. This almost uncanny (mysterious, "sacred") capacity of ours of storing information has been reified in some way or other in all cultures, just as if this capacity were a "thing". Within our own culture this reification of the capacity of memorizing has resulted in concepts as the "soul", the "mind" or the "self", and coherently also the concept of "immortality"[1]

La construcción de la memoria y de las letras es lo que nos privilegia como especie, es lo que le da herramientas al humano para enfrentarse a la naturaleza salvaje y enemiga. Sin embargo, a lo largo de los tiempos históricos, esta conciencia pareciese ser prerrogativa sólo de unos pocos elegidos. Elegidos amenazados siempre por esa naturaleza que no nos ha abandonado. Entender esto ha llevado a la construcción de "l'Atlàntide", la inmaterial civilización de paredes de aire, de individuos con datos en vez de recuerdos, e imágenes en vez de palabras, delineada como ciudad del futuro en *Cielos de la Tierra*. Sin embargo, ¿por qué no funciona la utopía? ¿Cuál indescifrable error de *software* nos lleva a la aporética repetición de la caída de nuestros sueños y buenas intenciones? ¿Por qué no podemos estar de acuerdo ni siquiera con la perfección?

La reflexión de Carmen Boullosa ha alcanzado unos extraordinarios niveles de refinamiento en esta novela. En una línea generativa a partir de *Llanto, Novelas imposibles*, el conflicto con las formas ficcionales y las imposiciones ideológicas sobre la identidad se encuentra ya desprendido de los programas hegemónicos que se han entronizado desde la emancipación americana, develando abiertamente sus artimañas.

Resistencia, pues, desde la intrahistoria. Gloria Da Cunha-Giabbai, se apoya en el concepto unamuniano para definir a este nuevo tipo de novelas hispanoamericanas como intrahistóricas "porque realizan un examen de conciencia colectivo que apunta al aprendizaje y a la acción..."[2] A lo largo del ensayo, veremos un poco de las características de esta estrategia literaria a partir de *Cielos de la Tierra*, texto que mantiene una relación elástica con las enmarcaciones teóricas que pudiesen proponerse, tanto desde el ámbito literario como desde la disciplina historiográfica, confirmando y subvirtiendo constantemente.

Cielos de la Tierra es de estructura muy compleja. Citando a Boullosa en su dedicatoria, "Esta novela no es una novela de autor, sino de autores. En sus páginas hay tres personajes que confiesan confesar, y habemos dos que confesamos haberla escrito": uno es Boullosa y otro un Juan Nepomuceno Rodríguez Álvarez, quien, a la vez, confiesa que la novela "le fue dada" para que la escribiera, que Estela se autosilencia y que la estructura es de novela dialógica. Lo más importante que testimonia este autor, es que él es *el hombre que ve el fin de la Historia*. Y después de la Historia hay inmaterialidad, muerte: "La guerra intercontinental se ha desatado. Si no llegan las potencias a un arreglo expedito, si no se solucionan las pugnas internas de los territorios en que hubo naciones, pocos meses quedarán al hombre y tal vez a la naturaleza." (14 3)

Es válido recordar acá el planteamiento de *Llanto. Novelas imposibles*, para entender el por qué de mi apelativo refinado. *Llanto* es una novela donde se narra la imposibilidad de *novelar* personajes históricos y fundacionales de una identidad. Moctezuma es el extremo de esta imosibilidad. De este modo, Boullosa coloca en escena aproximadamente treinta aproximaciones novelescas a la historia de la caída de Tenochtitlán, colocando inclusive los textos oficiales y los códices como ficciones, en un inacabable juego interdiscursivo que cuestiona la Verdad, la Identidad Nacional y la objetividad oficial. Es un instrumental sumamente doloroso y desgarrador, donde cada proyecto contiene su crítica interna, y en el que se termina proponiendo "la nacionalidad posible, allí donde caben Moctezuma, Cortés y la Malinche" (Ortega s.f: 180). En *Llanto*, Tenochtitlán queda deconstruido como emplazamiento mítico del *mejicano*, y se abren espacios para la comprensión de Hernán Cortés como el primer mejicano *como tal*, asumiendo su verdadero nombre: Fernando. Lágrimas y escombros quedan detrás de esta empresa, que se proponía novelar al "hombre que mira el fin del Hombre" (Boullosa, 1992: 39).

Ahora bien, el principal requisito para historiar a Moctezuma: "la concepción de la historia como *destino... los sucesos tienen que ser referidos a un sujeto*, que es quien posee el sentido histórico que los sucesos despliegan y a cuya luz estos mismos cobran su significación" (Racionero, 1998: 150, cursivas en el original), no comparece, dado que las múltiples tesis sobre el destino de Moctezuma son inexactas y contradictorias. No de otra manera se da el desplazamiento de ese destino, de ser *el hombre que mira el fin del Hombre,* hacia un anónimo sirviente indio, que tuvo la piedad de dar sepultura al cuerpo del Tlatoani y, seguramente, conoció La Noche Triste y la caída del imperio (ídem: 79).

Para la redacción de *Cielos de la Tierra,* ya se ha vivido en la época *posthumana*: los metarrelatos han caído, la mediación de las imágenes es cada vez mayor y la tecnología es absolutamente indispensable para nuestra supervivencia. Necesitábamos casas, luego ciudades y seguidamente cables para vivir y recordarnos, como señalan tanto Flusser como Mc Luhan. Nuestra manera de disfrutar, de leer, de escuchar, de mirar, cambió época tras época: del escándalo de la imprenta al de la inteligencia artificial no tuvieron que pasar muchos años. Y el papel de América Latina en "ponerse al día" dentro de esta dinámica, tardó mucho menos. Entramos, así, a la época de la *posthistoria,* y Juan Nepomuceno es quien está viendo el fin del último metarrelato.

En este punto, la novela puede ser dialógica, como no lo pudo ser en el caótico momento de la escritura de *Llanto* –enfrentamiento cara a cara con una celebración del Quinto Centenario del Descubrimiento mediado por ideoogías y desmanes-, obra que se despedazaba en voces replicantes. Claro, estoy hablando no sólo desde el plano de la ficción, sino también desde la madurez narrativa de una autora.

En defensa de Estela Díaz

El aspecto más privilegiado por la crítica en *Cielos de la Tierra* es, efectivamente, el tratamiento de la Colonia. Aunque es innegable el monumental trabajo que ha realizado Boullosa en cuanto a la época, no podemos obviar la importancia de haber organizado una novela en la medida de tres tiempos, y no sólo de tres *épocas*, sino los tres *tiempos* de la vivencia humana, presente, pasado y futuro.

El tema que nos ocupa, la conciencia de la historia en la novelística actual, se enriquece mucho con esta triple perspectiva de Boullosa. Primero, porque pone de maniiesto el poder de la ficción y de la novela como lugar organizador de la discursividad moderna. En segundo lugar porque revienta los cánones de lo que es la novela histórica conceptual y teóricamente, haciendo visible también el socavamiento que de la historiografía instituida ha llevado a cabo su propia crítica disciplinaria, conocida como microhistoria o neohistoria. De este modo, los procesos de la metahistoria y la narrativa se imbrican, persiguiendo objetivos similares y utilizando casi las mismas estrategias. Pueden servirnos como marco, para ilustrar estos mutuos agenciamientos discursivos, las definiciones del análisis histórico alternativo que dan Jim Sharpe y Giovanni Levi en sendos artículos publicados en la compilación de Peter Burke *Formas de hacer Historia*, que extrapolamos a la novela.

Como se ha dicho, la novela se desarrolla en tres tiempos encajados entre sí, pero no a modo de cajas chinas, sino dispersos, no lineales, con la única regularidad que puede dar la memoria como construcción subjetiva (que podría definirse como una de las primeras marcas de la intrahistoria como estrategia ficcional). Los intérpretes se interpretan constantemente, pues, a saber, Hernando de Rivas, protagonista de la novela de la Colonia, fue un personaje histórico y académico que, siendo monje -o cobaya- del Colegio Imperial de la Santa Cruz de Tlatelolco, se destacó como traductor y transcriptor en la preparación del famosísimo *Códice Florentino*, así como en la asistencia a las obras de Sahagún, Juan de Gaona, y Alonso de Molina, con quien trabajó en *Arte y vocabulario de México*; por lo tanto Hernando es traductor e intérprete del *encontronazo* cultural dado en el siglo XVI entre los dos continentes. Por su parte, Estela Díaz, es un personaje de ficción que, desde los años noventa del siglo XX, paleografía y traduce a Hernando, mediando así entre dos temporalidades, lo que es decir dos culturas; mientras, Lear, habitante de una Colonia del futuro, paleografía, a su vez, a Estela, cuando el manuscrito de Hernando ya ha fallecido por el tiempo transcurrido, cumpliendo el mismo rol de interpretar para una época el legado del pasado.

Los capítulos se intercalan. El pasado y el futuro desarrollan una secuencia de hechos que los convierten en cuerpos novelescos de por sí, mientras Estela, el presente, se diluye en su paleografía, cediendo la voz al pasado; se deja ver en tres o cuatro ocasiones y con un tono muy distinto al de los otros, pues el presente sólo parece admitir la crónica inmediata, la crítica política y social sin largos recorridos, con digresiones entrecortadas o abortadas, como viene a ser el caso de su primera intervención, donde se pasea por su árbol genealógico para luego enmudecer la memoria propia. Según confiesa Estela, su único interés es recuperar, aunque de manera arbitraria, como ya lo veremos, a Hernando.

Estas apariciones de Estela han sido consideradas por la crítica como desdeñables dentro del vasto cuerpo textual de las Colonias del pasado y del futuro, las historias de Hernando y Lear:

> La torre destruida de una verdadera catolicidad mexicana –Santa Cruz de Tlatelolco– ensombrece ese presente fugaz y fragmentario que Estela Díaz narra. Ese pre-

> sente pudo evitarlo Carmen Boullosa. No enriquece ***Cielos de la Tierra*** pues se infiere que la autora podría manipular el pasado sin recurrir a un alterego que informa sobre la triste realidad con escasa penetración. Estela se queja y para eso el pasado siempre resulta reconfortante.
> (Domínguez Michael, 1997: 41)

Obviando la apresurada lectura 4 manifiesta en esta critica, puede concederse que la ternura de las páginas que cuentan la historia del viejo fraile indígena, se constituyen como lugar para la evasión. Por otra parte, aunque quien primero advierte la "lateralidad" del discurso de Estela es Juan Nepomuceno, esta premisa se traiciona a sí misma, pues Estela *es el presente*, por lo tanto Estela *siempre está presente*: al contrario de lo que podamos percibir, no es de Hernando la voz que escuchamos, sino la filtración subjetiva de Estela; el texto de Hernando se convirtió en polvo, *no está presente*, excepto por la traducción confesamente traidora de Estela (traditore-traduttore). Como entronque de los tiempos, ella es, en un epíteto casi virginal "la estela de los días", una memoria ínfima de lo que fue un pasado para los tiempos de Lear, reconocidos por nosotros como *pasado* y *futuro*, pero que para sus actores es un presente continuo. El presente –nuestro– es el lugar de la memoria, y Estela es la interfaz, la mediadora necesaria para que los papeles de Hernando logren sobrevivir más allá de su muerte:

> Como he dicho, el manuscrito original está en bastante mal estado. Hasta donde voy, que es poco, he intentado reconstruir lo ilegible. Lo que no me permitiré será escribir una línea que no me interese, que no me sea importante, aunque

> el costo de hacerlo sea saltarme pasajes manuscritos con el puño tambaleante de mi indio. Cuando sospecho que los fragmentos incomprensibles aluden a tiempos anteriores a la llegada de los hispanos, he recurrido a las fuentes, más que a Sahagún (tan de sobra conocidos) a documentos recuperados por Icazbalceta. Cuando son fragmentos de vida colonial, lo mismo, me he valido de Torquemada, Motolinía, Mendieta, los *Documentos para la historia de México* de Mariano Cuevas, el *Códice Mendieta*, el *franciscano*, y por supuesto que también Icazbalceta... Me he ido tomando, incluso, la libertad de acompletar también las partes que aluden a su propia persona, echando mano de lo que mi imaginación me regale, y así he de seguirlo haciendo. ¿Por qué no? Es *mi* lectura, exageradamente personal, de un manuscrito que *me* pertenece, que me habla *a mí* desde el siglo XVI, que me explica *mi* presente.
>
> (66-67 cursivas en el original)

Puede verse en este extracto cómo Estela ha invocado desde un primer momento una estrategia de recuperación del manuscrito colonial bastante hermanada con los procedimientos de Sharpe y Levi. Este último por ejemplo, habla de un renacimiento del relato donde se incorporan los elementos mismos de la investigación y las construcciones interpretativas (Levi, 1991: 36), mientras Sharpe añade explícitamente la imaginación histórica (1991: 55). La otra gran riqueza de este pasaje es su abismación metaficcional, por lo que el fragmento resulta magistral, poniendo en escena la naturaleza y mecanismos de construcción textual.

Un magnífico ejemplo del *historiar desde abajo*

resulta la crítica y crónica del México finisecular (del siglo XX) legada por Estela sin proponérselo; hay un ensanchamiento de los tiempos que comprueba la necesidad de recuperar siempre la memoria desde el presente, una necesidad ontológica de sortear la incertidumbre: Estela no habla desde una nada fáctica; aunque trata de ser comedida, percibimos el ambiente difícil por el que atraviesa la civilización occidental de finales del siglo XX, y se remite a una memoria personal que habla de prejuicios y perjuicios. Tampoco así Hernando, quien, por su parte, escribe a escondidas -o eso intenta- la historia obliterada del Colegio Tlatelolco, legando simultáneamente para la reconstitución novelesca e histórica, fragmentos sobre el pasado náhual, técnica que, aunque marginal en la empresa primaria del fraile, es vital para la economía de la novela.

Según señala Sharpe, muchos historiadores desde abajo se interesan principalmente por documentos cuya intención no era registrar para la posteridad. Todo esto va construyendo una ideología específica de la novela de Boullosa, que es hablar desde lo obviado, desde lo otro, lo subalterno. Su lugar de enunciación sería, en términos historiográficos, *desde abajo* y esto se corresponde con la crítica a la modernidad que desde hace tiempo se viene localizando en los distintos estudios disciplinarios conados con la acción política de los Estudios Culturales. Por lo tanto, Lear, la mujer del futuro, entra también en el juego, haciendo ver a la historia como discurso prospectivo, es decir, la futurología es una posibilidad dentro de la historia. Sin embargo, la crítica al proyecto moderno propuesta en la novela es tan mordaz que atraviesa este planteamiento, colocándonos frente a la incertidumbre y el dolor.

En su propuesta revisionista de las utopías

caídas -el mestizaje en América, la labor de la iglesia; más acá, en el presente, las revisiones intelectuales, científicas y políticas de la identidad, y más allá, en el futuro, los anhelos de depuración de la humanidad- llevan a una misma conclusión: el lenguaje es amenazado, siempre acecha la muerte para el sujeto y, por ende, para la representatividad en la Historia. La reconciliación de los tiempos por lo tanto, puede darse sólo en el plano discursivo, en la ficción y en la letra, lo que no habla solamente de la literatura sino del conocimiento y de las múltiples posibilidades de perpetuar la memoria o de reivindicar la historia a través de la palabra.

Círculos cósmicos: vivir en post

Erna Pfeiffer (1997: 114) ha visto a Estela Díaz como una Malinche moderna que traduce a Hernando, primer mejicano, en la misma línea de "Fernando" Cortés, "con la diferencia de que sirve de intermediaria no solamente entre dos culturas, entre dos idiomas, sino también entre dos tiempos diferentes" (ídem), como habíamos señalado. Estas ideas comparecen en sus novelas -y constantemente en esta como un trasvestismo casi paroxístico-, constituyéndose en imágenes del inconmensurable juego de negociaciones políticas y del mestizaje que nos articula como raza.

Como la raza, los tiempos también son contaminados y contaminantes, imbricados entre sí. A pesar de que se interrumpe el hilo narrativo de Hernando y Estela (espejos uno del otro) por la crónica del futuro que hace Lear, notamos claramente que hay vasos comunicantes: las constantes imágenes de desarraigo, de soledad, de lucha contra el olvido y la incomunicación, de lucha contra el poder reduccionista de la Historia y los programas políticos;

existe también la triple identificación con los mártires que fundaron la religión cristiana y un reiterativo intercambio de roles:

-Hernando es a la vez central y subalterno. Reconocido históricamente como asistente de Bernardino de Sahagún, forma parte de la élite de niños principales indígenas experimentales del magno proyecto del Colegio. Él mismo lo afirma sin temor: "No volveré a decir lo que es verdad, que se abrió para nosotros otro mundo. Sin herir ni llevar espada, sin arrebatar a nadie lo propio ni violentar ni sembrar la muerte, éramos nosotros, los alumnos del Colegio de la Santa Cruz de Tlatelolco, los conquistadores indios que viajaban por nuevas tierras." (177). El procedimiento de construcción de la subalteridad y centralidad de Hernando de Rivas resulta bastante complejo. Ignoramos los datos reales acerca de Rivas como personaje histórico, pero conocemos la novelación de Boullosa, quien lo baja del pedestal de la centralidad -hijo de familia principal, académico sobresaliente-, para convertirlo en huérfano, guarecido en casa de otra familia de caciques, transvestido de nuevo en hijo de quien no es. Relata los desprecios de los conquistadores a los indígenas, pero, a la vez, la escritura de Hernando silencia a los blancos y él se coloca como conquistador junto a su compañeros del Colegio.

-Estela se vuelve india y conquistadora también en su infancia, pues va junto a su familia a labores de catequización y allí colabora con la proyección de *Mambo, el niño mártir*, repitiendo lo que en el Colegio de Tlatelolco era la recepción para los nacientes frailes indios (53). Cuando crece, reclama que los indios son considerados nadie: "las relaciones: nanas, cocineras, choferes, mujeres que hacen la limpieza, etcétera, típicas relaciones de igual a igual que engendra pródigo México: "¿Quién anda ahí?", pregunta una voz de mujer. "Nadie, señora, soy yo", contesta la trabajadora doméstica." (62) Por todo ello, y por las culpas adquiridas, se siente deudora de la historia de Hernando.

-Lear también vive en una Colonia inquisitorial, donde es considerada una marginal por ejercer la memoria y la palabra. De este modo, los tres protagonistas combaten la congoja y el olvido con el poder del intelecto: Anoche no me despertaba la Central, ni nada que no fuera mi corazón hirviendo en las aguas revueltas de su solitaria desazón. Ah, pero solitaria es una palabra incompleta para describirla. Infinitamente sola ha quedado mi desazón, porque no hay nadie que la acompañe, porque ni yo misma puedo darle la mano, si he perdido la piel al no tener ya a ninguno en mi cercanía. Ninguno. Soy el último ser humano que resta sobre la Tierra. (305-306)

> Vivir después del imperio, después de la Historia y después del humano es quedar en una oscura soledad, en un vacío comunicativo y estructural que sólo pervive como lugar de la incertidumbre, ya que no de la memoria: "¿Obedecen por fin a una gramática superior? ¿Soy su única lectora?" (314).

La Colonia en tres tiempos, tres lugares de memoria

> De la Colonia venimos,
> en la Colonia estamos.
> *Estela*

Esta noción que tanto se ha nombrado a lo largo del artículo, la del lugar de memoria, proviene de una localización de estrategias pragmáticas dentro de la intrahistoria. A decir de Javier Vilaltella

(1997: 105):

> La novela histórica para constituirse como tal tiene que partir *de la complicidad entre autor y lector creada por ciertas imágenes del pasado histórico*. Estas imágenes pueden ser utilizadas de un modo efectivo como materia novelable porque siguen conservando una presencia visible en la constitución del presente. El hecho de que nos sintamos interpelados todavía por ese pasado tiene que ver con la importancia de los hechos ocurridos. Pero también y de un modo especial por los discursos, las imágenes, los mitos que se han producido en torno a ese núcleo fáctico a lo largo del tiempo. En el sentido utilizado por (Pierre) Nora, el lugar de memoria está vinculado con frecuencia a un espacio físico real, pero no en todos los casos (Vilaltella 1997: 105).

Lugares de memoria, sumados a personajes inmigrantes (Pavel, 1987) son estrategias pragmáticas para lograr la complicidad entre autor y lector. En *Llanto*, por ejemplo, el lugar de memoria es Ciudad de México, en especial el Parque Hundido; en las novelas de piratas, punto de interés del análisis de Vilaltella, es el Caribe. En *Cielos de la Tierra* se intenta desdibujar la materialidad del lugar de memoria con la inclusión de la Atlántida, ensueño mítico occidental, isla sumergida o inexistente en donde siempre hemos pensado, sin pruebas, existió la mayor civilización del planeta; al erigirse L'Atlàntide del fondo del mar al cielo, se llega a la conclusión titánica de que esa civilización, esa pureza ha sido reconquistada, como utopía final. Para Lear, entonces, el lugar de memoria, borrada la Tierra por la polución y el conflicto termonuclear, es la lengua, la literatura, la poesía, el idioma:

> Decir L'Atlàntide es una invocación al tiempo de la Historia. Es cierto que ya nadie menciona de dónde proviene nuestro nombre. Nadie se acuerda del continente sumergido en el mar... Nadie habla tampoco de quiénes soñaron con la Atlántida, de quién la describió, de quién aseguró haberla visto. Quieren enterrar la memoria de los que nos precedieron... Pero todas nuestras acciones tienden a entablar un diálogo con la civilización que existió en el tiempo de la Historia. No les importa que la palabra L'Atlàntide guarde su acento catalán pero confunda su terminación con la francesa. No les importa que todas las palabras vayan perdiendo poco a poco el eco que ilumina su sentido, porque están inventando un código de comunicación que las evite. (19)

En las historias de Hernando y Estela, puede sentirse un mayor nivel de territorialidad. Para el indio, México como país no está constituido, no se presenta nunca como un todo orgánico reconocible; en cambio, la Tenochtitlán mutante, su pueblo natal y sobre todo, la significativa Tlatelolco, se observan como "Identificación afectiva con un espacio físico, dentro del cual el espacio doméstico (o privado, o de evasión) resulta privilegiado" (Rivas 1997: 37), dándose un juego importante para reconocer los procedimientos de construcción de la intrahistoria:

> Escribo esto mientras visto mis memorias, sentado en el patio del Colegio de la Santa Cruz, al lado del Convento de San Francisco, en el pueblo vecino a la ciudad de Tenochtitlán-México que lleva por nombre

> Tlatelolco, y que cualquiera diría forma parte de la ciudad primera, pues juntas están sus viviendas, y casi destruido el murete que en otros tiempos las dividiera. (73)

En este lugar es posible transitar hacia la intrahistoria, no tanto como espacio doméstico esta vez, sino como espacio cultural o estético, al igual que Learo 5: "El mal se ha infiltrado en lo más bueno, hiriéndolo. La última vez que escuché al coro de la Iglesia de San Francisco, lastimaron mis tímpanos sus errores espantosos. No leen ya la música, parecería, y no tienen aprendida la ley de la memoria en sus oídos." (75)

Segregar de este diálogo a Estela por parte de Juan Nepomuceno es una ironía. Por parte de un lector, evasiva. Sí, porque no queremos reconocernos como esos hombres del tiempo de la Historia, bárbaros y absurdos, a punto de destruirse a sí mismos; preferimos vernos como los titanes de lo moderno, atlantes, o como herederos de una cicatriz; siempre se está al borde de pensar en la literatura como escape a lo doloroso, no como espacio de resistencia y crítica, para eso están los diarios, que son los que hacen Historia del presente:

> La pobreza creciente, la sobrepoblación, la carencia total de oportunidades para las nuevas generaciones, la suspensión de crecimiento económico y el decrecimiento productivo, etcétera, etcétera... Ninguno de los males mencionados parecen expresar del todo el horror que puede sentir la gente de mi generación: de pronto somos como los forasteros de nuestra propia patria. No ha habido un golpe de estado, sino un golpe radical, y nos han echado

> fuera de nuestro propio país, sin siquiera darnos otro a cambio. Somos lo forastero en lo nuestro. Inmanejable, bronco, nuestro país leal se amerita en las sombras. (148)

Es una ironía por parte de Juan Nepomuceno anunciar la lateralidad de Estela, porque ellos conviven en la ficción, coinciden en el sentimiento de devastación, ambos asisten al comienzo del fin y al sempiterno discurso de la violencia; la rapidez de los cambios y el absurdo son su lugar de memoria, así como un mundo globalizado pero siempre ajeno, una inmanencia general que hace del presente memoria de lo inmediato. Por lo tanto, Estela no es el simple *alterego* de Boullosa. Es el tiro de gracia pragmático al lector, que en sus breves páginas se reconoce como deudor, culpable, mestizo, imbécil y confuso. Con un pie en Hernando y otro en Juan, con la mente y la preocupación en Estela, y la utopía -desde siempre derrotada- en Lear, preguntándose, a lo largo del paso de los siglos, lo mismo que Temilo, el desaparecido noble de Tlatelolco, padre de Hernando: "Y nosotros, ¿vamos hacia donde hay cielo sobre la Tierra? ¿Cómo será la villa de estos hombres terribles?"

Notas

1. Flusser, Vilèm: "The Memory" en www.aec.at/fest/fest88e/fest88.html (On Line)

2. Unamuno citado por Da Cunha, 1997: 166.

3. Se hace referencia a la edición de Alfaguara, 1997 entre corchetes.

4. ¿Se *infiere* manipulación de la autora, o es expresa? ¿a cuál triste realidad se refiere D M, será que "todo tiempo pasado fue mejor"? ¿por qué el crítico valora en vez de interrogar?

5. "Me gustaría pensar que por razones estéticas

decidimos fundar aquí y de esta manera L'Atlàntide, porque la belleza es la dueña de esta colonia." [16]

Obras citadas

AAVV, 1998, Ponencias presentadas en coloqui celebrado en torno a la obra de Carmen Boullosa, Universidad Libre de Berlín (mimeo).

Boullosa, Carmen. *Llanto. Novelas imposibles*, México: Era, 1992.

_______. *Cielos de la Tierra*, Barcelona, Alfaguara, 1997.

Da Cunha-Giabbai, Gloria. "En búsqueda de la utópica plenitud humana: Malena de cinco mundos" en *Rivas*, 1997.

Domínguez Michael, Christopher. "La civilización sin alma", *Vuelta*, 1995, 220: 40-41.

_______. "Cielos de la Tierra: Nuevo criollismo" en, AAVV, 1998.

Elmore, Peter. *La fábrica de la memoria. La crisis de la representación en la novela histórica hispanoamericana*, México: FCE, 1997.

Levi, Giovanni. "Sobre microhistoria" en Burke, Peter 1993 *Formas de hacer Historia*. Madrid: Alianza, 1991.

Ortega, Julio, s.f, "Carmen Boullosa: la textualidad de lo imaginario" en *La Torre* 38, Año X (mimeo).

_______. "La identidad literaria de Carmen Boullosa" en *AAVV*, 1998.

Pavel, Thomas. *Mundos de ficción*, Caracas, Monte Ávila: 1995.

Pfeiffer, Erna. "Nadar en los intersticios del discurso. La escritura histórico-utópica de Carmen Boullosa" en AAVV, 1998.

Racionero, Quintín. "La Historia en el tiempo de la Posthistoria" en: Renato Cristin (Comp.) *Razón y subjetividad después del postmodernismo*. Buenos Aires: Almagesto, 1998.

Rivas, Luz Marina (comp.). *La Historia en la mirada*, Ciudad Bolívar: Ediciones de la Casa, 1997.

Sharpe, Jim. "Historia desde abajo" en Burke, Peter. *Formas de hacer Historia*. Madrid: Alianza, 1993.

Steimberg, Olga. "Novela tradicional y nuevas maneras de novelar la historia (Una forma de evolución cultural)", *Río de la Plata*: 17-18, 1996-1997.
Vilaltella, Javier. "Lugares de memoria, imaginación y relato" en AAVV, 1998.

Carmen Boullosa y **los caminos de la escritura**[1]

Priscilla Gac-Artigas
Monmouth University, NJ

> "Es mejor trabajar con mentiras como materia prima, con piedras reales y no con recuerdos personales: ésos son carne y realidad, para usarlos el novelista los saca de contexto, los fragmenta, los rompe, los despinta, los vuelve piedras, sólo piedras..."
>
> Carmen Boullosa, *Llanto*

Una de las escritoras hispanoamericanas contemporáneas más prolíferas y versátiles es la mejicana de nacimiento y universal por su lenguaje Carmen Boullosa. Nace en 1954 y tiene a su haber el haber incursionado con la misma calidad en los géneros de poesía, cuento, novela y teatro, en éste último como dramaturga y directora. Lo que primero llama la atención en su obra, comparada a la obra de sus contemporáneas es la, en un primer plano, ausencia de una temática "puramente femenina": relato autobiográfico, condición de la mujer dentro de la familia y la sociedad, lucha por la igualdad de géneros, etc... Sin embargo, nos confronta Carmen a una escritura, ¡oh, cuán femenina!, y por femenina, ¡cuán masculina!, como se ve en Claire, la narradora en *Duerme*, una prostituta francesa que se disfraza de noble español, que cambia de ropaje y de lenguaje dependiendo del interlocutor al que se dirige produciendo un discurso, ¡cuán universal!, recordándonos con ello Carmen Boullosa, que en el principio fue la palabra, y que la palabra no existe aislada, que es un territorio compartido por aquel que la emplea y por aquél a quien está dirigida y por ambos géneros por igual.

Y así como la palabra no existe aislada, tampoco lo femenino y su discurso existen solos, ni lo masculino existe independiente. Otra escritora contemporánea, la chilena Marcela Serrano, retomando esta idea en su *Albergue de las mujeres tristes* nos propone este encuentro de lo masculino y lo femenino como única alternativa viable para el ser humano en el plano de las relaciones personales de pareja. Carmen Boullosa lo lleva al campo literario; en su obra podemos ver que los personajes no pueden ser por excelencia, a menos que uno sea al mismo tiempo su opuesto.

Nos encontramos aquí frente al concepto de totalidad del ser estatuido por June Singer [2] y reflejado en la escritura. Así, por ejemplo, nos entrega Boullosa en *Duerme* un personaje como Claire (francesa, noble español, india) a quien ya mencionáramos, o un género eminentemente masculino, la novela de aventuras, transformada en novela de aventuras con discurso femenino en *Son vacas, somos puercos*.

Para comprender y disfrutar la obra de Boullosa hay que sumergirse en la Historia y en la historia, hay que adoptar nueva piel y dejarse ser, hay que deslizarse, como Chavalillo y Sempronio,[3] por los distintos calendarios que permiten el paso del tiempo al tiempo, el desaparecer y el renacer, el olvido y la memoria; hay que sentir el placer y la ansiedad de la primera entrega al desentrañar la imagen, hay que dejarse acariciar por el silencio de la palabra no dicha, de la metáfora insinuada; hay que arriesgarse a dejar volar la imaginación para insuflarle vida y aliento al texto, hay que dejarse envolver por el ritmo, la sonoridad y la poesía de sus palabras. Si pasamos este proceso de iniciación encontraremos el hilo que da cohesión a la obra de Carmen Boullosa, esa preocupación omnipresente en sus textos: los caminos de la creación literaria. Ese hilo que...

> olvida, [que a veces) pierde la memoria que le dicta la postura de sus hilazas y se descompone. [Y) no sabe cómo curvarse para tener la forma del carrete.
>
> (*El hilo olvida* 13)

Nos revela Carmen Boullosa en su obra el intenso deleite que siente en su trabajo de escritura, para ella el mayor gozo, deleite que transmite al lector en ese placer del texto del que nos hablaba Roland Barthes. Su obra es el resultado lógico e inevitable de un gran amor, de una gran pasión y preocupación por las palabras, por el lenguaje, por la vida. La incorporación de poemas y textos de otros autores a su texto de *Llanto*, el urdir la historia en base a previos textos existentes en *La Milagrosa* y *Cielos de la Tierra*, el presentar una introducción explicativa a los relatos de *Mejor desaparece*, así como la estructura fragmentada de sus novelas responden a la visión de Boullosa del escritor como el llamado a recomponer el mundo, el llamado a entregarle al lector todos los fragmentos en que el ser humano ha descompuesto la realidad, depositar en sus manos ese universo grotesco, en ruinas, en vías de extinción para que el lector lo reordene de manera armónica, le dé vida y se establezca con el autor un compromiso para cambiar esta imagen del universo, un compromiso de transformación de lo que nos afecta, lo que afecta nuestras relaciones dentro de ese universo, lo que ha afectado nuestro paso por la vida, lo que afecta el presente y el futuro de nuestro mundo. Es lo que hace la Milagrosa, soñar al mundo como debería ser, reinventarlo a imagen y semejanza de lo que le piden sus "suplicantes", pero reordenando ella estética y armoniosamente el caos; escribiendo, pintando, recomponiendo las imágenes, para lograr lo que por las vías normales o comunes parece no tener remedio. En ese proceso de creación, la participación del lector es indispensable para la realización del milagro:

> ...cuando me piden historias, hechos, entonces el suplicante sale de la fila y lo sueño adentro del sueño. Lo veo actuar, hacer, obtener; recuerdo lo que pidió, y, de alguna manera, el suplicante se lo otorga a sí mismo... (171)

Nos lo recuerda Carmen Boullosa, en el principio fue la palabra, la palabra surgida del universo de los sueños no soñados, la palabra surgida del pasado, la palabra surgida del presente, la palabra surgida del futuro, la palabra poderosa que recrea y viaja. Es precisamente en ese viaje del sueño a la realidad que el escritor debe ser capaz de transformar ese sueño o esa realidad para concretizarlo o concretizarla en un nuevo sueño o en una nueva realidad en su obra, la que al regresar al lector se transfigurará en vida. El escritor se apodera de los datos, se nutre de las experiencias (propias y ajenas), deja que los objetos, las personas, el mundo le hablen a su corazón y a su razón, o a su sin-razón, y todo ello podrá manejarlo a su antojo si tiene en sus manos el poder de la creación. Carmen Boullosa tiene ese poder, y moja, de experta mano la pluma en la más preciada de sus fuentes para dar paso a la vida y desafiar a la muerte:

> Desdeciré la muerte anunciada de Hernan-

> do, quitaré el párrafo en que se le menciona, no le permitiré llegar a su fin. (*Cielos* 368-369)

La Historia no tiene una sóla voz, existen las voces de la Historia, muchas de las cuales sólo pueden hablar desde el silencio impuesto. ¿Existe la voz (o las voces) que puedan entregarnos el relato de la conquista de Tenochtitlan, explicarnos la actitud de Moctezuma con respecto a Cortés y a los españoles? Diversas ideas juguetean en la mente de Boullosa al querer entrar en la Historia, no para repetirla, sino para revivir un alma y darle una nueva oportunidad a través de su novela sobre Moctezuma, una novela que desea sea restauradora de la dignidad de este personaje muchas veces vilipendeado por la Historia. Pero su novela es el mapa de la impotencia, la exégesis de la imposibilidad. ¿Por qué esa imposibilidad de encontrar una voz en quien confiar para escribir la novela? ¿Por qué la dificultad de poner carne sobre ese cuerpo incinerado, de llenar la mente de ese personaje sin traicionar la memoria? El polvillo de cenizas, materia prima de trabajo e inspiración se mete por la boca, por la piel, por los ojos de la escritora vestida con diversas pieles en nueve fragmentos de novela que no llegan a completarse. La escritora siente la soledad del escritor, la escritora duda y teme, la escritora no se da por vencida pues sabe que la disciplina y el trabajo son el antídoto a cualquier impase creativo. Todo está en acariciar el material, descomponerlo sin destrozarlo, darle forma sin estropearlo, incorporarlo sin hacerlo desaparecer, prestarle su voz, sacarlo de la muerte y darle vida:

> ...total, todo pasado no es más que una piedra, tallada o no, en fragmentos o intac-

> ta, todo siempre fuera de proporción y sin sentido hasta que entra en la novela. (*Llanto* 60) ...Lo que yo tocara tendría que ser animado por mis palabras, sacándolo del gélido temor sin sentido. (61)

Pero la disciplina y el trabajo no le sirven al escritor si el amor está ausente. De nada sirve tallar la piedra si en cada golpe desaparece el sentimiento, el goce, la fantasía, la imaginación, el sueño.

> La mujer ausente en el polvillo repartido, ...ella habría sido el polvo mensajero que hubiera sabido decir cómo contar la novela que mereciera la aparición de Moctezuma... Su amor por Moctezuma ... hubiera roto cualquier resistencia: tiempo, técnica, la herrumbre del desconocimiento. (95)

Quizás una forma de revivir el alma sea dirigirse, no al alma del personaje que se desea revivir, sino a los sentimientos de aquella que lo amó de fundirse hasta en su último poro; dirigirse a aquella que alimentó sus sueños y calmó sus ardores, a aquella que lo siguió con su mirada, y lo acompañó en su corazón, cuando caminó al encuentro de la Historia y su destino. Sí, tiene razón Boullosa: si el relato oculta la pasión de la historia

> ¿qué le pasaría al lector? Se quedaría sin consuelo... y, si ese texto fuera una novela y no un poema, el abismo entre el lector y el texto se haría doloroso, intolerable y dolorosamente insalvable. (111) Sería un texto que incitaría al lector al suicidio. (112)

Por eso, al buscar la historia, no busca Boullosa escribir una novela histórica, no busca la dimensión, la justificación histórica de Motecuhzoma, busca a otro, al personaje de carne y hueso, al personaje de sangre latiendo en las venas, al sentimiento que cruzó la plaza para ir al encuentro de su destino y destrucción hasta que tres mujeres lo encuentran nuevamente en el Parque Hundido al nacer un 13 de agosto de 1989 nueve veces 52 años desde que se había desplomado, al nacer, puesto que "nacer es eso, retornar" (13) y retornar en la Historia es ser piedra y polvo de esa historia, pero retornar en una novela es ser inmortal.

Sin lugar a dudas en el universo literario de Carmen Boullosa los números, el 1,2,3 juegan un papel primordial de identidad de la voz narrativa, del escritor y del lector, como la cabala y el Torah lo jugaron en la obra de Borges. En *La Milagrosa* partimos de la unidad. El escritor debe poseer la fortaleza de la piedra para no desmembrar la realidad, debe ser crisol que consolida el pasaje del sueño a la realidad, a la vida, al sueño. El autor debe ser "la multitud y el individuo, indistinguible parte de un todo que nada conforma". (12) El uno se congrega en la unidad, pero necesita de la soledad para mantener el equilibrio, para no desaparecer disuelto en la dualidad del dos o la colectividad del tres.

> Pero necesito el equilibrio del uno subrayado, el ejercicio del aislamiento para no disolverme, para no desaparecer engullida por la voracidad de quienes me rodean para pedirme, para que ejerza en su favor mi don. (100-101)

Uno, el monólogo interior necesario a la reflexión, dos, el diálogo exterior del que precisa el autor para sentirse dueño de la acción y el pensamiento, para hacer frente al tres, universo plural del lector. Juega Carmen Boullosa con el misterio, desafía al verbo: en el principio era la palabra. Con la pureza de ese juego de niños juega constantemente 1, 2, 3 para subrayar la presencia de la niña y de la mujer, de la escritora que se separa de una novela, ser viviente al cual le dio vida, y comienza a buscar el camino para gestar otra obra, para reinventarse en la escritura. Y en el 1,2,3 el misterio de los caminos de la creación aparece en toda su magnitud. La separación de la unidad en la cual no se sabe a ciencia cierta dónde comienza uno y dónde comienza el otro, cuál alimenta la historia, y cuál la plasma. La unidad, que pasa por el diálogo y se enfrenta a la colectividad en *La Milagrosa*, está enfatizada por tres escrituras que juegan entre ellas: una el narrador, aquel que cuenta la historia, aquel en el cual se plasmaron los elementos, el testigo que llega tras la muerte del investigador para devolver la historia a la vida, para que...

> no vayan a arrebatarme esto, no vayan a arrebatarme lo único que tengo, la explicación de mi muerte (*La Milagrosa* 11)

Uno: la escritora, aquella que da vida en la muerte. Dos: los papeles de la Milagrosa, escritos de su puño y letra, el personaje que comienza a caminar por los caminos de la imaginación, que vive y se alimenta de la historia, que escribe para que la escritora escriba. Tres: el detective privado, el ojo externo que busca los orígenes de la historia, que investiga al personaje y su contexto para entenderlo; que lo sospecha, que lo ama, que lo posee y que lo traiciona entregando su informe al uno para que revele la historia. Un, dos, tres, tres que se plasman en uno. En el juego, personaje y escritora se enfrentan:

> -*Milagrosa*: Tal vez no reconocerás mi puño y letra. La pura idea me es deleznable. (106)
> *Escritora*: Te creé para que no me reconozcas, eres mi obra y existes sin mí, te creé para que existas en otras manos, las del lector, que te poseerán y...
> -*Milagrosa*: Yo te conozco toda, voy tras de ti, persigo tus hábitos, bebo cuanto en ti hay de bebible, devoro lo devorable, soy más que una sombra tuya, soy... (106)
> *Escritora*: Te creé para alimentarme, te devoré para no morir de hambre, te soñé para que me soñaras.
> - ...Y tú no reconoces siquiera mi puño y mi letra, la forma que tienen en el papel mis palabras. (106)

En el juego del 1,2,3 escritora y personaje se enfrentan y conversan desgarradoramente sobre el misterio de la creación:

> *Escritora*: Oye Milagrosa, oye, y escucha lo que te voy diciendo. Tú no sabes quién eres, ni de qué estás hecha. Lo único noble que hay circundándote es el azul con el que escribo, lo pienso ahora que veo hundirse entre mis piernas la pluma para tomar con qué escribir, con qué recargarse. (107)

De esta suerte, la novela viene a la vida en el milagro del comienzo, el milagro de la milagrosa, el milagro original del pecado original, "y parirás con dolor". La novela viene a la vida con sangre, dolor y placer; tres, tres en uno.

1, 2, 3, dos en oposición; dos contemplándose por la eternidad, dos dependiendo el uno del otro, cielo y tierra; dos que se funden en el título de la novela: *Cielos de la Tierra* para dar paso al tres.

> Este libro está formado por tres diferentes relatos. Por razones que desconozco, me fue dado a mí para que yo intentara hacer de él una novela. Pero ella no es una, ni tres, sino dos sobrepuestas: la que ocurre en el futuro... la del pasado. El relato de Estela la condenó a un papel lateral, tal vez si Estela hubiera sabido representarse en las siguientes páginas, el libro, sin dejar de ser tres novelas, habría conseguido volverse una. (13)

Con estas frases introductorias Bullosa fija a la novela su rol de ser diálogo y unidad, de concretizar el milagro divino: tres en uno. Sin embargo, esta vez, en *Cielos de la Tierra,* el personaje principal no logró representarse y el milagro no se produjo. La novela no fue tres sino dos, y al final termina en un diálogo a dos del cual está excluido el autor, un diálogo abierto que no existe en el relato, un diálogo que se da en otro lugar y en otro tiempo. Es en manos del lector que nuevamente el tres se transforma en uno sin dejar por ello de ser tres pero, para ello la escritora necesitará unirse a sus personajes hasta el fin de los tiempos, tendrá que enfrentar a la muerte para que no logre su objetivo. Así, preservará a Estela de la muerte y...

> a los dos, Fernando y Estela los traeré a mí, los tres viviremos en un mismo territorio, los tres perteneceremos a tres distintos tiempos, nuestras memorias serán de tres distintas épocas; pero yo conoceré la de Hernando, y Hernando conocerá la mía, y ganaremos un espacio común en el que nos miraremos a los ojos y formaremos una nueva comunidad. (369)

Entonces, al desaparecer en sus personajes, al reencontrar la vida en el recuerdo la escritora salvará el lenguaje y la memoria del hombre y sus historias, y los tres, ...

> algún día conformaremos el puño que nos relate, y nos preguntaremos por el misterio de la muerte, por el necio sin sentido del hombre y de la mujer. (369)

La novela se abrirá al abismo del lector quien reescribirá, tres, la historia de dos, para renacer uno.

Estos *Cielos de la Tierra*, se sitúan en algún momento del futuro luego de la desaparición de "los hombres de la Historia". La novela se nutre de la riqueza que representa el diálogo y la importancia de la comunicación uno a uno para evitar que los errores cometidos en esta época se repitan en el futuro. El diálogo es plural pero unificador, unificado en el universo de la lengua. El diálogo nos sirve de puente con el pasado y con el futuro; el universo literario, ...

> los libros siempre han sido memoria de y hacia otros tiempos, los que ya fueron, los que serán, los que no pudieron ser o no podrán ser, o pudieron haber sido... (21)

El gran diálogo se establecerá entre la memoria, el mayor tesoro del hombre, y el lenguaje, que pondrá orden en el caos de las imágenes.

El camino del 1,2,3 también es recorrido en *Duerme*, lo encarna Claire, cuyo discurso pasa sin transición evidente de ser y sentir como europea, uno:

> La ciudad misma donde estoy estancada se divide en dos: los magníficos palacios de

> los españoles, ordenados, alineados a los lados de las amplias calzadas, y las casuchas en desorden de los indios escondidas tras ellos, [a ser y sentir como indígena, dos]. Hay blancos imbéciles que opinarán que así hemos dividido siempre, que ésta es nuestra costumbre. Y no bromean, es pura estupidez. Pero cuando ellos no habían llegado a arruinarnos, nuestras calles estaban trazadas en orden perfecto", [a convertirse, a pesar suyo, en mestiza, tres]. Ven mi porte de blanca, mi cuerpo de blanca, mi ropa de india, y dicen "es mestiza". ...Por este error, yo digo "nuestras calles" , digo "nosotros" , atrapada en un tres que no debiera existir. (58)

Tres que se multiplica para darnos los nueve relatos en que se *Duerme*, los nueve relatos que Carmen Boullosa sueña donde se entretejen nuevas voces de la Historia para presentarnos tres historias: la de Claire, la de la Nueva España, la tragedia contada por Pedro de Ocejo que se presentan como historias alternativas. Nuevas voces de la Historia que nos llegan desde el silencio.

Sí, en el principio fue el verbo...

> Me deslizo en la ladera insensata/ del verbo sin límite, origen, búsqueda./... Donde tiemblo otra y cambiante./... Porque la palabra me celebra en su júbilo inestable. (*Ingobernable* 72)

Así es la obra de Carmen Boullosa: cambiante, "salvaja", "ingobernable"; obra de búsqueda, de desafío, de júbilo en el manejo del verbo; obra que no acepta estrechos márgenes, que precisa de la libertad y aborrece la repetición, por lo que en cada texto reinventa su camino; obra que nos exige desentrañar las varias capas que la conforman para poder aprehenderla en su magnitud y disfrutarla en su universalidad.

> ¿Cuál es la diferencia entre lo que ocurre y lo que se sueña?, ¿qué tipo de nudos ata las relaciones entre la realidad y lo que ocurre? ¿Cuál es la diferencia entre lo que se siente, lo que se dice, y lo que realmente pasa? (*La Milagrosa* 100)

Y la respuesta a esta pregunta sobre la creación pasa por descubrir cuál es la diferencia entre la escritura y su interpretación, por lo que en el principio fue el verbo, la palabra extraviada que hoy viene a nuestro encuentro, galopando, desenfrenada, riendo, soñando, abriéndose paso por los caminos de la creación.

> Voy a borrar un libro, sólo un libro voy a borrar del mundo, y el imbécil verá lo que por la desaparición de algo que él llama inútil sucede... (*Quizá* 11)

y borró el personaje un sólo libro: *El Quijote*. Indiscutiblemente el poder del escritor como creador de mundo a través de la palabra viaja por los caminos de la escritura de Carmen Boullosa, y si la obra del escritor desaparece es como si se desplomara el universo entero puesto que un mundo sin quijotes recorriendo sus caminos sería un mundo sin sentido.

Notas

1. Este ensayo fue previamente publicado en *Escritoras mexicanas del siglo XX: Tema y variaciones de literatura 12*, Vicente Francisco Torres Medina, ed., México: Universidad Autónoma Metropolitana, Azcapotzalco, 1998: 267-280.

2. En su libro *Androgyny; toward a New Theory of Sexuality*, June Singer nos dice: No debemos seguir visualizándonos como exclusivamente 'masculinos' o exclusivamente 'femeninos', sino más bien como seres totales en quienes las características opuestas coexisten. ...Lo andrógeno es un símbolo del Ser por excelencia. (275)

3. Personajes de la novela *¡E il orbo era rondo!*. Gustavo Gac-Artigas. Chile: Editorial Mosquito, 1993.

Obras citadas

Boullosa, Carmen. *Cielos de la Tierra*. México: Alfaguara, 1997.

_______. *Duerme*. México: Alfaguara, 1994.

_______. *El hilo olvida*. México: La Máquina de Escribir, 1978.

_______. *Ingobernable*. México: UNAM, 1979.

_______. *La Milagrosa*. México: Ediciones Era, 1993.

_______. *Llanto*, novelas imposibles. México: Ediciones Era, 1992.

_______. *Quizá*. México: Monte Avila Editores Latinoamericana, 1995.Singer, June. *Androgyny; toward a New Theory of Sexuality*. New York: Doubleday, 1976.

Obras consultadas

Boullosa, Carmen. *Abierta*. México: Colección Práctica de Vuelo, 1983.

_______. *La Delirios*. México: Fondo de Cultura Económica, 1998.

_______. *Soledumbres*. México: UAM, 1992. De Beer, Gabriella. *Contemporary Mexican Women Writers, Five Voices*. Austin, Texas: University of Texas Press, 1996.

Rosa María Britton

Nace en la ciudad de Panamá en 1936, de padre cubano y madre panameña. Cursó sus primeros estudios en su ciudad natal y los secundarios en La Habana, Cuba. Se doctoró en medicina en la Universidad de Madrid y continuó sus estudios en ginecología y oncología en los Estados Unidos. Desde 1973 reside en Panamá. Su carrera como escritora comienza en 1978 y desde 1995 es presidenta del Pen Club Internacional de su país.

Ha publicado:

Novela: *El ataúd de uso* (1982); *El señor de las lluvias y el viento* (1984); *No pertenezco a este siglo* (1991).

Cuento:*¿Quién inventó el mambo?* (1985); *La muerte tiene dos caras* (1987, 1997); *Semana de la mujer y otras calamidades* (1995); *Todas íbamos a ser reinas* (1997).

Teatro: *Esa esquina del paraíso* (1986); *Banquete de despedida / Miss Panamá Inc.* (1987); *Los loros no lloran* (1994).

Premios: Ricardo Miró de novela (1982, 1984 y 1991); de cuento (1985) y de teatro (1986 y 1987); Premio de Teatro en los Juegos Florales México, Centro América de Quetzaltenago, Guatemala por *Los loros no lloran* (1994).

Los pueblos ficticios de **Rosa María Britton**

Lee A. Daniel
Texas Christian University

Entre los escritores centroamericanos que han imaginado un pueblo ficticio -Rima de Vallbona, Norma Rosa García Mainieri (Isabel Garma) y Gioconda Belli- figura Rosa María Britton[1] de Panamá. Ella, como los mexicanos Joaquín Bestard y Juan Rulfo, maneja dos lugares ficticios: Chumico y Chirico. En la novela *El ataúd de uso* se encuentra Chumico y en *El señor de las lluvias y el viento* figura Chirico, calcado de Chumico. No obstante, y por falta de estudios que traten el tema, se sabe poco de los pueblos ficticios, y especialmente los pueblos de mujeres que escriben en las Américas. Sin embargo, estos pueblitos imaginarios salpican este vasto territorio desde Nuevo México hasta Chile. En contraste, son ya famosos los pueblos literarios de escritores hispanoamericanos tales como Macondo de Gabriel García Márquez y Comala de Juan Rulfo entre muchos otros. El presente trabajo[2] propone rectificar, en parte, este lapso al proponer un estudio de los dos pueblos que fundó Rosa María Britton.

Antes de continuar se debe definir lo que quiere decir pueblo ficticio, literario o imaginario en este estudio. Para empezar, no es un pueblo fantástico (El Dorado o las utopías imaginarias) sino aquel que, aunque ficticio, muestra características de pueblos que son reales y que cualquier americano conoce, por ejemplo: pueblos suspendidos en el tiempo -entre el pasado y el presente- lugares aislados y la mayoría de las veces subdesarrollados económicamente.

El típico pueblo ficticio se muestra de dos formas: 1) el que se basa en un lugar que tiene existencia real pero con otro nombre o 2) el que está compuesto de varios pueblos reales.[3] El ficticio Chumico, pertenece al primer grupo y se basa en Chimán, un pueblo situado en la costa sur de la provincia de Panamá. Britton cambió el nombre de Chimán a Chumico, el nombre de un árbol, por la sonoridad de la palabra. Lo hizo también para proteger a las personas que sirvieron de modelo a sus personajes porque allá en Chimán todavía viven muchos descendientes de los personajes que figuran en *El ataúd de uso*. Por ejemplo, la Carmen de la novela, y la primera maestra de Chimán, fue la abuela de Britton. El abuelo y la madre de Britton nacieron en Chimán pero es la madre la que da origen a las historias de la novela. Chimán fue fundado por los españoles como capitanía y luego fue poblado por negros cimarrones que se mezclaron con los indios hasta el día de hoy. En Panamá, según Britton, la "ch" de vocablos como Chorrera, Chame, Chiriqué, Chupampa, Chimí, Chirico y Chumico es un sonido indígena.[4]

Es interesante anotar que Britton, quien confiesa que no puede alejarse de sus raíces, actualmente prepara otra novela sobre un personaje que vive en Chumico. Para llegar a Chumico, "[h)ay que embarcarse tres o cuatro días para llegar hasta allá" (24). Según la madre de Carmen, que vive en la capital, "Todos esos pueblos son de negros casi salvajes" (24) y Chumico, en especial, es "un pueblo de negros y culebras. Allá no hay más mosquitos y enfermedades" (24). Sin embargo, Carmen quiere el trabajo y es la primera maestra en llegar al pueblo, nombramiento logrado gracias al gesto tardío de algún político que de repente se acordó que Chumico existía (21). La muy joven señorita Carmen viene de la capital a este pueblito aislado, "último pueblo de la región del sudeste del Istmo de Panamá" (23) cuando el gobierno decidió despachar maestras a los pueblos del litoral sur cuyos habitantes nunca antes habían recibido educación formal. Al llegar, Carmen descubre que la iglesia del pueblo, fundada por los españoles, es el orgullo de los chumiqueños que son ". . . gente humilde y de costumbres sencillas. . ." (41) y es el actual refugio del Cristo de Chumico, famoso por todos los milagros que siempre ha concedido inclusive hasta a gente de la capital del país. Durante las fiestas anuales del Cristo en marzo, "se esperaban visitantes de San Miguel y hasta de Panamá que venían a pagar mandas al Cristo por milagros realizados" (142). Aislados de la civilización en un rincón entre las montañas y el mar, los chumiqueños tratan de hacer esfuerzos para no ser olvidados por el gobierno colombiano bajo cuya potestad la región estuvo por algún tiempo. A pesar de las adversidades del tiempo, de la naturaleza virgen e inhóspita que los rodeaba y de los constantes ataques armados de conservadores colombianos, los chumiqueños, sin armas y sin ejército, se hicieron respetar demostrando ser luchadores y capaces. Al unirse y luchar con los liberales, acabaron con la opresión y conquistaron su independencia el 3 de noviembre de 1903.

En los pueblos ficticios los autores suelen mencionar otros pueblos y ciudades reales, generalmente la capital del país, que sirven de contrapunto al pueblo imaginado. La ciudad de Panamá sirve de contrapunto a Chumico. La capital representa el progreso, la modernidad y el caos de la vida mientras el pueblito puede ser un refugio seguro y tranquilo. La aldea, que resulta aburrida para una persona que no es del lugar y que debe vivir un tiempo ahí, se convierte en un lugar cuya memoria le ofrece paz al lugareño "exiliado" que añora su pueblo cuando está en la capital. Antes de la llegada de la maestra Carmen, la mayoría de los habitantes de Chumico ni siquiera sabían leer ni escribir. En Chumico ". . . la mayoría de los muchachos, algunos de hasta quince años de edad, nunca había tenido ningún tipo de enseñanza" (29). Además del analfabetismo, otros problemas afectan a los habitantes de Chumico. Debido al calor, la pobreza, y el atraso, las mujeres de Chumico tienen que ir diariamente a lavar la ropa al río ya que en el pueblo circula poco el dinero y nadie tiene capital suficiente para lujos. A lo largo de la novela el lector puede apreciar la vida cotidiana de los chumiqueños. Britton dice que ella está "a medio palo escribiendo otra novela que se desarrolla en Chumico". Cuando se publique esta novela, pues, podremos averiguar si luego tiene un papel la repetición de los mismos personajes novela tras novela, o sea, la autointertextualidad.[5] Esta costumbre de utilizar el mismo pueblo, personajes e incidentes en varias de sus obras le permite al lector sentirse cómodo al reconocer a viejos amigos que continúan la lucha en el mismo espacio. Es seguramente lo que promete la próxima novela de Britton. A sus grandes adversidades, y el insoportable calor, se suman los chismes y adulterios, lo que le hace a uno concluir que Chumico merece la descripción de "pueblo chiquito, infierno grande . . ." (9). Sin embargo, y a pesar de todo, los habitantes siempre encuentran la manera de alimentarse, amarse y ser felices.

En comparación con Chumico, los detalles son escasos y la ubicación de Chirico es menos precisa. Chirico es un pueblo tranquilo situado cerca de la frontera con Colombia a orillas del Pacífico. Hay atravesar un inmenso golfo para llegar al pueblito. Parece que las industrias principales de Chirico son la pesquera y la maderera. La primera produce poco y la segunda es controlada por el exterior.

> Los barcos permanecían fondeados en la bahía de Chirico por falta de carga, los pocos que salían a pescar regresaban con las redes vacías. . . (124). A Chirico sólo llegan a buscar madera, y ni se bajan a visitar el pueblo -gracias a Dios, musita un borracho- o nos quedamos sin putas baratas (86).

Chirico, pues, y como el pueblo ficticio típico, es subdesarrollado económicamente. Es un pueblo aislado, solitario y distante de la capital. Sin embargo, y a pesar de sus flaquezas, Chirico ofrece un refugio para sus habitantes que siempre vuelven a su pueblo. Chumico y Chirico, pues, son solamente dos ejemplos del pueblo ficticio americano creado por una mujer. Al ponderar la realidad de cada uno, es claro que el clima, la gente y el espacio geográfico son netamente panameños. Además, estos dos pueblos literarios muestran características que permiten a cualquier lector reconocerlos como americanos.

Para explicar la existencia del pueblo imaginario en la literatura hispanoamericana, Octavio Paz nos recuerda en *Puertas al Campo* que "[n)uestra literatura es la respuesta de la realidad de los americanos a la realidad utópica de América" (16). Paz cree que existe una necesidad de inventar la realidad americana en la literatura. Britton, o cualquier escritora hispanoamericana, que establece un espacio ficticio americano no necesita inventar la realidad sino rescatarla, como lo hace en Chumico y

Chirico. Estos dos, por ser representativos de tal pueblo con sus defectos y problemas, y aunque son únicos a su manera, tienen mucho en común con los demás pueblos ficticios que salpican América. Este breve estudio sobre el pueblo ficticio del universo literario de Britton se ha fijado un doble objetivo: revelar la existencia Chumico y Chirico y despertar en el lector un interés en ellos así como en otros pueblos imaginarios existentes. Con este conocimiento, y con esperanza, un esfuerzo colectivo puede rectificar las omisiones de pueblos del pasado y asegurar la revelación de las nuevas creaciones por nacer en un futuro.

Notas

1. Le agradezco mucho a mi estudiante panameña, Anabella Martinelli, que me habló de Britton y su novela *El ataúd de uso*.

2. El presente estudio es el sexto de una serie que forma parte de un estudio extenso que trata el pueblo ficticio que resultará en un libro cuyo título tentativo es *Fictional Worlds of Latin America*. Un estudio ya publicado es "¿Influencia faulkneriana o experiencia mundonvista?: Las crónicas de Beyhualé y Maravillas", in: *Revista de Artes y Letras de la Universidad de Costa Rica*, vol. XXI, Núm. Especial (2), págs. 71-75, 1997. Se publicará próximamente "Mythical Worlds of Latin American Writers" en *Confluencia*, vol. 14, núm. Además del presente estudio, ya tengo tres estudios inéditos sobre el tema: "Geografías ficticias en tierras de Aztlán y el norte de México, Carpentier, Puig y geografías inventadas" y "El pueblo ficticio en escritoras hispanoamericanas".

3. Se basa en una teoría de Mark F. Frisch en "Self-Definition and Redefinition in New World Literature: William Faulkner and the Hispanic American Novel", *Crítica Hispánica*, Vol. 12, Nos. 1-2 (1990), 115-131 y que está desarrollado en mi estudio que va a publicarse en *Confluencia*.

4. Estos datos sobre Britton y sus dos pueblos ficticios vienen de un correo electrónico que recibí de ella el 5 de abril de 1998.

5. Término utilizado por Edward Walter Hood en *La repetición autointertextual en la narrativa de Gabriel García Márquez*, Diss.U. of Cal., Irvine, 1990. Se encuentra en DAI, vol. 51-06A, página 2034, 258 páginas de extensión.

Obras citadas

Britton, Rosa María. *El ataúd de uso*. Panamá: Editorial Oveja Negra, 1983.

_______. *El señor de las lluvias y el viento*. Panamá: Editora Sibauste, 1984.

Paz, Octavio. *Puertas al campo*. Barcelona: Editorial Seix Barral, 1972.

Cecilia Bustamante

Nace en el Perú; es escritora, poeta, periodista, editora y conferencista. Dejó su país de origen en 1969, vivió en México y España y desde 1973 reside en Austin, Texas.

Se graduó con honores de la Escuela de Bellas Artes en Lima. Fue miembro de la Comisión de Educación en las Artes del Ministerio de Educación y la primera mujer aceptada como miembro del comité ejecutivo de la Federación de Periodistas del Perú (FPP). En 1976, junto a Magda Portal fundó el Centro Peruano de Escritoras (C.P.E. hoy con diferentes secciones). En 1976 reorganizó la sección del P.E.N. Club del Perú.

Es fundadora de la Asociación peruana de traductores e intérpretes (APIT) y de la "Austin Independent Artists Alliance" (IAA).

Es Premio Nacional de Poesía del Perú. Su obra literaria ha sido traducida a, y publicada en varios idiomas y es agregado cultural ad honorem del Perú. Su poema "El astronauta" se encuentra expuesto en el Smithsonian Institute, Air and Space Museum.

Ha publicado:

Tres Poetas, Antología Cecilia Bustamante, Jorge Bacacorzo, Arturo Corcuera (1956); *Altas Hojas* (1961); *Símbolos del corazón* (1961); *Poesía* (1963); *Nuevos poemas y Audiencia* (1965); *El nombre de las* cosas (1970, 1976); *Amor en Lima* (1977); *Discernimiento* (1971-1979). *Modulación Transitoria*. (1986).

Premios:

Primera Mención Honrosa Premio Nacional de Poesía, Lima (1961) por *Altas Hojas*; Primera Mención Honrosa Premio Nacional de Poesía, Lima (1963) por *Poesía*; Premio Nacional de Poesía, Lima (1965) por *Nuevos poemas y Audiencia*.

Muchacha de Caravelí
a mi madre (1907-1998)

Días de la infancia
suben
por las sierras de la memoria.

Entre el pan de oro
y los esmaltes,
tus estaciones vírgenes
de inextricable hermosura.

Tantos años
la espiral
hasta que un día
dijiste "quiero irme a viajar"
a causa de los tiempos idos,

Seguiste
en otros países la repetición
de tantas cosas.
El destino ya puesto a dormitar
para que te ausentes
de este extraño lugar
que promete la dicha
siempre en el futuro.

Tus manos
el brillo del amor han perdido.
Todo se empieza a desprender
con terror en los ojos.
Pisamos la tierra hambrienta,
el camino
que nadie puede detener.

Cecilia Bustamante
en la sangre tibia de la vida

Max Silva Tuesta

Se ha dicho que la Cronología y la Geografía son los dos ojos de la Historia. Yo digo ahora que mi anfitrión, el poeta Marco Martos, se constituye en mis dos ojos a la hora en que espero marchar correctamente por los predios de la poesía. De ahí que leyera con avidez su *Llave de los sueños* con la que abre el número uno de Documentos de literatura, número dedicado a "La generación del cincuenta". En la primera página de *Llave de los sueños*, Marco Martos dice, a la letra: "Todos los poetas a los que consideramos en este trabajo nacen entre 1917 (Mario Florián) y 1931 (Manuel Velásquez)."[1] Tácitamente, pues, todos los poetas nacidos después de 1931 deberían pertenecer a la generación del 60 en adelante. Como Cecilia Bustamante y Moscoso [2] nació en 1932, su poesía debería ser la puerta de entrada de la llamada "generación del sesenta".

No hace más de dos años, el propio Marco Martos me recomienda que adquiera el libro *Generación poetica peruana del 60* [3]. Para mi sorpresa, a pesar de ser sexagenario y ya nada debía sorprenderme, el libro comienza con la poesía de Arturo Corcuera, nacido en 1935. En conclusión, Cecilia Bustamante no existía como poeta, ella y los nacidos entre los años 32 y 34.

Así las cosas, apelo al *libro La generación del 50: un mundo dividido* de Miguel Guitiérrez. Contrario a Marco Martos, Gutiérrez estira más bien la cronología demasiado hacia delante para incluir en ella a Mario Vargas Llosa, nacido en 1936. De este modo, los de la generación del 60, por obra y gracia de Miguel Gutiérrez, nos hemos quedado sin el mejor de nuestros novelistas.

Aquí sí –me refiero al libro de Miguel Gutiérrez– se encuentra el nombre de Cecilia Bustamante, pero solamente el nombre, entre muchos otros que, en conjunto, parecen conformar los huesos de una fosa común. Luego de consultar el índice onomástico, sí, Cecilia Bustamante está ubicada en la cabalística página cincuenta, entre los que el autor llama "la tercera generación [que] estaría integrada por Oswaldo Reynoso, Enrique Congrains, Antonio Gálvez Ronceros, Luis Alvarado, Cecilia Bustamante, Luis Loayza, Arturo Corcuera y Mario Vargas Llosa [...], nacidos entre 1931 –1935" [4].

No sé si Miguel Gutiérrez ha leído los libros de cada uno de los integrantes de la generación del cincuenta. Por lo menos a Cecilia Bustamante parece haberla leído. De otro modo no se explica que haya titulado su novela *La violencia del tiempo*, utilizando uno de los tantos versos escritos por Cecilia Bustamante, exactamente dos años antes que apareciera dicha novela [5], sin que su autor dejara constancia, ya no digamos que por honradez intelectual, sino por simple cortesía, que el nombre *La violencia del tiempo* pertenece en realidad a Cecilia Bustamante y Moscoso.

Hace muy poco tiempo conocí a Cecilia Bustamante en casa de un gran amigo, el poeta y profesor universitario Aníbal Portocarrero quien, a la vez que me presentó a la poeta, me obsequió un poemario de ella: *Nuevos poemas y audiencia* [6], libro con el que su autora ganó en 1965 el Premio Nacional de Poesía.

De inmediato me llamó la atención el poema "Audiencia" y, según una vieja costumbre mía, leí el comienzo y el final del mismo. Debo confesar que, para mi sorpresa, experimenté lo que se conoce con el nombre de **déjà vu**: "Lo ya visto [que], consiste en que el sujeto, al ver por primera vez un objeto, un paisaje, cualquier cosa, tiene la impresión viva [...] de haberlo visto ya en idéntica situación de conjunto, sabiendo al mismo tiempo que no es así"7.

Está demás decir que nunca había leído "Audiencia" y que, no bien pude hacerlo, cotejé el comienzo y el final de este poema con el comienzo y el final de *Cien años de soledad*. En tal cotejo encontré la clave de mi supuesto **déjà vu** que, en este caso concreto, habría que llamarlo más bien "lo ya leído".

Parifiquemos. ¿Cómo comienza *Cien años de soledad*? Con esta frase: "Muchos años después". ¿Y cómo comienza"Audiencia"? Con una expresión semejante: "Un siglo más tarde", verso de la primera estrofa, la cual termina con este verso sorprendente, por decir lo menos: "estará sujeto, cien años después". Veamos ahora la parte final de cada libro. En *Cien años de soledad*, se lee: "pues estaba previsto que la ciudad de los espejos [...] sería arrasada por el viento". En"Audiencia", se lee: "Egipto y el bisonte / helaron su huella bajo tierra / en un cataclismo que el polvo fijó".

A pesar de que Cecilia Bustamante se anticipó dos años a ese comienzo y a ese final portentosos de *Cien años de soledad*, nadie en su sano juicio podría aseverar que el novelista colombiano pudo haber estado influenciado por la poeta peruana; sin embargo, de haber ocurrido al revés, siempre en términos cronológicos, se hubiera hablado sin empacho alguno de una influencia decisiva de García Márquez sobre Cecilia Bustamante, desbarrando, por supuesto, una vez más, los presuntos críticos.

Para nosotros, este hecho se trata simplemente de que estamos frente a dos creadores que, cada uno a su modo, trata sobre el gran tema del TIEMPO y, ciertamente, sobre los estragos que ese TIEMPO produce mientras transcurre, como fatalmente tiene que transcurrir, sin que nadie ni por asomo pueda hacer nada para que suceda lo contrario: "Así es la dimensión en que el hombre se mueve", diría Cecilia Bustamante, o también:

> Los que vienen y se van
> con sus pequeñas vidas,
> nos dicen adiós [8].

Y esas "pequeñas vidas" de las que Cecilia Bustamante habla, ¿acaso no son sino eso, precisamente, las "pequeñas vidas" de cada uno de los personajes de *Cien años de soledad*? Y, si en vez de precisar que AQUÍ ES MACONDO, se decide nombrar AQUI ES LA TIERRA (Lima,1955), se obtendrá de este otro libro de Cecilia Bustamante, un coro del más puro lirismo, coro compuesto por esas mujeres enamoradas y orgullosas, apasionadas y rencorosas, resignadas y sensuales que pueblan *Cien años de soledad* y también, ¿por qué no?, por ese batallón de Aurelianos y Arcadios, coro con la letra al azar de diversos poemas de Cecilia Bustamante y con la música del TIEMPO:

Aquí sucede un rito sereno, invariable, siempre[9]

> mi corazón se hunde y se entierra
> entre raíces presentes e ignoradas de los campos
> y allí germina su sangre, poderosamente unida
> al agua, al polvo y al viento.
> Porque cálida y melancólica avanza la tierra
> yo abandono mis lágrimas al tiempo.

Escucha rodar los mundos. Acoge su sonido sordo,
su sonido triste, su sonido largo y eterno. Acógelo.
Tú que moras como un solo rostro en el mundo,
alejando, rompiendo las estrellas, trizando las nubes.

He visto rotas y muertas las plantas,
he permanecido entre ramas y raíces,
entre cápsulas resecas, rociando semillas ...

Tengo como un sello en la frente un nombre original
muy antiguo. He destrozado cerrojos, he arrojado brillantes
para poder llenar un fondo dulce recién descubierto
y desde el cual todo debe elevarse.

Nadie sabe lo triste y reclinado que vive el amor

No hay rito que no hayamos celebrado,
ni miradas que no hayamos descubierto.
Todo ha permanecido en nuestro fondo eternamente,
traído desde mil generaciones para unirnos.

Mi recuerdo te tiene manando una sangre purísima,
como jamás habías vertido, y te arrastra
a una atmósfera nueva. Yo te encuentro
y te crees perdido. Me tienes y reclamas tenerme,
es como sucede en la playa cuando la arena es victoria del viento.

Ciertamente, Cecilia Bustamante, en cuanto poeta, no nació por generación espontánea. Muchos deben haber sido sus maestros en el aprendizaje del más bello y sabio de los idiomas que es la poesía.

La huella de César Vallejo en sus poemas es

más que evidente. Incluso la segunda estrofa de su poema "Sedición seducción"[10] no puede haberlo comenzado más vallejianamente: "y la vida me placía/su instrumento estas palomas". Es mucho menos evidente, pero también resulta fácil ver la influencia de Vallejo en estos versos:

> mi asedio sorpresivo falla, lamentablemente.
> Tengo ganas de escribirlo pero estoy totalmente dividida.[11]

Tales versos, repito, nacieron casi seguro bajo los auspicios de estos conocidísimos versos de Vallejo:

> Quiero escribir, pero me sale espuma
> quiero decir muchísimo y me atollo; [12]

También cabe la posibilidad de que la poesía de Cecilia Bustamante está influenciada por su condición de artista plástica. Muy pocos son los que conocen esta faceta de nuestra autora. En una suerte de apunte autobiográfico, ella anota: "obtuve una beca en la Escuela Nacional de Bellas Artes, donde estudié y me gradué. Allí encontré a las personas más auténticas que he conocido en mi país: los pintores aprendices de entonces y quienes algunos más tarde, lograrían imponer sus nombres internacionalmente: Víctor Delfín, José Bracamonte Vera, Armando Villegas, Alberto Dávila, Alberto Guzmán, Angel Chávez, Miguel Angel Cuadros, Alberto Quintanilla, Milner Cajahuaringa, y los profesores Ugarte Eléspuru, Sabino Springett, Teodoro Núñez Ureta, Emilio Goyburo, Carlos Quispez Asin, hermano de César Moro". [13]

De lo expuesto, se entiende por qué puede espigarse de la poesía de Cecilia Bustamante un inusual uso de colores. "Antes de que se seque la humedad del pincel"14, nombrémoslos pronto: "negros corazones", "negro anciano", "avecitas negras", "plumas negras", "pez negro", "ramas negras", "río negro", "baldosas grises", "gris crispado de la niebla", "sombras grises", "arena gris", "mar plomo", "blancas corolas", "rosa blanca", "flores blancas", "bandera blanca", "rostro blanco", "agua blanca", "cuello blanco", "cuerpo blanco", "piedra blanca", "blanco mango", "blanco eléboro", "blanco hueso", "arma blanca", "blanco potro", "campo blanco", "toro albo","blanca pavesa" "ojos verdes", "piel verdiazul", "mano lapislázuli", "sillita azul", "chispas azules", "costas azules", "campos azules", "el pájaro azul", "máquinas verdes", "verde mes de mayo", "praderas amarillas", "globos amarillos" "cajita amarilla", "corolas amarillas", "luz amarilla", "patas amarillas", "rosas amarillas", "amarilla señal". En fin, tiempo de algún color/que asombra los guijarros grises.

Si bien es cierto que el color rojo tiene poca representatividad en la poesía de Cecilia Bustamante (pajarillos rojos, tacitas rojas, lámparas rojas), en cambio, si lo tiene y en grado considerable su equivalente biológico: la sangre. Veamos algunos ejemplos:

- Y allí germina su sangre,
- Mi recuerdo te tiene manando una sangre purísima,
- Nos muestras el ritmo de tu sangre,
- La sangre que a ti te atormenta,
- Desarma mi corazón y debilita mi sangre,
- y en las honduras de la sangre,
- de agazaparnos en la sangre,
- ya no es para el amor la sangre,
- su mirada radiante ha iluminado mi sangre,

- se estremece su sangre fina,
- y sí el nido heroico de la sangre,
- avanza la sangre/ en tus deseos,
- sangre silente, nada más,
- atisbando tras la sangre,
- en su sangre sin pulir,
- bajo lámparas rojas y mi sangre,
- era un cuerpo mío, un peso de sangre,

Etcétera, etc. Y su último poemario escrito en inglés y ya traducido al alemán por el prof. Wolfgang Karrer de la Universidad de Osnabrück, Colección Autores Marginados, se titula *Mother Blood*. (*Madre Sangre,* en español). Sin caer en el llamado furor interpretativo, el uso frecuente del término "sangre" por Cecilia Bustamante, tiene que ver con su temperamento. Cinco siglos antes de Cristo se hubiera hablado, sin más, del "temperamento sanguíneo", y sin renegar de esta denominación hipocrática, debo decir que estudios recientes han enriquecido el conocimiento de este concepto. Así tenemos que ("temperamento sanguíneo") denota, en quien lo posee, fuerza, temple y tenacidad. Por lo tanto, son capaces de luchar con denuedo cuando se trata de defender lo suyo y con parejo denuedo cuando se defienden a los injustamente maltratados. Entre la guerra y la paz en que transcurre cada una de nuestras vidas, de hecho Cecilia Bustamante está más en guerra. Razones biográficas pueden haber reforzado su temperamento sanguíneo. Integrar, por ejemplo, una familia de once hermanos -otro factor compartido con Vallejo- tiene que haber marcado indeleblemente a nuestra poeta.

Más, muchos aspectos más, se descubren en la obra de Cecilia Bustamante y se podría hablar sobre ellos hasta términos impredecibles, tomando su creatividad poética como cantera de estudio.

Ahora bien. No sólo posee un temperamento férreo y combativo. Suyas son también la exacta reflexión y la espléndida serenidad que se reflejan en su libro *Discernimiento* que, desde el título, la autora nos invita a ingresar a otras de sus moradas creativas; pero ya es hora de terminar y lo haré, como pequeña compensación por el excesivo tasajeo en que he incurrido en el afán de analizar su poesía; quiero terminar, repito, citando íntegramente los siguientes poemas de Cecilia Bustamante:

Desvelo de amor

"El niño camina en mí"

como blanco tropel ansioso
de competir con el mundo.
Me lo han puesto en la vida
cuando soñaba, como tantos poetas,
con un pueblo hermoso
adornado de casas y de frutos.

Le haré ver esta ciudad
y su campo estéril de ubres apagadas.
Este lugar, donde a la intemperie,
se viste la piel de los pobres.

¿Adónde llevaré al niño
que me ha esperado tanto,
que haré con su sabiduría cuando duerma,
entre el amor, su piedra pura?
¿Qué le diré sobre estas gentes hoscas
que se miran siempre a través
de líneas enemigas?
¿A qué lugar iré con este niño,
que no le desvelen para siempre el sueño?

Solamente él mismo me responde,
enseñando su estandarte y sus tambores.

(del libro *Símbolos del corazón*)

Poema 1
El perfume de los campos de mi patria
dista, pero no se pierde.
Los cielos que me cubren
poseen la estrella de mis padres
y los ríos que llegan de las altas lagunas
acarician la simiente,
que colma las retamas florecidas.

Estos hombres que saludan
son los hombre de mi patria,
acallados y lejanos junto al río,
anidando en la noche haste que brote el día.

Yo les ofrezco la inquietud de mi corazón
y la calma de mi mano vacía.

(del libro *Altas Hojas*)

Notas

1. Martos, M. *Llave de los sueños.* En Documentos de Literatura. Editorial Monterrico. Lima, 1993.

2. En adelante habrá que precisar el apellido materno de Cecilia Bustamante, porque da fe de existir Cecilia Bustamante de Roggero en el libro *Fin de azar.* Editorial Talismán: Lima, 1994.

3. López Degregori C. y Ohara, E.: Generación poética peruana del 60. Universidad de Lima. 1998. pág. 31.

4. Gutiérrez , M. *La generación del cincuenta: un mundo dividido.* Ediciones Sétimo Ensayo. Lima, 1988: 50.

5. Bustamante, C.: *Modulación transitoria.* Ediciones Capulí. Lima, 1986: 21, octavo verso del poema que da nombre al libro.

6. Bustamante, C.: *Nuevos poemas y audiencia*. Ediciones Flora: Lima, 1965.

7. Delgado, H.: *Curso de psiquiatria*, Universidad Peruana Cayetano Heredia. Fondo Editorial. Lima, 1993)

8. Bustamante, C.: *Discernimiento* (1971-1979). Premiá Editora: México, 1982: 89.

9. Este verso y los siguientes pertenecen al libro *Aquí es la tierra* , Libro incluido en *Poesía*, Ediciones, Flora: Lima, 1963.

10. Modulación transitoria, p. 24.

11. Discernimiento, p. 27.

12. Vallejo, C.: "Intensidad y Altura", de *Poemas humanos*. Mosca Azul Editores:Lima, 1974.

13. Bustamante, C.: "En busca del espacio." *Revista Iberoamericana* N° 132-133 Madrid, 1984.14.Verso de "Sábado de Gloria", en su libro inédito *Guardia de Corp*. Selección publicada en *La Insignia*, Madrid, 2002.

Ana Castillo

Nace en Chicago, Estados Unidos, el 15 de junio de 1953. Es una de las figuras más conocidas de la literatura chicana. Es co-fundadora, junto a Norma Alarcón, de la revista literaria *Third World*. En general, su obra expresa su oposición en que la sociedad donde vive, de la que denuncia el racismo, el sexismo, la opresión y la desigualdad. Denuncia a su vez los valores de la sociedad patriarcal y los prejuicios de la sociedad de la que vienen sus progenitores. Defiende Ana Castillo el derecho a ser ella, el derecho a la diferencia, el derecho a no responder a los cánones sociales impuestos a la mujer.

Ha publicado:

Cuentos: *Loverboys* (1996).

Poesía: *Otro Canto* (1977), *The Invitation* (1979), *Women Are Not Roses* (1984), *Mi padre fue Tolteca* (1988), una antología: *La Diosa de las Américas* (1996), *I Ask the Impossible* (2001).

Novelas: *Las cartas de Mixquiahuala* (1986); *Sapogonia an anti-romance in 3/8 meter* (1990); *So Far from God* (*Tan lejos de Dios y tan cerca del infierno*) (1993); *Peel my Love Like an Onion* (1999).

Ensayos: *Massacre of the Dreamers: Essays on Xicanisma* (1994); *Reflections on Mexican-Indian Women in the United States 500 Years After the Conquest* (1992).

Antologías: co-autora, junto a Cherríe Moraga, de *Este puente, mi espalda* (1988) una antología de textos escritos por mujeres del Tercer Mundo.

Premios: the Before Columbus American Book Award por *Las cartas de Mixquiahuala* (1986), Carl Sandburg Literary Award (1993) y Mountains and Plains Bookseller Award (1994) por *So far from God*.

"El lenguaje de la frontera" a través de *So far from God* de Ana Castillo

Adriana Tápanes
Universidad de Idaho (Moscow) y
Washington State University (Pullman)

"We needed a language with which we could communicate with ourselves, a secret language."
Gloria Anzaldúa

Al aproximarnos a la lengua que se habla en la frontera de países con idiomas distintos, como sucede con el uso del inglés y del español en el caso específico de la población chicana o mexicoamericana de la frontera entre México y EE.UU., nos encontramos con la coexistencia de estos dos idiomas creando un nuevo lenguaje o código común propio a este grupo fronterizo donde no sólo se usan mezclas entre estas dos lenguas ya mencionadas, sino que se crean nuevas palabras y, por consiguiente, un nuevo léxico original a partir de la aproximación multicultural a la cual ha sido expuesta dicha población. En relación a lo ya expuesto y concretándonos en la población chicana del suroeste de los EE.UU., podemos ver cómo la necesidad de promover esa autodeterminación con el objetivo de afianzar la identidad de este grupo multicultural, dentro de un territorio dominado por los anglos, se ve traducida en una literatura propia de la vida de esta región. Inicialmente, en los años 70 se produce una literatura netamente escrita en español, como es el caso de novelas como *La verdad sin voz* de Alejandro Morales –donde hasta los "gringos" que allí se nos presentan hablan un español muy coloquial–, para luego pasar a una escritura más identificada con la realidad de esa nueva lengua propia de la comunidad chicana –en lo que se refiere al nuevo manejo léxico del inglés entremezclado con español y nuevos vocablos– como en los casos concretos de la obra de Gloria Anzaldúa, Cherríe Moraga y Ana Castillo, entre otros.

A partir de lo esbozado anteriormente, el presente ensayo tiene como premisa fundamental exponer brevemente el manejo innovador del lenguaje empleado por Ana Castillo en su novela *So far from God* como un prototipo característico que refleja a la población chicana y que la identifica como tal. Para sustentar esta aseveración me fundamentaré en algunos de los preceptos manifestados en torno a ello por Gloria Anzaldúa en su libro de ensayo y poesía *Borderlands/La frontera.*

Al acercarnos inicialmente a la novela de Castillo podemos observar de inmediato el manejo intercalado de al menos dos idiomas a lo largo de toda la obra: la obra está mayoritariamente escrita en inglés –como sería lógico pensar de una población que aún siendo originaria de países de habla hispana se ven inmersos y obligados a crecer y vivir en una sociedad angloparlante– pero intercala al mismo tiempo un sinnúmero de frases y palabras en español, además de ciertos usos léxicos coloquiales chicanos, algunas palabras en francés –que recuerdan la invasión francesa pertenciente al pasado histórico mexicano– y hasta algunas palabras originales del náhualt de los indígenas aztecas. Es por ello que veremos al personaje de Sofía en una misma frase mezclando inglés y español, así como una expresión colo-quial mexicana referente a La Malinche o Chingada, al decirles a Domingo y a su comadre en una ocasión: "STOP! Párale right now!. . . ¡Chingao!" (145); o a doña Felicia expresarse con frases como: "Ma Cheri! ¡Dios mío! You look like you just crossed the Jornada del Muerto!" (117).

Esta hibridización de varias lenguas empleada a lo largo de esta novela nos obliga a enfocarnos en el contexto socio-histórico-cultural de los personajes referidos por la autora, así como de las condiciones que debe reunir el lector de este tipo de obras para poder comprender el código que se quiere manejar en éstas.

Como he referido anteriormente, el lenguaje manejado en la literatura fronteriza refleja necesariamente el contexto de la población que vive en ella y, por ende, se hace inminente un conocimiento previo del entorno de la misma como nos lo plantea Anzaldúa al afirmar categóricamente que:

> For a people who are neither Spanish nor live in a country in which Spanish is the first language; for a people who live in a country in which English is the reigning tongue but who are not Anglo; for a people who cannot identify with either standard (formal, Castillian) Spanish nor standard English, what recourse is left to them but to create their own language? A language which they can connect their identity to, one capable of communicating the realities and values true to themselves –a language with terms that are neither español ni inglés, but both. (55)

A lo largo de la cita anterior, Anzaldúa nos comenta de una manera lógica y elemental los motivos que han llevado a la comunidad chicana a desarrollar un tipo de lenguaje al que ella misma califica como un "patois" que los identifica socio-culturalmente como grupo.

Por otra parte, "el lenguaje de la frontera" manifestado por Castillo en su novela, no sólo puede ser restringido al aspecto del manejo que ejerce de la identidad lingüística del chicano a lo largo de su obra, sino que se manifiesta de otras múltiples maneras que pueden verse traducidas a partir de las fronteras del lenguaje manejadas en la obra en cuanto a ciertos aspectos psicológicos, espirituales y sexuales internos de aquellos individuos que se ven enfrentados a vivir entre, y a sincretizar, dos culturas diferentes. Algunas muestras de lo esbozado anteriormente se pueden encontrar reflejadas a partir del juego psicológico-religioso que entabla la autora desde el momento en que vemos que el cura del pueblo es el primer descreído de la resurrección y levitación de La Loca Santa al comienzo de lo obra, así como el hecho de nombrar Esperanza, Fe y Caridad –las tres virtudes teologales en los preceptos de la religión católica– a tres de las hijas de Sofía, quienes morirán poco a poco en el transcurso de la novela como reflejo de la muerte de estos mismos preceptos para los habitantes de esta frontera. No empero, es importante destacar que esta muerte no hace que Sofía desista de su lucha por mejorar las condiciones de vida de su gente, hecho que veremos a través de sus intentos de crear cooperativas, así como a partir de su figura matriarcal de continua lucha inclusive después de la muerte de todas sus hijas.

Así mismo, en *So far from God* también encontramos la sincretización religiosa-científica propia del mundo hispano entre la labor de la curandera doña Felicia y el doctor Tolentino que quieren tratar de ayudar a mejorar a La Loca de su enfermedad, así como la presencia del pasado indígena de ese grupo cultural a través de ciertos elementos como las alusiones a La Llorona y a la virgen de Guadalupe que se les aparecen a La Loca o mediante la mención del dios Tsichtinako por parte de la abuela de Esperanza.

Otra muestra en cuanto al reflejo de la frontera sexual y del pasado indígena puede ser visto a través de un episodio intercalado, del cual la misma autora hace referencia en su subtítulo como

> . . . a deviation of our story but wherein, with some patience, the reader will discover that there is always more than the eye can see to any account (120),

y donde casualmente una pareja de lesbianas intenta descubrir el pasado indígena-mexicano de una de ellas, quien a su vez tiene un gato llamado Xochitl. El reflejo de la frontera sexual, no sólo se ofrece desde el punto de vista del lesbianismo -como se da también en la relación de silencio existente entre Caridad y Esperanza que las lleva a la muerte- sino que se refleja a lo largo de todos los personajes femeninos de la novela que luchan por romper ese doble estereotipo que caracteriza a las víctimas de una doble marginación social como sucede en el caso de ser chicanas y mujeres. Esto último lo podemos ver mejor a través de la lucha personal de Sofía como eje central de su familia, quien finalmente asume la decisión de divorciarse de un marido que sólo cumple un rol social, y quien continúa esta misma lucha social en la vida pública de las cooperativas y el M.O.M.A.S.

Como se puede apreciar, todos estos aspectos ya enunciados y referentes a algunos de los elementos más resaltantes presentes en el lenguaje socio-cultural de la frontera que vemos reflejado a lo largo de la novela de Castillo, los podemos encontrar correlacionados en la obra de Anzaldúa, desde sus afirmaciones del origen de lo chicano en el pasado indígena de Aztlán y la tradición de los dioses aztecas, sus aseveraciones en torno a la mujer, el feminismo y el lesbianismo, así como en sus comentarios referentes a la vida de la frontera: principalmente en lo relacionado con las fronteras terrestres, lingüísticas, sexuales, culturales y psicológicas. En fin y refiriéndose a la población chicana, lo que Anzaldúa misma califica en su poema "Cihuatlyotl, Woman Alone" como: raza india mexicana norteamericana (173).

No hay lugar a dudas de que existe una estrecha correlación entre las ideas planteadas por Anzaldúa en *Bordelands/La frontera,* al manifestarnos el mundo sociolingüístico híbrido de esta región, y la traducción literaria de este mundo que hace Ana Castillo en su novela –publicada cinco años después de la obra de Anzaldúa. Sociedad fronteriza caracterizada por la búsqueda de un lenguaje chicano que reafirme y solidifique con pruebas tangibles la identidad social, histórica y cultural auténtica de la población de la frontera del suroeste de los EE.UU., más precisamente, de la población femenina. Población doblemente marginada por ser doblemente minoritaria: chicana y femenina. Como la misma Castillo afirma en *Massacre of the Dreamers* en torno a la conciencia de la población chicana femenina, de la cual tanto ella como Anzaldúa forman parte: "Xicanisma is an ever present consciousness of our interdependency specially rooted in our culture and history" (226).

Obras citadas

Anzaldúa, Gloria. *Borderlands/ La frontera.* San Francisco: Aunt Lute Books, 1987.

Castillo, Ana. *So far from God.* New York: Norton & Co., 1993.

_______. *Massacre of the Dreamers.* Albuquerque: University of New Mexico Press, 1994.

Martha Cerda

Nace en Guadalajara, México el 29 de noviembre de 1945. Licenciada en Derecho es reconocida nacional e internacionalmente por sus cualidades como escritora y promotora cultural. En 1988 funda y dirige la Escuela de escritores SOGEM de Guadalajara, funda el P.E.N. Club Guadalajara y organiza varios congresos internacionales en su ciudad natal. Actualmente es la presidenta del P.E.N. para América Latina. Ha participado en congresos y/o dado conferencias en Estados Unidos, Puerto Rico, Canadá, Argentina, Chile, Francia, Inglaterra, República Checa, Italia, Alemania, Grecia y Australia.
En 1994, en la Feria del Libro Latinoamericano organizada por la universidad de Illinois, Carlos Fuentes se refirió a Martha Cerda como: "una de las escritoras que está haciendo la nueva literatura mexicana".
Ha publicado:
Cuentos: *Juego de damas* (1988); *De tanto contar* (1993); *Las mamás, los pastores y los hermenautas* (1995).
Novelas: *La señora Rodríguez y otros mundos* (1990); *La señora Rodríguez et autres mondes* (1993); *Y apenas era miércoles* (1993); *Señora Rodríguez and other worlds* (1997) Duke University Press, USA; *Cerradura de tres ojos,* (1997) Salta, Argentina; *Tutta una vita* (1998) Milán, Italia; *Toda una vida* (1998) Ediciones B, España; *En el nombre del nombre* (2001); *Ballet y danza* (2001).
Poesía: *Cohabitantes/Cohabitants* (1995) Texas.
Teatro: *Todos los pardos son gatos* (1996).
Premios: Mejor libro de cuentos, por *Juego de Damas,* Revista de Revistas, Librarium, periódico *El Excél-*

sior, México (1998); Premio Jalisco en Letras por *Toda una vida* (1998); *La señora Rodríguez y otros mundos* fue seleccionado por el Centre National des Lettres, Francia para ser traducido al francés y publicado bajo su patrocinio en la editorial Indigo-côté femmes, Francia (1993). *Toda una vida* fue nominado como el mejor libro de ficción por la Asociación de Libreros Italianos (1998).

"Creo que nací escritora"
Entrevista a Martha Cerda [1]

Priscilla Gac-Artigas
Monmouth University, NJ

Priscilla: ¿Cómo ve Martha Cerda la escritora a Martha Cerda la mujer?
Martha: Trato de no separar a la escritora de la mujer, porque se complementan. La escritora es una mujer fuerte, profesional, que toma muy en serio su trabajo pero no se toma muy en serio a ella misma. Me gusta ser hija, esposa y madre y que mi familia y mis amigos me traten como tal, no como alguien especial.
Priscilla: ¿Cómo se produce tu llegada a la escritura, es decir tu transformación en escritora?
Martha: Creo que nací escritora y sólo esperaba el momento de poder manifestarlo. Este momento llegó cuando tenía que llegar, es decir, en un orden lógico para mí. Primero estudié la carrera de Derecho, pensando en que lo mío no era eso, pero que no me estorbaría. Luego me casé y tuve tres hijos, convencida de que era el tiempo de hacerlo. Después, cuando la pequeña tenía tres años, me dediqué de lleno a la escritura. Me ha dado muy buen resultado haberlo planeado así, porque no tengo frustraciones por haber postergado algo importante en mi vida, ni tentaciones de hacer lo que no hice.
Priscilla: Me gustaría que me hablaras un poco del mundo de tus sueños, del mundo del que se alimentan tus libros.
Martha: Como todos los escritores tengo mis temas favoritos: la identidad, el eterno retorno, entre otros. Me inclino más por la literatura fantástica, lúdica y absurda, que por lo realista y dramático. Me ali-

mento de lecturas.
Priscilla: En la presentación en Nueva York de su más reciente novela: *Extraños vecindarios,* Rosario Ferré, quien como tú, ha incursionado en diversos géneros decía que ella escribía poesía cuando sabía que no disponía mucho tiempo para envolverse en un proyecto a largo plazo como puede ser una novela. Tú eres una escritora muy prolífera y has escrito y publicado tanto cuento como poesía, teatro y novela. ¿Sientes preferencia por alguno de estos géneros? ¿Alguno de ellos lo has sentido más propicio para lo que tú como escritora quisieras expresar o cada uno en su particularidad te ha servido para expresar lo que has querido en algún momento determinado? En otras palabras, ¿cómo explicas el paso de uno a otro género?
Martha: Para mí la poesía es sagrada. No me atrevería a abordarla por razones de mayor o menor disponibilidad de tiempo. Básicamente, cada tema pide su forma. Algunos dan para cuento, otros para novela y no podemos constreñirlos a nuestras necesidades, sino adaptarnos a ellos. El escritor con oficio, lo primero que debe saber es cuál es la forma adecuada para lo que quiere decir; de ello y del tono, depende la eficacia del texto. La poesía es un género aparte, requiere de una preparación especial del ánimo y una mayor concentración, que dan por resultado la intensidad, la concisión y el nivel estético que debe tener la poesía. Creo que por un buen poema se pueden escribir mil novelas decorosas.
Priscilla: De tus obras, ¿hay alguna que, por alguna razón especial, consideres más cercana a ti, que consideres como tu obra más completa o mejor lograda?
Martha: Cada obra tiene su lugar y, en su momento, es la más querida, pero de mis novelas, las que mayormente han trascendido son *La señora Rodríguez*

y otros mundos y *Toda una vida*. Han sido traducidas, la primera al inglés, francés, griego, noruego y próximamente al italiano; la segunda, al italiano, al noruego, y próximamente al alemán. Ambas han sido premiadas, *Toda una vida* fue el Mejor libro de ficción de 1998, en Italia. Sin embargo, sólo el tiempo dirá si son buenas, ojalá sea capaz de dar otra mejor.

Priscilla: Una discusión candente en nuestros días es la relacionada con la llamada "literatura femenina", discusión en la que se opone la literatura escrita por mujeres a la literatura sin apellidos: si existe o no una literatura específicamente femenina; si actualmente las escritoras tienen mayor reconocimiento y más éxito en la difusión y distribución de sus obras porque es una moda y no por el valor literario de los escritos; si en las obras de estas escritoras predomina el relato autobiográfico y anecdótico por sobre el oficio literario. Frente a esta discusión, ¿qué piensas al respecto y dónde se sitúa Martha Cerda en tanto escritora?

Martha: No me gustan los "ismos" ni quisiera ser clasificada únicamente dentro de la literatura femenina. Cuando escribo no lo hago pensando que soy mujer, es algo que no está en duda. Tampoco pienso en escribir sólo para mujeres. Sin embargo, estoy de acuerdo en que actualmente las escritoras estamos de moda, pero aprovecharse de ello sería poco ético. Yo respeto mucho mi oficio y trato de dar lo mejor en mis textos. Por otro lado, creo que cualquier escritor puede tener obras buenas, regulares y malas. La calidad no tiene que ver con el género, sino con el talento, la preparación, el oficio y hasta el tiempo. Posiblemente en esta época hacemos todo de prisa, no solamente escribir, y los resultados son igualmente precipitados. En esto no diferimos los hom-

bres de las mujeres.
Priscilla: Hace poco en la presentación de su libro *Afrodita* en Nueva York decía Isabel Allende que ella consideraba que su obra no estaba terminada hasta tanto llegaba a manos del lector, que era sólo cuando el lector tomamaba su libro entre sus manos y lo abría que la obra tomaba su completa dimensión. Desde luego, esto no es una idea nueva, Jean-Paul Sartre, entre otros, habla sobre ello en ¿Qué es la literatura?, pero me gustaría conocer tu opinión sobre esto.
Martha: Estoy de acuerdo en que el escritor escribe para ser leído y que el lector completa, con su visión, el texto. A mí me ha sorprendido siempre conocer el punto de vista de los lectores. Hay una interdependencia: no puede haber escritores sin lectores, ni viceversa.
Priscilla: En el proceso de comunicación escritor, editor, lector, ¿qué papel, para ti, juega el crítico literario?
Martha: El crítico literario juega para mí un papel muy importante en el proceso de comunicación, pero estoy hablando de un verdadero crítico. Cuando son honestos, los críticos valoran el trabajo y ponen a cada quien en su lugar. Desgraciadamente, no todos los escritores son conocidos por los críticos profesionales; parece que se guían mucho por las editoriales que publican los libros; a las que no son conocidas no las toman en cuenta.

1. Entrevista realizada, en parte, gracias a una beca "Aid-of-Creativity Award" de Monmouth University, NJ, 1999. La misma fue previamente publicada en *Hablapalabra*, Guadalajara, México: Nov. 27, 1999: 7.

Sandra Cisneros

Nace en Chicago, USA, en 1954. Hija de una madre mexicoamericana y de un padre mexicano, su infancia, junto a sus seis hermanos varones, transcurre entre Chicago y Ciudad de México sin que, como lo vemos en *La casa en Mango Street*, jamás haya tenido tiempo de sentar raíces. Su condición de niña nacida en un cruce cultural, su condición de mujer, el amor, la opresión, la religión son los temas que aparecen en la obra de Sandra Cisneros. Obra que, anclándose en la realidad, se sitúa entre la ficción y la poesía. En *El arrollo de la llorona* da vida a una galería de personajes que van desde una niña de once años que revela secretos hasta una bruja que sobrevuela un pueblo.

Ha publicado:

Narrativa:*La casa en Mango Street* (1983); *El arroyo de la llorona y otros cuentos* (*Woman Hollering Creek and Other Stories*) (1991); *Hairs: Pelitos* (1994).

Poesía: *Bad Boys* (1980); *My Wicked, Wicked Ways* (1987); *Loose Woman* (1994).

Premios: the Before Columbus American Book Award por *La casa en Mango Street* (1985).

La metáfora de la casa en la escritura de **Sandra Cisneros**

Priscilla Gac-Artigas
Monmouth University, NJ

La metáfora, en tanto figura poética, ha sido continuamente asociada a la literatura aun cuando el mecanismo de comparación implícito que define a este recurso literario en sí no es privilegio de los poetas o intelectuales; basten para demostrarlo algunos ejemplos del habla cotidiana: una calle ciega, la niña de los ojos, la palma de la mano. Lo que sí distingue el uso de este recurso por los hombres de letras es el talento y la habilidad de éstos para crear imágenes inusitadas e innovadoras que nos presentan una faceta de la realidad que no resulta evidente, arte que se llega a dominar ejerciendo rigurosa observación, aplicado estudio y constante práctica. Más allá del juego con las palabras, las imágenes poéticas nos permiten entender no sólo el mundo que nos rodea sino también conocernos a nosotros mismos y comprender nuestra interrelación con los otros individuos dentro de la sociedad.

En ese sentido podemos afirmar que la metáfora está presente en todos los aspectos y áreas de la vida y va más allá de la simple comparación permitiéndonos expresar emociones, opiniones, creencias, ideologías, temores, aspiraciones. En el campo de la psicología, por ejemplo, se han acumulado pruebas de que frente a un terapista los niños prefieren "actuar" a "hablar" pues se sienten más cómodos y en más confianza representando metafóricamente sus sentimientos que teniendo que expresarlos verbalmente. El "disfrazarse" o hasta cierto punto convertirse en, y prestarle su voz a otra persona les confiere, igualmente, seguridad para poder expresar indirectamente experiencias que no le son agradables o cuya comprensión les escapa. Al expresarse a través de la encarnación de personajes "ficticios" o por medio del dibujo u otra representación artística el niño gana la confianza necesaria para afirmar su personalidad, enfrentar su realidad y hablar sobre ella, y aún cuando quizás su realidad no cambie, su manera de afrontar esta realidad será diferente.

El hecho de que Sandra Cisneros haya escogido una niña como narradora de *La casa en Mango Street*, y que en la novela jueguen paralelamente desde el comienzo dos metáforas: la de la casa y la de la mudanza para simbolizar, respectivamente, el sentido de pertenencia a un mundo y el camino a recorrer en esa búsqueda resulta muy acertado. Esperanza, niña inconforme, que no es feliz ni con su nombre, ni con su casa, ni con su barrio; que siente pena por su madre que nunca fue lo que debió haber sido pero quien, quizás por esto mismo, sembró en ella la semilla de la transgresión haciéndole entender la necesidad de tomar su destino en sus manos.

Un cuarto propio, decía Virginia Woolf a comienzos del siglo XX, es fundamental para una mujer que quiera escribir ficción o poesía, independencia económica y privacidad; un cuarto propio en el que pudiera encerrarse con llave, elementos únicos que le permitirían enfrentar el proceso de creación en igualdad de condiciones que los escritores, es decir, como un acto de creación y no de rebeldía. Lo que afirmaba tan acertadamente Virginia Woolf como necesario para la mujer escritora en los albores del siglo, se puede aplicar en nuestros días a la literatura producida por los escritores latinos en los Estados Unidos, a la búsqueda de afirmación e identidad que ésta encierra, entre ellos Sandra Cisneros quien, a través de sus personajes, en especial de Esperanza, la niña narradora de *La casa en Mango Street* se vale del uso de la metáfora de la casa y del medio de expresión de la escritura para presentarnos el conflicto de "pertenencia" presente tanto en su obra como en la de las escritoras latinas de su generación. En su trabajo vemos que ya no es sólamente de un cuarto que se precisa sino de "una casa," y que no es sólamente para poder escribir que una mujer necesita una casa, sino sobre todo, para sentir que existe, que es un ser completo independiente de un hombre, y que ese ser, pertenece a algo: una comunidad, un país, una cultura y no a alguien: el padre, el novio o el esposo. Esta necesidad de "pertenecer" que encontramos en la literatura escrita por las latinas es comentado por Maribel Ortiz-Márquez en su ensayo "The Bicultural Construction of Self in Cisneros, Alvarez, and Santiago":

> Belonging is the privileged feeling in all three narratives. It expresses the need to be somewhere where the boundaries of "here" and "there" can be easily defined, where the sense of estrangement can be abolished, where the "home" can be located and at the same time, grasped as the coherent concept of communal territoriality.
> [Pertenecer es el sentimiento privilegiado en las tres narrativas. Expresa la necesidad de estar en algún lugar donde las fronteras entre "aquí" y "allá" puedan ser fácilmente definidas, donde el sentimiento de extranjerización pueda ser abolido, donde el "hogar" pueda ser fijado, y al mismo tiempo, entendido como el elemento de cohesión del territorio comunal.] (237)

Construcción de la metáfora

Tanto en la narrativa como en la poesía de Sandra Cisneros encontramos presente el eterno movimiento de las aguas del que nos hablaba Heráclito, el devenir, la mudanza, el cambio, la búsqueda; esa sed de ser, de pertenecer, pero no a cualquier lugar ni a cualquier grupo. La escritora tiene muy claro tanto la casa en la que quiere habitar como la cultura y la comunidad a las que quiere pertenecer y aquéllas a las que no pertenece aún cuando las habite. El camino de aprendizaje, de descubrimiento y de afirmación se dará a través de la escritura.

Este es el objetivo subyacente en las 44 viñetas que componen el libro *La casa en Mango Street*, la casa "que nunca le gustó" (111). Desde el comienzo establece Esperanza, la narradora, su inconformidad: inconformidad con su nombre y la inactividad, tristeza y larga espera que encierra su significado; inconformidad con su nueva casa en Mango Street, a pesar de que es la primera casa propia que adquieren sus padres lo que en el sistema de vida norteamericano significa un avance en la escala social para la familia. Por años la adquisición de una casa propia representó la concretización del "sueño americano" y para la familia de Esperanza, como para la de muchos mexico-americanos, el alcanzar este sueño fue parte de un proceso largo y penoso que envolvió muchas mudanzas. "No siempre vivimos en Mango Street. Antes vivimos en el tercer piso de Loomis, y antes de allí vivimos en Keeler. Antes de Keeler fue en Paulina y de más antes ni me acuerdo, de lo que sí me acuerdo es de un montón de mudanzas" (3). Inconformidad con su barrio, Mango Street, barrio del que quiere escapar y al que regresará sólo "cuando alguien lo mejore" (109) sin todavía comprender en su inocencia de niña que sólo ella podrá cambiarlo.

La metáfora de la mudanza es utilizada por Cisneros, al igual que por otras escritoras latinas de su generación como la puertorriqueña Esmeralda Santiago o la dominicano-americana Julia Alvarez para representar la búsqueda de identidad que caracteriza a quienes se debaten entre la cultura de la que provienen y aquélla en la que viven; que experimentan el conflicto entre el sistema de valores de la sociedad patriarcal latinoamericana donde la mujer está subordinada, es dependiente del hombre, y se encuentra, pasivamente, mirando hacia afuera por la ventana, apoyando la tristeza en su codo (*La casa en Mango Street* 11), y los valores de la sociedad norteamericana donde, con respecto a otras partes del mundo, la mujer ha logrado reivindicar muchos de sus derechos.

La casa propia, no cualquier casa sino la que ella sueña, representa entonces para Cisneros su universo interior, el lugar en donde puede resolver sus conflictos, en donde crecerá y será feliz el ser que ella quiere llegar a ser:

> Una casa propia. No un piso. No un departamento interior. No la casa de un hombre. Ni la de un papacito. Una casa que sea mía. Con mi porche y mi almohada, mis bonitas petunias púrpura. Mis libros y mis cuentos. Mis dos zapatos esperando junto a la cama. Nadie a quien amenazar con un palo. Nada que recogerle a nadie. Sólo una casa callada como la nieve, un espacio al cual llegar, limpia como la hoja antes del poema (110).

En la búsqueda que caracteriza su existencia, el sentido de peregrinación, de viaje, de movimiento está representado por la constante alusión de Cisneros a sus zapatos: "sus tristes zapatos cafés" (111), sus "feos zapatos boludos" (100). Zapatos que "feos"o "tristes" la llevan por el camino de la escritura para encontrarse a sí misma: "escribo un cuento para mi vida, para cada paso que dan mis zapatos cafés" (111), indicándole la ruta hacia la construcción de su identidad mexicana en base a alusiones y estereotipos de la cultura popular: tequila lágrimas, Dolores del Río, el amor de los aztecas por la guerra, el Popocatepetl/Ixtaccíhuatl, las futiles canciones románticas de Agustín Lara, los taquitos a la barbacoa, la Virgen de Guadalupe, la diosa Coatlicue, etc. ("You Bring Out the Mexican in Me" ["Tú sacas hacia afuera lo que hay en mí de mexicana") 4-6); finalizando el poema con un grito de reafirmación: "Amar de la manera que aman las mexicanas. Déjame/ mostrarte. Amar de la única manera que sé hacerlo". Estereotipos a los que se aferra para poder afirmarse hasta el momento en que pueda decir sin ambages "Yo sé quien soy". "No necesito vestirme con sarape y con sombrero para ser mexicano"("Bien Pretty" 151).

Establece así Cisneros que el buscarse, el encontrarse y el afirmarse, le permiten al individuo el construir su propio ser. "Volver a las raíces es volver a su destino" ("Bien Pretty" 149) y fabricar su propio destino es el deber del individuo si quiere existir, si quiere ser. A los ojos de Esperanza, la mujer debe ser como los cuatro árboles que crecen junto a su ventana en Mango Street, esos árboles que resisten creciendo hacia abajo, sus raíces internándose en la tierra y bebiendo la savia de la vida, creciendo hacia arriba sus ramas, largos brazos, altos cuellos que se abren hacia el infinito para abrazar los sueños; árboles "que luchan y no se olvidan de luchar.

Cuatro cuya única razón es ser y ser" (77).

Para Cisneros, la lucha es el único medio a través del cual la mujer puede lograr la adquisición de 'la casa'donde habitará su ser y por ello no delega en nadie la construcción de su universo, de 'su casa'. Como una nueva Hestia, diosa del hogar, inventora del arte de construir casas, protectora de las familias, de las ciudades y de las nuevas colonias fundadas, Cisneros representa para los chicanos lo que representó esta diosa para los griegos siglos de siglos antes: "la continuidad de una civilización y de sus luces pese a las emigraciones, las destrucciones, las revoluciones y demás viscisitudes de los tiempos". (Nadia Julien, *Enciclopedia de los mitos 209)*. En el caso de Cisneros y de tantos mexico-americanos la cultura mexicana permanecerá presente no importa que se pertenezca a una nueva generación que por razones relativas a la inserción dentro de una sociedad diferente ya no hable o hable con dificultad el idioma español.

Esperanza quiere hacer parte de las mujeres que toman su destino en sus manos y actúan sobre él, y no de aquellas mujeres dóciles y pasivas como las de las telenovelas que día a día alimentan los sueños de otras miles de mujeres como ellas. Es decir, ella quiere formar parte de las "mujeres que logran hacer que sucedan cosas y no a quienes les suceden las cosas" ("Bien Pretty" 161). Para Cisneros queda claro que para poder ser parte de ese grupo de mujeres no basta reconocer como perjudicial, y por consiguiente, rechazar el orden establecido sino que hay que tomar el destino en sus manos: decidir y actuar, como lo hace Esperanza: ... "he decidido no crecer mansita como las otras, que ponen su cuello en la tabla de picar en espera de la cuchilla" (*La casa en Mango Street* 90).

Es evidente, y Esperanza y Cisneros lo saben, que el romper los cánones nunca ha sido aceptado por los detentores del poder en una sociedad particular y que a cualquier grupo que ha intentado cambiarlos no le ha sido fácil. En términos de los estatutos sociales, todo aquello que se sale de la norma, todo lo que pone en peligro los privilegios que se ha adjudicado el hombre a través de la historia basado en una supuesta superioridad causa miedo y desconcierto y provoca consecuentemente el rechazo. Por consiguiente, la reivindicación por parte de la mujer del derecho a transformarse en un ser activo dentro del ámbito íntimo de la casa así como del ámbito público de la comunidad no es aceptado por la sociedad patriarcal. El poder ha estado eternamente asociado al género masculino y cualquier intento de la mujer de romper esos cánones es rechazado y combatido, por lo tanto, la mujer que persiste, es víctima del desprestigio y de la humillación. Irónicamente, se le adjudican, para denigrarla, atributos que el hombre considera propios de su género, de los que se vanagloria y sobre los cuales ha fundado su superioridad: inteligencia, decisión, acción; pensar con el cerebro y no con el corazón; no obedecer órdenes sino impartirlas, no servir sino que le sirvan. De acuerdo con la sociedad patriarcal una mujer con estas características es una mujer que no está conforme con su condición femenina y "quiere ser hombre," por lo tanto, a ese tipo de mujeres hay que temerles porque son "crueles"y no respetan el orden "natural" de las cosas. Sin embargo, ese es precisamente el tipo de mujer que Esperanza admira y al que desea parecerse.

> En las películas siempre hay una de labios rojos que es bella y cruel... Su poder le pertenece. Ella no lo suelta. He co-

> menzado mi propia guerra silenciosa. Sencilla. Segura. Soy la que se levanta de la mesa como los hombres, sin volver la silla a su lugar ni recoger el plato (*La casa en Mango Street* 90-91).

Nos plantea Cisneros a través de Esperanza que para cambiar su situación dentro de la sociedad la mujer tiene que hacer muestras de voluntad de transgresión así como de fortaleza en la decisión y entereza y seguridad en sus principios si quiere lograr sus objetivos: no un lugar detrás de la ventana para ver la vida pasar, sino un puesto en el exterior desde el cual actuar sobre la vida; soñar, innovar, revolucionar, cosechar el triunfo, ser feliz y sentirse orgullosa de poder intervenir, si así lo desea, en la acción y de, si así lo cree conveniente, cambiar el curso del desenlace. No importa la reacción de la sociedad, la mujer debe sentrise orgullosa de ser lo que ella quiera ser

> I built my little house of ill repute.
> Brick by brick. Labored,
> loved and masoned it.
> ...
> By all accounts I am
> a danger to society.
> I am Pancha Villa.
> I break laws,
> upset the natural order,
> anguish the Pope and make the fathers cry.
> I am beyond the jaw of law.
> I am *la desperada*,
> most-wanted public enemy.
> My happy picture
> grinning from the wall.
> ("Loose Woman" 113-114)

La escritura como herramienta de construcción

Para Esperanza, como para Cisneros la voluntad de transgresión proviene del reconocimiento de quiénes somos y de la inconformidad con ese ser en nosotros producto de la herencia familiar, cultural, y de la educación. Muchas veces se es lo que la sociedad, la familia, los otros quieren que seamos y se vive conforme a los valores por otros establecidos aunque no se esté de acuerdo con ellos, aunque sean valores que propaguen sentimientos de desigualdad. Muchas veces se "pertenece" a un lugar, a un grupo, a una comunidad por razones totalmente arbitrarias, y esas razones arbitrarias son las que hay que transgredir. No se trata, sin embargo, de transgredir por transgredir, ni de inclinar la balanza hacia el otro lado y que la mujer, al adquirir poder, repita las actitudes de prejuicio y de superioridad que criticó en el hombre. No, se trata de crear una nueva sociedad en la que el individuo valga por lo que es y no por el sexo al que pertenece.

> Yo quiero ser
> como las olas del mar,
> como las nubes al viento,
> pero soy yo.
> Un día saltaré
> fuera de mi piel.
> Sacudiré el cielo
> como cien violines (61-62).

Esperanza niña envidia a su amiga Alicia porque Alicia sabe quién es, sabe a dónde pertenece. En su inocencia de niña Esperanza piensa que se puede estar de paso, de mudanza, pero que si se tiene un lugar, aunque sea en el recuerdo, al cual volver, hacia el cual volcar la añoranza, se pertenece: "Tú tienes casa, Alicia, y algún día irás para allá, a una ciudad que recuerdas" (108). Casa, ser y destino se le confunden. Es Alicia quien le hace tomar conciencia de que no es escapando de sus raíces ni huyendo de sí misma que podrá concluir su búsqueda de un lugar en el mundo, de la "casa interior y exterior ideal" en que habitar; de la comunidad social y cultural a la cual pertenecer. Le hace también comprender que no se puede esperar por nadie para que cambie nuestro destino. Te guste o no, le dice Alicia, tú eres Mango Street, y sólo tú podrás cambiar tu barrio a lo que tú quieres que sea y transformarte a ti misma en lo que tú quieres ser.

Esperanza logra entender que su camino lo abrirá la palabra; que la costrucción de su casa, de su barrio, de su comunidad la logrará gracias a la palabra; que sólo la escritura la hará libre. La palabra, fuerte, poderosa, sublime, otorgando vida, creando mundos; la palabra, tal como la entendían sus ancestros: "La palabra, la palabra de mando, de construcción, de formación, la palabra que instantáneamente da la forma a la materia" (*Popol Vuh* 159). "El nombre es el individuo, lo mismo entre los dioses que entre los hombres y los animales. Así, pues, conocer el nombre *exacto* de alguno es conocerlo espiritual y materialmente, y por tanto poder reconstruir su nariz, sus ojos, su boca, etc." (*Popol Vuh* 166).

Y de la misma manera que el niño que pinta sus problemas o sus sueños, o el que actúa los suyos, Esperanza en Mango Street escribe para construir su futuro, para construirse una hermosa, amplia, luminosa casa en la cual poder habitar tal como ella es, la verdadera Esperanza, la que nadie ve pues está en su interior (11); para construirse una comunidad a la cual pertenecer en la que los conflictos de pertenencia cultural queden resueltos. Por eso escribe, porque así "el fantasma no duele tanto"(112). Una casa construida con ladrillos de generosidad y de amor inconmensurables, grandes y abiertos como una ancha puerta, suaves y acogedores como las nubes, que da la bienvenida a quienes como ella han experimentado el no tener una casa de la cual sentirse orgullosos, el habitar sin pertenecer. "[E)scribo y mango me dice adiós algunas veces. No me retiene en sus brazos. Me pone en libertad" (112). La pone en libertad para que se busque, se encuentre, y tras las muchas mudanzas y el largo camino regrese a ella, a Mango Street y ayude a transformarla; a transformar la calle, a transformar el barrio, a sacudir y transformar la gente "por los que no pueden irse tan fácilmente como tú" (107).

Obras citadas

Anónimo. *Popol Vuh*. México: Losada, 1998.

Cisneros, Sandra. *La casa en Mango Street*. New York: Vintage español, 1994.

_______. "Bien Pretty". *Woman Hollering Creek*. New York: Random House, 1991: 137-165.

_______. *Loose Woman*. New York: Alfred A. Knopf, 1994.

Julien, Nadia. *Enciclopedia de los mitos*. México: Océano Robin Book, 1997.

Ortiz-Márquez, Maribel. "From Third World Politics to-First World Practices: Contemporary Latina Writers in the United States," *Interventions: Feminist Dialogues on Third World Women's Literature and Film*, eds. Ghosh-Bishnupriya and Bose-Brinda. New York: Garland, 1997: 227-44.

Diamela Eltit

Nace en Chile en 1949. Escritora y profesora de la Universidad Tecnológica Metropolitana, es fundadora, junto al poeta Raúl Zurita y a la artista visual Lotty Rosenfeld, del grupo Colectivo de Acciones de Arte C.A.D.A. cuyos trabajos han sido exhibidos en diferentes países de América y Europa.

Ha publicado: *Lumpérica* (1983, en inglés 1997), *Por la Patria* (1986), *El cuarto mundo* (1988, en inglés 1995), *Vaca Sagrada* (1991), *Los vigilantes* (1993), *El infarto del alma* (1995) trabajo conjunto con la fotógrafa Paz Errázuriz, *Los Trabajadores de la Muerte* (1998).

La narrativa de Eltit se caracteriza por lo subversivo en el lenguaje, en los personajes, en la temática. Sus obras presentan, en su mayoría personajes marginales, aquellos ausentes de los discursos oficiales. Por ejemplo en *Lumpérica*, su primera novela, esto se manifiesta en el personaje de una mujer marginal en busca de su identidad y se mueve en el microcosmos de una plaza pública.

En *Por la Patria* (1986) tenemos a otra mujer con su yo violentado: una mujer víctima del poder político que sufre la detención y la tortura.

El Cuarto Mundo (1988) continúa la aguda línea de crítica política de sus otras novelas; vemos aquí la marginalidad representada como un "cuarto mundo" donde dos mellizas viven en hacinamiento.

Premios: José Nuez Martín del Instituto de Letras de la Universidad Católica y la fundación del mismo nombre por *Los vigilantes* (1993).

Diamela Eltit, en entrevista con María Moreno aparecida en Venezuela, nos habla de su escritura, la fragmentación del lenguaje, las capas de significados bajo las palabras, los símbolos, los nuevos códigos de comunicación que fue necesario inventar para poder expresarse bajo la dictadura, todo lo cual hace parte de su producción literaria:

> ..."no sabías realmente bien quiénes eran los que estaban a tu alrededor. Entre tus vecinos, en el trabajo, en el espacio social, no te dabas cuenta de con quién estabas hablando, entonces el lenguaje estaba muy afectado, porque primero tenías que buscar un habla que no habla y leer no necesariamente las palabras sino otros espacios como la ropa, los gestos, la mirada para darte cuenta de a quién tenías delante. Y ese era un esfuerzo inédito. Ibas definiendo sobre los cuerpos finamente quién era tu interlocutor. ¿Un fascista, un indiferente, un cómplice? Yo trabajé con gente que sólo muchos años después supe quién era. Además estaban los lenguajes escritos: en los pocos medios que circulaban, aprendías a buscar las sílabas, ni siquiera las palabras, para saber qué estaba pasando. Y, por otra parte, había una censura loca que censuraba con blanco. Leías, por ejemplo: 'Dijo la señora tal, blanco...'. Podía decirse que el blanco daba espacio, el blanco sí hablaba".

Corporalidad y transgresión en *Lumpérica* de Diamela Eltit [1]

Mónica Barrientos Olivares

> En la multitud alguien grita con entusiasmo: "Bendito sea el vientre que te dio a luz y benditos sean los pechos que te alimentaron". Jesús responde: "No. Benditos sean los que escuchan la palabra de Dios y la mantienen."
>
> *Lucas 11:27-28*

A pesar de que cierta crítica haya intentado mostrar a *Lumpérica* [2] como un texto de difícil acceso o de carácter "experimental" por su constitución, es necesario señalar que este mismo entramado que ha generado "sorpresas" a un cierto círculo de lectores, es lo que posibilita la realización de preguntas (o un tipo de cuestionamiento) sobre los fundamentos de la literatura. Desde el título mismo del texto, que alude a los seres más marginales, sumado a la "feminización" del término (que gramaticalmente es neutro), se puede visualizar una lectura fuera de las formas tradicionales. *Lumpérica* exige, en primer lugar, una intimidación [3], de modo que así se pueda instaurar la "anulación que permita la comunicación con la pulsión letal" [4] entre texto y lector. Será entonces, este contacto íntimo (erótico en el mejor de los casos) lo que permitirá el encuentro y el ingreso a la lectura. El presente trabajo se enmarcará dentro de tres formas de acceso: un cuestionamiento a las formas totalizantes de la cultura, el carácter lúdico del personaje y la relación entre erotismo y escritura.

Para ingresar al análisis de *Lumpérica* se utilizará la figura del *movimiento*, por considerarse como un atentado a la fijación, es decir, no permite la permanencia, el estado, lo eterno. Se observa dentro del texto que existen diferentes figuras que intentan, a cualquier costo de mantener a la protagonista (L. Iluminada) y al texto, dentro de un marco de formas estables. Dentro de estos elementos se encuentra la *imagen* y la *racionalización*.

La imagen -a través de la metáfora del ojo- intenta enmarcar a la protagonista dentro de una red tradicional de perspectiva; de esta forma se observa una cámara fílmica -"ojo de la toma"- que constantemente filma los actos de L.Iluminada, buscando la perfección de la pose. Otro elemento es una fotografía -"ojo del lente"- que muestra a una mujer (que podría ser la protagonista) donde se apela al lector, preguntándole sobre la fijación del corte en la superficie. La racionalización se presenta a través de la forma más tradicional: la clasificación. Existe en el texto un letrero luminoso que siempre intenta darle una identidad ciudadana, "(e)l nombre y el apodo que como ficha les autorizará un recorrido"[5], es decir, sacarla del mundo de la oscuridad hacia la luz, lo conocido, lo que se puede calificar porque se conoce. Pero los personajes de la obra eltiana presentan fases cambiantes que huyen de cualquier forma que intenta atarlos; ante la mirada acosadora, la protagonista "se castra del ojo que la mira hasta gastarlo" (13) y evita la filmación cambiando continuamente de pose. Frente al intento de clasificación del luminoso, ella no adquiere nunca un nombre propio, sino que diferentes apodos y formas: la quemada, la iridiscente, la mafiosa, la yegua, la vaca, etc. La huida al intento de apropiación se representa en las figuras mismas a través de la *carencia* (vacío a todo lo impuesto) que ellas contienen al no tener una correspondencia con la norma. Esta privación o ausencia es el marco que rodea a L. Iluminada: la noche, una plaza solitaria, un espectáculo montado para nadie; todo el espacio se encuentra envuelto en el juego de contraluz que permite el oscurecimiento del sentido que intenta erigirse como único y verdadero. La oscuridad permite la obstrucción de la vista porque no permite crear una organización lógica o formal del objeto que se tiene frente. Esta "mala visión", producida también por daños a la cabeza [6], provoca una falla, una fractura en la categoría privilegiada del conocimiento (logos, dios, padre) que instala la duda y la autocorrección de la obra que constantemente se re-hace. Ninguna forma permanece en el texto porque los personajes son tránsfugos, el tiempo es efímero y el espacio fisurado. Las huellas instaladas son reiteradas en cada capítulo, ya que cada atentado tiene diferentes contextos y todos insuficientes.

El movimiento encuentra en L. Iluminada y en su cuerpo su primer objeto; de este modo, el concepto de "identidad" es cuestionado en su acepción misma. Desde su raíz etimológica que significa "lo mismo", la noción de identidad "presupone una pregunta por sí misma donde el yo se torna dramáticamente plural" [7], de modo que ahora se trata de abolir esta paralización de la identidad al hablar de *subjetividad* como "un signo siempre abierto al entrecruzamiento con todos los otros signos"[8], lo que permite mantenerlo dentro de una posibilidad que nunca se cierra. Esta idea de identidad "pone en duda, cuando no en crisis las nociones tradicionales, restrictivas y sancionadoras, de la identidad como homogeneidad, semejanza, valoración."[9]. Por este motivo se ha decidido a hablar de "subjetividad" para referirse a la protagonista del texto, ya que así se puede ubicar dentro de un cuadro de múltiples posibilidades.

L. Iluminada es una subjetividad que está en constante flujo, que goza de múltiples formas, apodos y nombres donde cada uno es "desmentido por su facha" (12). De esta forma, la protagonista se presenta vaciada de toda categoría de legitimidad que instaura sus principios en el conocimiento racional de lo calificable; pero además, se juega entre dos bordes: del *vacío* producido por la falta de no tener un nombre o una identidad fija se llega a un *exceso* de nombres (apodos) y formas. Carencia y exceso hacen que L.Iluminada se presente de forma incierta, "sospechosa"; por lo tanto, vendría a ser un monstruo [10] formado por una suma de cosas dentro de un "estado inmediato al caótico"[11] que instaura la duda ante lo que se creía seguro y verdadero. Pero este vacío no debe entenderse como una perdida angustiante y dolorosa, sino que "la ausencia pura - no la ausencia de esto o aquello, sino la ausencia de todo, en la que se anuncia toda presencia- puede *inspirar*, dicho de otra manera, trabajar, y después hacer trabajar"[12]; esta no-presencia hace posible el trabajo, la "productividad" a través del movimiento y la mutación para así conformar subjetividades múltiples que no soporten la fijeza de los cuerpos.

De este modo, *Lumpérica* presenta una teatralidad de apariencias que se re-instalan en el juego de la representación: un montaje de sujetos que "reapropiados constituyen el escenario" (2), el boceto, una farsa que manejan a perfección. La representación que los personajes realizan se presenta como algo que no tiene un fundamento concreto, sino como el medio que manifiesta un vacío al no encontrar una identidad única. El escenario se presenta como una escena fantasmagórica atrofiada por el juego de la luz y la oscuridad (al igual que un teatro mal iluminado) donde los personajes se desenvuelven para mostrar todas sus posibles formas y, junto con ello, incrustar la duda al lector: nada es seguro porque ha sido incansablemente ensayado para provocar "erratas conscientes" (102) de modo que todo vuelva a hacerse y rehacerse. De este modo, el movimiento se vuelve sobre sí mismo, haciendo que la repetición sea parte del movimiento mismo. Repetir todo nuevamente por error, falla, falta de profundidad, por el placer del juego. Todo acto de repetición es una búsqueda obsesiva, por lo tanto perversa [13] de un objeto que se sabe perdido de antemano. Esta búsqueda de formas y nombres que L.Iluminada posee, es lo que la convierte en una "perversa", es decir que busca desesperadamente un objeto o un instante, pero siempre falla en su empresa; conociendo la imposibilidad de experimentar ese momento perdido para siempre, se *in-corpora* al juego de la búsqueda sólo por el placer que conlleva lo lúdico.

El siguiente paso tiene relación con otra forma de atentado a la fijeza, pero que ahora se genera en las superficies, ya sea del rostro y del texto. De esta forma, aparece el *maquillaje* (disfraz o máscara), entendido como una actividad considerada completamente femenina que tiene como función pintar y ocultar las imperfecciones del rostro o del cuerpo para embellecer. Por otro lado, el *adorno*, también complemento femenino, tiene como intención adherir una falta con el mismo propósito de embellecer a través de una suma de objetos que se agregan al cuerpo para completar, junto con el maquillaje, la falta de algo. Estas dos prácticas se incluyen en el texto sobre las superficies de los cuerpos sexuales y textuales para conformar un sólo entramado donde piel y página se conjugan al mismo tiempo y de un sólo modo.

La elección de personajes en la obra de Eltit, que se vinculan a la categoría de "lo femenino", se utiliza para desarticular los paradigmas de "lo real" en los textos. Por este motivo el maquillaje revierte su sentido de ornamento estético y pasa a presentarse dentro de otro ámbito: demostrar la falta de esencialidad que L.Iluminada posee a través de un exceso de ornamentos para provocar un golpe en la mirada, un *trompe l' oeil* (159) y cubrir las múltiples identidades. El maquillaje pasa a formar parte de la escena carnavalesca donde todo es apariencia, superficialidad, simulación y engaño; así el *travestismo*,[14] pulsión necesaria e ilimitada que los personajes poseen, se presenta como otra posibilidad de simulación que el maquillaje puede realizar. El travestismo o metamorfoseo, no sólo se da en el aspecto del modelo mujer, sino en cualquier modelo que se quiera presentar como tal, ya sea literatura, escritura, significado único, etc. Es por este motivo que las obras se presentan como subjetividades vacías, ya que el cambio, la máscara, el estar haciéndose continuamente no permite la inclusión de un original porque éste no existe, ha sido parodiado por la copia que no le fue fiel en ningún momento.

Por lo tanto la apariencia viene a implantarse dentro de este gran teatro a través de la cosmética femenina como parte de la no creencia en la profundidad. La belleza de L.Iluminada se encuentra fuera del paradigma de mercado (objeto de belleza para la implantación de modas), sino que "resaltantes en sus tonos morenos, adquiriendo en sus carnes una verdadera dimensión de la belleza" (13) . Adorno y maquillaje cumplen una finalidad estética que intenta mostrar la crudeza del espectáculo que ha montado la protagonista; por esto, es la "ropa en ella apenas funcional": retazos de modas, colores tenues, desteñidos, opacos. Su cabeza se encuentra rapada y dañada, su mano quemada y sus brazos cortados; por lo tanto, es una mujer que no intenta mostrarse en la uniformidad tradicional, sino que su intención es crear molestia al espectador para que "sólo así sepa de alguna clase de vida" (17).

El maquillaje debe aplicarse a una superficie; por este motivo, el movimiento se traslada de la textura de la piel a la página, porque no sólo se retoca el rostro, sino también la letra. De esta forma, aparece un nuevo tipo de fractura que se produce en los textos y los cuerpos, mostrando ahora la falla en las superficies o tejidos para atentar contra la linealidad del entramado. En *Lumpérica* se observan dos formas de atentado: por un lado la *herida* (tajo), ya sea en la mano, la cabeza y los brazos, y por otro, el frote (pose), como exhibicionismo o atentado a la moral y a la intención de la fijeza. Las heridas se autoinfieren por la propia protagonista como medidas de escritura que se traspasan del cuerpo al texto, haciendo del atentado a la línea continua de la frase y de su sintaxis, una agresión a la superficie lisa del cuerpo. Escrito sobre el cuerpo o cifrado con violencia: representa una prueba de la dislocación inicial que desmiente el carácter íntegro del cuerpo y del texto, mostrando de esta forma que "el terror y el deseo de la propia blancura y sanidad se manifestará como errata" (p. 16). El corte, la herida son formas de tachadura que han sido arrojadas hacia las texturas, haciendo que las superficies aparezcan fragmentadas; se presentan entonces, como signo y símbolo de las imperfecciones que denuncian la impureza de la superficie lisa. Cuerpo textual herido o pre-texto donde el corte -la línea que queda como producto del atentado- se presenta como la idea de signo que fractura la sintaxis lineal y el orden lógico de la narración. La tortura (como resultado de los múltiples atentados) y la inscripción en la piel (tatuajes) pertenecen al mismo repertorio del desintegramiento, ya que con el dolor de la herida o la tinta de la letra (del tatuaje) se define una parte del cuerpo que se separa de la imagen del cuerpo como totalidad.

La escritura, como producto del movimiento, y la tachadura (marca) de las identidades fijas, supone una apertura -producto de la herida textual- donde la obra se presenta con muchas posibilidades de lecturas y de interpretaciones. La importancia entonces, también se encuentra en la materialidad, es decir, el carácter mismo de la letra que se juega en diferentes formas de textualidad (intertextualidad, intratextualidad, los gramas sémicos o fónicos, etc.); se trata de producir movimiento a través del *frote* entre todos estos elementos, de modo que el contacto entre ellos impida la fijeza de la estructura y de la lectura. El frotamiento es el medio por el cual la protagonista puede huir de la posibilidad de ser encasillada en un nombre propio, la manera en que la obra se mueve junto a los otros elementos que vienen a conformar el entramado: frote entre personajes, entre las líneas, entre elementos y entre textos: cualquier forma es válida para instalar la perversión.

La escritura es el movimiento que se presenta como máscara de una trascendentalidad que ha sido tachada de antemano, y el adorno como excedente, como la "*superabundancia* del significante, su carácter *suplementario*"[15]; por lo tanto el movimiento, que se ha constituido como un devenir constante que se desplaza en las líneas y en las obras, es el exceso donde los ornamentos de la intertextualidad que se imbrican en una intersexualidad constituyen la obra a través de un diálogo activo; se trata de una interacción de texturas lingüísticas, de discursos, de géneros. El movimiento recae en la explosión -solicitación-16 del tejido de la textura de la obra para conformar una red de significaciones a través del movimiento constante de las formas cambiantes. Este movimiento produce una *acción política*, en el sentido de remecer el aparato cultural (literario, político y social) erotizando la plaza con su sola presencia. La *transgresión* se produce, por lo tanto a toda forma de canon, de fijeza con la intención de mostrar el vacío de los fundamentos. Se trata, por lo tanto, de una pérdida gozosa porque permite el juego y el constante movimiento que se vuelve nuevamente sobre sí mismo y se presenta como un espejo que refleja la ruptura de la homogeneidad, la caída del dios y la carencia del fundamento a través de la explosión de todas las formas fijas, de modo que los residuos se dispersen en las páginas a través de todo el texto, haciendo que ellos funcionen diseminados, pero entrelazados por una subjetividad múltiple, para que así "*reviente en la letra la pesadilla de estas noches*" (39).

Notas

[1]Este trabajo es un compendio (una especie de conclusión) de mi tesis para optar al grado de Licenciado en Lengua y Literatura Hispánica en la Universidad Católica de Valparaíso.

[2] Diamela Eltit. *Lumpérica*. Ed. Planeta, Santiago de Chile, 1983.

[3] Ocupo el término en el sentido que le brinda Severo Sarduy, es decir, anulación o desaparición de la distancia. Cf. *Ensayos Generales sobre el Barroco*. Ed. Fondo de Cultura Económica, Buenos Aires, 1987.

[4] Ibid p. 56.

[5] Diamela Eltit. *Lumpérica*. op. cit. p.9. Todas las citas pertenecen a la misma edición, en adelante sólo

aparecerá la página entre paréntesis.

[6] Cf. "Segunda escena: la producción del grito", donde ella estrella su cabeza contra el árbol. *Lumpérica* op cit. pp. 19-27.

[7] Cf. Julio Ortega. "La identidad revisitada" en *Revista de Crítica Cultural N° 11, noviembre de 1995.* En este articulo, Julio Ortega realiza un análisis del concepto de identidad bajo las nociones que postula Paul Ricoeur principalmente en su texto "Soi-meme comme un autre"

[8] Ibid.

[9] Ibid.

[10] "A monster may be obviously a composite figure of heterogeneous organism that are grafted onto each other. This graft, this hybridisation, this composition that puts heterogeneous bodies may be called monster". Jaques Derrida. *Prepare yourself to experience the future and welcome the monster.* Entrevista de Elisabeth Weber. Internet, homepage Peter Krapp.

[11] Juan-Eduardo Cirlot. *Diccionario de Símbolos.* Ed. Labor. Barcelona 1991. p.306.

[12] J. Derrida. *La Escritura y la Diferencia.* Ed. Anthropos. Barcelona, 1989. p.17.

[13] "El perverso explora un instante; en la vasta combinatoria sexual sólo un *juego* lo seduce y justifica. Pero ese instante, fugaz entre todos, en que la configuración de su deseo se realiza, se retira cada vez más, es cada vez más inalcanzable (...) Vértigo de ese inalcanzable, la perversión es la repetición del gesto que cree alcanzarlo". Severo Sarduy. *Op.cit.* p. 233.

[14] "El travesti, y todo lo que trabaja sobre su cuerpo y lo expone, satura la realidad de su imaginario y la obliga, a fuerza de arreglo, de reorganización, de artificio y de maquillaje, a entrar, aunque de modo mimético y efímero, en su juego". Cfr. Severo Sarduy. *Op. cit.* p. 93.

[15] J. Derrida. *La Escritura y la Diferencia.* Op. cit. p.398.

[16] De "sollus", en latín arcaico: "el todo" y "citate", empujar; es decir "hacer temblar en su totalidad" o "*estremecer* mediante un estremecimiento que tiene que ver con el todo". Cfr. J. Derrida. *La Escritura y la Diferencia*. Op. cit. p.13.

Laura Esquivel

Nace en Ciudad de México el 30 de septiembre de 1950. Se revela primero como guionista de cine con *Guido Guán* y *Tacos de oro* (1985), este último nominado por la Academia de Ciencias y Artes Cinematográficas para el premio Ariel.

Ha publicado:

Novelas: *Como agua para chocolate* (1989), *La ley del amor* (1997), *Estrellita marinera* (1999).

Cuentos: *Intimas suculencias, tratado filosófico de cocina* (1998).

Como agua para chocolate es su primera novela, la que, con guión de la autora, fue llevada al cine por su ex-esposo, Alfonso Arau.

Actualmente reside en México donde publicó su segunda novela: *La ley del amor* (1997) la que presenta como la: "primera novela multimediática". *La ley del amor* viene acompañada de un CD y, en el cuerpo de la novela, la autora indica las interrupciones de la lectura para escuchar los danzones y arias de ópera u observar las ilustraciones de Miguelanxo Prado. Abarca la novela desde el México de Moctezuma hasta el siglo XXIII, durante un viaje eterno en el cual Azucena, una astroanalista, busca por sus 14.000 vidas anteriores a Rodrigo, su alma gemela. Al igual que en *Como agua para chocolate*, es evidente en la estructura de la novela, como en su escritura, la formación de guionista de Laura Esquivel lo que hace que se lea más como guión de cine que como novela.

Estrellita marinera, narra la historia de dos niños cuyas vidas se entrelazan al momento de recibir una insólita herencia. Novela de aventuras y de personajes exóticos, esta fábula de nuestro tiempo recrea el colorido mundo del circo y reafirma los grandes valores de la vida: la bondad, el amor, la sabiduría y la compasión.

Intimas suculencias

Cecilia Novella
Laurentian University

Como ella misma lo explicita en las primeras líneas del prólogo, Laura Esquivel reúne en estas *Intimas suculencias*, catorce textos a los que ya había dado libertad de ir por el mundo, a su aire, pero que -por lo visto- le regresaron, como se regresa a una reunión de familia. Ahora salen una vez más, de la mano, como un solo cuerpo, rejuvenecidos, reequipados, fortalecidos y hermoseados.

Plenos de humor y de ironía -a veces sutil, a ratos descarnada- los catorce apartados se pasean por otras tantas reflexiones sobre problemáticas aún no resueltas, como es el caso del Hombre Nuevo, cuya aparición, como bien señala la autora, continuamos esperando, a pesar de haberse anunciado (o vislumbrado, al menos) en la ya lejana década de los años sesenta.

Dos de los artículos en el texto, desmenuzan la esencia y [no) presencia de este Hombre Nuevo, en las postrimerías del siglo. El resto va de otros tópicos. El hilván que une los relatos, pareciera ser un rosario de recetas de cocina, muy al estilo que Esquivel puso en boga en *Como agua para chocolate*, que nos deleitó y que ya han adoptado otros escritores. Sin embargo, una lectura cuidadosa nos devela que bajo cada receta subyace una gran preocupación por el Amor; el amor, elemento del cual está tan necesitada la humanidad del siglo que ya termina, el amor en todas sus facetas, y la filosofía que sobre éste practica y sustenta la autora.

De apariencia casi inofensiva, el texto -entera y bellamente ilustrado con imágenes que merecen un extenso comentario aparte- vehicula una gama variada de temas esbozados para una profundización mayor, incluyendo la influencia de la sin par Sor Juana en el rol actual de la mujer (no sólo de la mujer mexicana, sino de la mujer en el resto de nuestra América), y el legado de la poeta recogido o retomado por autores como María L. Mendoza, V. Lenin, Rosario Castellanos, Dorelia Barahona, Inés Arredondo y Octavio Paz. No falta la mujer que goza con los resultados de sus dotes culinarias, las que luego convierte en negocio y fuente de ingresos personales. La comida y la religión, la modesta apariencia física de un chile en relación a las formas masculina y femenina, los negocios ilícitos del pariente rico que todos tenemos y al que admiramos por su éxito en la vida, aunque aquél termine la suya entre las rejas de una prisión, la nostalgia por el terruño, cuando se vive en un país que no es el de origen, la crítica a la sociedad actual, plástica, de prisa, despersonalizada y consumiendo eso que viene en latas o congelado en cajas con etiquetas que les autoriza a creerse alimento, y hasta una reflexión sobre el trastocado orden del universo desde el interesante punto de vista de una narradora tal y nada menos que la excelsa sor Juana Inés son tópicos que Esquivel plantea con sencilla audacia.

La desmitificación absoluta de la tradicional imagen de madre abnegada por sus hijos, en el relato de la madre-bruja (presentada, descrita y desarrollada ya en *Como agua para chocolate*), aparece incontestable. La costumbre de culpar a los demás de nuestro infortunio, en el episodio de la mujer abandonada y dada al alcoholismo, con el fondo de parodia de un machismo un tanto mítico, también está presente en este pequeño tratado. En mi opinión, este pasaje es uno de los más mordaces, magistralmente desarrollado por la autora, con un derroche de humor e ironía socrática admirables.

Laura Esquivel revuelve en torno al Amor (o desamor) de la especie humana sirviéndose de lo culinario, insistiendo -y con sobrada razón- en que " uno es lo que come, con quién lo come y cómo lo come."(*Intimas suculencias* 2) En el placer de cocinar para los seres amados y en el deleite de compartir lo cocinado, está el fundamento de la felicidad, puesto que ahí, en ese punto sin fronteras, descansa la esencia del individuo como tal y como especie, su razón de ser, su raíz y compromiso con lo propio, su relación y pertenencia a la tierra. La cocina es el templo sagrado donde se congregan los cuatro elementos vitales, fuego, agua, aire y tierra y donde la mujer es el eje en torno al cual gira todo ese microcosmos destinado a alimentar a la familia. Esta es, en suma, la temática que desarrolla la autora, a través de los catorce relatos.

Indudablemente hay varios subtemas que se advierten entre líneas, los que seguramente rondan la mente de Esquivel y se deslizan a la de muchos de sus lectores. Para quienes han leído sus obras anteriores, resulta muy grato el encuentro intertextual con momentos de esos escritos, como el recuerdo de la casa construida sobre las ruinas de un templo sagrado (de la que nos habíamos enterado en *La Ley del Amor*), la alusión a escritos de otros autores (*Para leer al Pato Donald*, de A. Dorfman) que nos evocan otra época, o los versos de una tradicional canción mexicana llena de añoranzas y plena de actualidad.

Hay dos aspectos que debo destacar en estas notas, uno es el lenguaje fresco, directo, franco y deshinbido que Laura Esquivel ha plasmado en estas narraciones, carente de afectación, de manerismos y de sofisticaciones innecesarias: simplemente un lenguaje en su más pura expresión, casi ingenuo (ex-profeso), a veces, que fluye de la corriente del pensamiento al papel, como cuando ironiza en la comparación entre españoles e indios, o el pasaje de la esposa del infiel Apolonio abandonada por éste con el pretexto de alcohólica y prostituta.

El segundo punto destacable es el entusiasmo y el amor que resuma todo el texto. Si las anteriores novelas de la autora dejan traslucir ese amor por lo suyo, por sus seres amados y por sus raíces, estas "íntimas suculencias" no le van a la zaga y tienen el mérito de transmitirlo al lector.

En el terreno de las recetas culinarias, aunque resultan invitadoras, ninguna llega al nivel de aquellas codornices en salsa de pétalos de rosa de su primera novela, pero en cambio, se podría decir que el soufflé de castañas, en el apartado del mismo subtítulo, resulta ser el complemento ideal para las afrodisíacas codornices.

En suma, este breve compendio de "suculencias íntimas" resulta una lectura agradable y de total vigencia en su temática, que nos deja el trabajo de re-pensarnos a nosotros mismos y a nuestro mundo; sólo se echa en falta que estos relatos no hayan sido unos cuantos más.

Rosario Ferré

Nace en Ponce, Puerto Rico, en 1938. En 1972 comienza su carrera de escritora como editora de la revista literaria *Zona de carga y descarga*, revista de la que fuera fundadora y en la que aparecen sus primeros cuentos y poemas, así como sus primeros ensayos críticos. Ha sido profesora invitada de literatura en las universidades de Rutgers y Johns Hopkins. Escribe en el *Nuevo Día* y el *San Juan Star*, diarios puertorriqueños. Narradora, ensayista y poeta, estudia en la Universidad de Puerto Rico donde recibe su M.A. y posteriormente obtiene su título de doctorado en literatura hispanoamericana en la Universidad de Maryland.

Aparece en la temática de Rosario Ferré su preocupación por la sociedad puertorriqueña. En *La casa de la laguna*, a través del enfrentamiento del manuscrito de Isabel, comentado por Quintín, muestra Ferré el enfrentamiento entre dos visiones diferentes sobre la historia y sobre el devenir de Puerto Rico, sobre la mujer y su rol dentro de la sociedad. En todas sus obras encontramos su denuncia sobre la situación que vive la mujer en la sociedad puertorriqueña, la explotación sexual y económica, la colonización o el intento de colonización cultural.

Es una constante en su escritura la búsqueda de la identidad: su identidad como mujer así como su identidad como puertorriqueña, y en esa búsqueda, como aparece en *La casa de la laguna*, tiene necesidad de destruirse, provocar un incendio que arrase con todo aquello que vive en la superficie para poder reencontrarse y reconstruirse.

Presentando *Extraños vecindarios* (Barnes & Noble, NY, 17 de enero de 1999) confirma esta búsqueda de identidad diciendo:

> "...es muy difícil resumir mi novela, pero lo que la caracteriza es el sentido de búsqueda; la búsqueda de una niña, Elvira Vernet, de su identidad, y también su búsqueda de un lugar. La búsqueda en el sentido de que la personalidad puertorriqueña está siempre en busca de sí misma; somos un país de Hamlets, siempre preguntándonos qué queremos ser, si queremos ser estado o si queremos ser independientes, si queremos hablar español o si queremos hablar inglés, y eso es lo que significa ser puertorriqueño: estar siempre en busca de sí mismo. En ese sentido somos gente muy contemporánea.
> La búsqueda de un centro, de un sentido de sí mismo es lo que define a los personajes de *Extraños vecindarios*. Todos ellos están buscando definirse, sea como mujer o como hombre. El personaje principal comienza su educación odiando a su madre y queriendo parecerse a su padre, es una especie de prototipo de feminista, puesto que nace en 1938, mucho antes de que surgiera el movimiento feminista, pero ya los gérmenes del feminismo estaban en ella. Se pregunta, ¿a quién quiero parecerme, a mi madre, a mis tías? Elvira prueba estos modelos femeninos: una modelo, una poeta y por último una mujer que sólo piensa en el amor, y todos los rechaza. Finalmente decide que quiere ser como su padre y esto es una característica muy del siglo XXI y a la vez muy puertorriqueña.
> Lo que quiere decir que los puertorriqueños somos ciudadanos del siglo XXI, somos gente que estamos muy adelantados a nosotros mismos y siempre hemos estado

adelantados a nosotros mismos. Y esto es lo que quise poner en evidencia en *Extraños vecindarios*, en el sentido de que el personaje principal ya está intentando traspasar géneros, romper barreras, y ello choca".

Ha publicado:
Cuentos y relatos: una colección de 14 cuentos y seis poemas narrativos agrupados bajo el nombre de *Papeles de Pandora* (1976); una colección de cuentos y poemas reunidos bajo el nombre de *El medio Pollito: siete cuentos infantiles* (1976); *Los cuentos de Juan Bobo* (1981); *La mona que le pisaron la cola* (1981).
Poesía: *Fábulas de la garza desangrada*, colección de poemas eróticos (1982); *Sonatinas* (1989); *Las dos Venecias* (1992).
Ensayos: *Sitio a Eros*, catorce ensayos sobre grandes mujeres de Europa, Estados Unidos e Hispanoamerica, entre ellas Virginia Woolf, Anaïs Nin, Alexandra Kollontay, Silvia Plath, etc... (1980), segunda edición en 1986 con quince ensayos, *El acomodador: una lectura fantástica de Felisberto Hernández* (1986); Crítica literaria: *El árbol y sus sombras* (1989); *El coloquio de las perras* (1990).
Novelas: *Maldito amor*, colección de relatos y una novela corta donde trata del desplazamiento de una sociedad rural a una sociedad industrializada en Puerto Rico y los cambios que ello conlleva (1986); su traducción aparece en los Estados Unidos bajo el nombre de *Sweet Diamond Dust*, trad. de la autora (1988); *La batalla de las vírgenes*, crítica social y sátira religiosa, (1993) aparece en Estados Unidos bajo el nombre de *The Battle of Virgins; The House of the Lagoon* (1995), libro que primero es publicado en inglés para más tarde aparecer en español traducido por la misma autora bajo el nombre de *La casa de la*

laguna (1996); *Eccentric Neighborhoods/Extraños vecindarios* (1999).

Premios: Premio del Ateneo Puertorriqueño por *Los papeles de Pandora,* (1976); Liberatur Prix, Feria Internacional del Libro, Frankfort por *Maldito amor* (1992), finalista del National Book Award por *The House in the Lagoon*.

La negritud, la blanquitud y la transparencia en la búsqueda de una identidad nacional **reflexiones a propósito de *La casa de la laguna* de Rosario Ferré**

Priscilla Gac-Artigas
Monmouth University,NJ

Trayendo como único bagaje un apolillado pergamino y el peso de los olores de los jamones curados de Valdeverdeja, pequeño pueblo campesino español, Buenaventura Mendizábal, el primero de la dinastía, desembarca en Puerto Rico, y recibe la brisa marina, el sonido de los cocoteros acariciados por el viento, el festivo ondular de los nativos con "caderas bailando como calderos" (328) y una bandera norteamericana, el día en que, en medio de una fanfarria, se consolidaba la dominación norteamericana sobre la Isla. Sitúa el comienzo de la acción Rosario Ferré el 4 de julio, licencia poética, para con fuegos artificiales describir un triste mes de mayo de 1917 cuando el presidente Woodrow Wilson promulga la ley Jones que concedía la ciudadanía americana a los puertorriqueños que no la rechazaran expresamente en el término de seis meses, primera posibilidad de elección acordada a los naturales de Puerto Rico, naturales que se alistaron masivamente en el ejército norteamericano provocando el siguiente agudo comentario de Buenaventura:

> Razones tendrán para irse. Sospecho que aquí ha habido una hambruna más gorda que en Valdeverdeja. (31)

Urgando en la historia, Rosario Ferré hace surgir el primero de la dinastía de lo más profundo de España, al igual que los conquistadores llegaran de los pueblos perdidos a conquistar e imponer su cultura a los pueblos indígenas de América Latina. Urgando en el presente le coloca en las manos una bandera norteamericana, y en pocas líneas jugando con jamones y hotdogs plantea la incesante búsqueda de identidad, de lo nacional, en Puerto Rico. Remite así Ferré a la lucha de la época entre los comerciantes españoles y nacionales, reflejo de la lucha económica entre España y los Estados Unidos por la dominación de mercados. Y los insulsos hot dogs no pudieron competir con las paellas, las ensaimadas, las mallorcas, y la batalla por el mercado se ahogaba en las salsas al igual que eran ahogados en el agua hirviendo los cangrejos que iban a poblar la mesa y el amor en el reino de Petra, la sirvienta de los Mendizábal.

Revela la novela de qué manera no es en el enfrentamiento con los ya silenciosos cañones de la Guerra Hispanoamericana sino en el combate cultural en el que se debaten los personajes de la tercera generación que ya no siguen los cánones de la generación del 98 ni los cánones arquitecturales del gran maestro Pavel, en realidad, copias de las obras de Frank Lloyd Wright; sino en la formación en las universidades norteamericanas, en las discusiones culturales en el foro constituido por el Ateneo Puertoriqueño, en las ceremonias rituales de Petra Avilés en el pozo del sótano de la casa de la laguna, en esa agua origen de la vida y de la fortuna de Buenaventura Mendizábal.

Las discusiones literarias en el jardín de la casa de la laguna reflejan las discusiones del Ateneo fundado en 1876 a fin de encontrar un foro en el cual se pudiera discutir libremente el quehacer cultural del país y pese a ser creado a imagen y semejanza de los ateneos peninsulares, debido a la situación peculiar de Puerto Rico, la no existencia de universidades ni de espacios de discusión, le llevó a tomar una dimensión mucho más amplia que sus predecesores peninsulares como gestor del pensamiento liberal. En las discusiones, los asuntos literarios y filosóficos prevalecieron sobre los científicos, enfrentamiento que corresponde a aquél entre las dos culturas dominantes: la hispánica y la de los primeros profesionales formados en las universidades norteamericanas, enfrentamiento que se agudizará después del 98.

Toma la novela el aspecto de confrontación a través de un manuscrito escondido que pasa la historia de mano en mano, la confrontación de la historia a través de la visión de la historia de Isabel y de Quintín; Quintín quien traía en su bagaje de novio la violencia de sus antepasados, del primero, aquél que bajó impregnado del olor de los jamones ahumados para instalarse en el pozo de la laguna, de los antepasados del primero, aquellos que atravesaron las aguas para cumplir con la leyenda por lo...

> que una no se casa con el novio nada más, sino con los padres, los abuelos, los bisabuelos y toda la maldita madeja genética que lo antecede. (15)

Jugando con la mezcla de la sangre y los deseos Rosario Ferré hace morir al primero de la dinastía, en los brazos de Petra Avilés, negra sacerdotisa dueña de las aguas, diosa de los pantanos, bisabuela de la mezcla de las sangres que darán nacimiento a la nueva línea. Revela la novela, en la búsqueda de viejos pergaminos, la madeja entretejida de matrimonios peninsulares e insulares para develar el entrejuego social que si a veces mantuvo distanciados e inquietos a los padres, no se proyectó en los hijos.

Sembrando la duda para enseñarnos a releer la historia Rosario Ferré insinúa cómo la extraña desaparición del guardián del pozo, pozo fuente y vida, permite el asentamiento y la fortuna de Buenaventura, pozo fuente y muerte. Simboliza Ferré en esta muerte cinco siglos de conquista española: la muerte de Atahualpa, el desmembramiento hacia las cuatro esquinas del Imperio de Tupac-Amaru en la plaza pública de Cuzco, la muerte de Lautaro, de Galvarino, de Moctezuma, de Agüeybaná, muertes que permiten la buena ventura de los conquistadores, la construcción de lo español sobre ruina y muerte, al igual que sobre el templo de Tehualtepec se erigiera un templo a la virgen y sobre el pozo, el templo coronado por una terraza de mosaicos dorados de la casa de la laguna, templo que llevaba en su vientre la semilla de la destrucción, templo que alimenta su vientre con los esclavos venidos de Africa y en el cual el elemento indígena desaparece, y el blanco busca blancas raíces y el negro busca negras raíces, y simboliza Ferré, por lo que en esta historia *tu agüela sí* sabemos dónde está; y simboliza Ferré al ponernos frente a frente al tema tabú del racismo en la sociedad puertorriqueña.

Emplea Ferré la intertextualidad, como la define Kristeva, transponiendo un sistema de signos a otro: lo histórico a lo social al confrontar, transponer, la historia real, la masacre de Ponce ordenada por el gobernador Winship, al conflicto familiar, a la división de la familia y a las diferentes posiciones al interior de una misma familia con respecto al devenir de Puerto Rico; pero también entrega las claves que permitirán al lector interpretar su novela: desde el comienzo sitúa al lector indicándole a través del título que entrará a la historia de una familia y que la casa de la laguna es un núcleo que da origen a esta historia, es la casa de la infancia, aquella que trae recuerdos al lector y le permite buscarse, interpretarse, encontrarse, en su pasado; es el pasado puesto en perspectiva.

Le permite ese pasado buscarse, y resume Ferré ese pasado en la casa, ese microcosmos social. De adulta es la casa de la laguna, en la infancia, a los diez años, es la casa de la calle Aurora en Ponce. En su seno aprende a apasionarse por la política, a simpatizar con los independentistas por amor a Abby, la abuela. Aprende a dudar, como dudara Abby, al ojear el catálogo de Sears, el mismo a través del cual compraría 15 años más tarde la ropa de invierno antes de salir a estudiar a Vassar College. Sears, esa ventana de bienes que no tenía tiendas en Puerto Rico y que como nos dice la protagonista "era un estado mental, era como encargar las cosas al cielo". (195) Y al ver dudar a Abby entre las razones morales que definían su independentismo y las fotos del cielo que la llamaban a ser estadista, el ejemplo se rompió y dudó la protagonista, dudó hasta que -y ello no está en la novela- en un artículo publicado en el *New York Times*, pone fin a la duda y se define la protagonista por boca de la autora.

Jugando con las fronteras sociales ubica la casa de la laguna en uno de los dos bordes de la Avenida Ponce de Léon, el primer gobernador de Puerto Rico, el mismo que muriera atravesado de certera lanza en su inútil búsqueda de la fuente de la juventud eterna en los pantanos de Florida y cuyo nombre señorea en la avenida que divide dos mundos que se confrontan: de un lado los salvajes manglares de los que sólo se adivina el comienzo y del otro, las hermosas casas de Alamares, uno de los suburbios más elegantes del Viejo San Juan.

A un lado el mar, las hermosas casas, el paraíso, en el medio la casa de la laguna, y allá al fondo, los manglares, los manglares y su secreto movimiento, los manglares que avanzan. Y el manglar apesta, la descomposición de las aguas lo pudre todo, pero al mismo tiempo permite el nacimiento de la vida, y de lejos, se ve como algo insalubre, algo que hiede pero para aquellos que viven en los extramuros de la sociedad es amparo de libertad y fuente de vida y sus crustáceos alimentan al esclavo y al soldado fugitivo, y sus cangrejos alimentan a la familia de Petra y el ron cañita vuelve loco al primero de la estirpe española y libera sus jugos, los que se mezclan con los de los descendientes de Petra.

A través de los manglares llegó Petra Avilés, Petra salida de Guayama, Petra salida de la sangre de Ndongo Kumnundú, nacido en Angola, Petra la heredera del último grito de Bernabé, cacique cautivo que organizó el primer levantamiento negro entre otras cosas por lo que le prohibieron hablar en su lengua, el bantú, y nada hay más doloroso para un hombre que el que le prohiban hablar en su lengua puesto que...

> la lengua de una persona era algo más profundo que la religión o el orgullo tribal. Era una raíz que penetraba muy adentro del cuerpo y nadie sabía en realidad dónde terminaba, (75)

...si termina en Petra, si termina en la hija de Carmelina, si se prolonga más allá del último decreto que intentó cambiarla por el inglés, si termina en las cunas arrinconadas en los barrios pobres en lejanas y frías tierras o si se prolonga macuquera, lengüilarga, buscabulla, boquidura sobreviviendo, alimentándose, resistiendo, renaciendo.

Es una característica de la literatura femenina la búsqueda de la identidad y Rosario Ferré no es ajena a esta búsqueda; es una característica de la literatura puertorriqueña la búsqueda de una identidad nacional y Ferré no es ajena a esta búsqueda, y como en todo/toda puertorriqueño/a desde la casa de la infancia las corrientes se encuentran, las corrientes se afrontan, y los antepasados se definen definiendo la descendencia:

> Nací aquí, señor. Soy puertorriqueño de pura cepa. Mis padres emigraron a la Isla de las provincias vascas poco antes de yo nacer. Me llamo Arístides Arrigoitia. (103)

Arístides, puertorriqueño de pura cepa quien sin embargo, cegado por la tentación de llegar a coronel de la policía se hizo sordo a los comentarios de su suegro: "Estarás azuzando hermano contra hermano". (142) y aceptó la orden de abrir fuego contra los cadetes nacionalistas. Y en aquella época estaba prohibido enseñar la historia de Puerto Rico, historia que las monjas de la Milagrosa milagrosamente borraran al afirmar que a decir verdad Puerto Rico no tenía historia, que la Isla había comenzado a existir políticamente cuando las tropas norteamericanas desembarcaron por Guánica. Y de todas formas, así hubieran enseñado la historia no hay que olvidar que la historia se escribe de acuerdo a los intereses del que la ordena, es así que la orden de fuego fue impartida por el abuelo de Quintín, "puertorriqueño de pura cepa", y no, como lo fuera en realidad, por el gobernador norteamericano.

Define Ferré las fuentes de su escritura, y la culminación del proceso creativo en manos del lector a través de la confrontación entre Quintín e

Isabel, en la confrontación a través de la lectura del manuscrito de Isabel y las notas que Quintín añadía, sabiendo que es la calidad de la escritura la que otorgará el triunfo o la derrota a la obra:

Cada pliego es una carta dirigida al lector; su significado no estará completo hasta que alguien lo lea, (331) [se define Isabel). Es cierto que la literatura fluye como la vida misma -reconoció Quintín al comenzar a comer-. La historia, por el contrario, es algo muy distinto, es también un arte, pero tiene que ver con la verdad. Un novelista puede escribir mentiras, pero un historiador nunca puede. Por eso estoy convencido de que la historia es mucho más importante que la literatura.

Separación entre un mundo surgido de la imaginación y un mundo sin evolución, un mundo estático, sin cambios, un mundo surgido de la historia en el cual no puede existir comunicación alguna entre los personajes y el lector. Existencia de una fuente inamovible, supuestamente verídica, unidireccional que explica el presente, a través de la aceptación de la fuente histórica, como algo no cuestionable, no interpretable.

No estoy de acuerdo contigo en lo absoluto, replicó Isabel.

> La historia no tiene que ver más con la verdad que la literatura. El historiador como el novelista observa el mundo a través de sus propios lentes y cuenta lo que le da la gana. Pero es sólo una parte de la verdad. (133)

La confrontación se da en la interpretación de la historia a través de una mujer en busca de su identidad, de una mujer debatiéndose en medio de la violencia en una sociedad patriarcal, por lo que

una se casa con el novio, el abuelo, el bisabuelo y toda la maldita madeja genética, la que expresa Rosario Ferré en masculino para rebelarse contra esa sociedad macho-dominante que reprime/censura cualquier intento, cualquier inclinación de la mujer a redefinir su posición en la sociedad. A través de un personaje femenino, el suyo, repetido en la historia, Rosario Ferré busca su identidad al mismo tiempo que intenta explicarse las raíces de las cuales viene esa sociedad en la cual se desarrolla su historia, por lo que al casarse con una sociedad, una se casa con cuanta corriente la ha formado, con cuanta tendencia la ha poseído o intentado poseer, con aquellas terribles fuerzas que la han atravesado, con cuanta tormenta cultural la ha influido para dar nacimiento a la más bastarda de las asociaciones y en el fondo, allá en el fondo, en medio de los manglares, dar nacimiento al sentimiento nacional, al intentar afirmarse en medio de una sociedad abusada, subyugada. Y Ferré quiere ser, al igual que Puerto Rico quiere ser, puesto que como dice Neruda sucede que a veces uno se cansa de ser hombre, y yo diría que a veces una se cansa de ser ornitorrinco.

Sitúa Ferré parte de la acción de *La casa de la laguna* entre los años 1933 y 1936, años en que se vivía una situación de extrema tensión en Puerto Rico la que se manifestó en diversos enfrentamientos entre nacionalistas y la policía. En Río Piedras una refriega dejó un saldo de 5 muertos. Pedro Albizu Campos, líder del Partido Nacionalista, quien tras la derrota electoral de 1932, convencido de que la vía electoral no conducía a ningún lado radicalizó las posiciones de su partido y responsabilizó de las muertes al jefe de la policía Francis Riggs, quien será ultimado en 1936 por Elías Beauchamp e Hiram Rosado. Ambos jóvenes nacionalistas fueron ultimados más tarde en un cuartel de la policía. Es para vengar la muerte de Riggs que el gobernador Whinship, convencido de que venía un levantamiento general, dio la orden de reprimir la manifestación llamada por el Partido Nacionalista el Domingo de Ramos de 1937 en Ponce para conmemorar la abolición de la esclavitud en Puerto Rico. La Masacre de Ponce que describe Rosario Ferré deja un saldo de 21 muertos.

Esta situación política originada en la búsqueda de identidad atraviesa la literatura puertorriqueña y se definen los escritores contradiciendo a veces la primera definición, aquella que diera Rosario Ferré en "El cuento envenenado" cuando pone en boca de Rosa, la protagonista femenina del cuento, una interpretación del manuscrito de su marido, Lorenzo, el protagonista masculino, un hacendado venido a menos, y salta a la vista la coincidencia entre esta situación y el enfrentamiento a través de los comentarios de Quintín sobre el manuscrito de Isabel en *La casa de la Laguna,* salvo que el autor en el segundo caso es mujer. Técnica polifónica que utiliza constantemente Ferré para enfrentar posiciones y por boca de Rosa dice en "El cuento envenenado":

> se pasaba las noches garabateando página tras página, desvariando en voz alta sobre nuestra identidad dizque perdida trágicamente a partir de 1898, cuando la verdad fue que nuestros habitantes recibieron a los marines con los brazos abiertos. Es verdad que, como escribió Lorenzo en su libro, durante casi cien años hemos vivido al borde de la guerra civil, pero los únicos que quieren la independencia en esta isla son los ricos y los ilusos; los hacendados arruinados que todavía siguen soñando con el pasado glorioso como si se tratara

> de un paraíso perdido, los políticos amargados y sedientos de poder, y los escritorcitos de mierda como el autor de este cuento. (67)

La historia de las relaciones entre Puerto Rico y Estados Unidos lleva en su seno la contradicción, la lucha por un estatus, contradicción que se manifiesta en el idioma. "La lengua era siempre la traba grande". (162) Así en *La casa de la laguna*, oculto en el vientre, llega el inglés con la abuela de Quintín, Madelaine, hija de un italiano retirado, que en busca de salud viaja a la Isla; Madelaine quien se negaba a hablar en español y quien en su casa se comunicaba en inglés, en la calle por señas y en las fiestas, por deferencia a ella los naturales comenzaban hablando inglés hasta que se hacía imposible traducir un "estaba más jalao que un timbre e guagua" (108) y el idioma la cercaba, la aislaba, invadía los salones recuperando el terreno perdido en Guánica, porque aunque "gracias al inglés, los puertorriqueños ingresaron al mundo moderno", (162) el español era la única manera de afirmarse para no dejar de ser.

Se definen los antepasados definiendo, y Quintín salió estadista, estadista silencioso frente a Petra quien al saberlo tronaba: ¿Eres un guerrero valiente como tu padre o un cobarde? Quintín guardaba silencio y se sentía intranquilo puesto que había engendrado. Había engendrado a Manuel, a Manuel, el elegido, con la autora del manuscrito, y a Willie, el rechazado, con Carmelina, la nieta de Petra.

Manuel independentista, Manuel machetero, Manuel maravilla, Manuel, biznieto del coronel Arístides Arrogoitia, por lo que los antepasados se definen y definen, y enfrentados a su descendencia terminarán devorados por el recuerdo y los cangrejos, y, por última vez, levantarán su mano contra la mujer. La historia desfilará frente a los ojos de la autora del manuscrito destruyendo a Quintín al introducir la barca guiada de fémina mano bajo la terraza. Al hacer reventar la cabeza de Quintín, esa mano hace explotar toda la maldita historia de violencia que le precedió. Y así como el primer patriarca murió en brazos de Petra, su hijo morirá entre las raíces enrevesadas de los manglares devorado por los cangrejos que, lentamente, comenzaron a moverse en su dirección mientras su descendiente mestizo vigilaba que la casa ardiera hasta sus raíces para al fin, quizás, encontrar sus propias raíces mientras la casa de la laguna se derrumbaba en el pozo.

En cambio Manuel, el descendiente primogénito, permanecerá sentado atado a las baldosas de oro mientras las llamas se escapan por las ventanas modernistas, mientras la autora del manuscrito escapa en un bote navegando sobre el agua vida, sobre el agua purificadora, llevando, para salvarla, la mezcla de la sangre, la mezcla de la familia de Petra y la familia de los Mendizábal; llevando los juguetes de Elegguá y el manuscrito de la historia, alejándose del manglar con su tesoro.

Al alejarse la autora del manuscrito navegando sobre las aguas, volvió a mi memoria la declaración de Coral, mulata de ojos verdes y piel canela, hembra dinamita quien le explicó a Manuel, puesto que es la mujer quien indica el camino en *La casa de la laguna*, que...

> uno tenía que creer en algo, si no la vida no tenía sentido. ...y [que) el ideal más puro que uno podía tener era la independencia de la Isla. La estadidad era una barba-

> ridad. Quería decir que el inglés sería nuestra única lengua oficial , y si hablábamos en inglés, tendríamos también que sentir y pensar en inglés. (362)

Es evidente que esta búsqueda de raíces, de identidad, de los personajes de la novela sirve a Ferré de metáfora para sentar las bases de la supervivencia del ser puertorriqueño: la incorporación de todas las sangres que lo han alimentado, el resguardo de la lengua y la cultura, el reencontrarse en su pasado, pero un pasado puesto en perspectiva que le permita seguir ardiendo al volar las cenizas de la casa que se consume, del otro lado del manglar, frente a la laguna.

Obras citadas

Ferré, Rosario. *La casa de la laguna*. New York: Vintage Español, 1997.

_______. "El cuento envenenado." *17 Narradoras Latinoamericanas*. Bogotá: Edición coordinada por Ediciones Huracán, 1996, 55-72.

Obras consultadas

Caws, Mary Ann, Green, Mary Jean, Hirsch Marianne, and Scharfman Ronnie, eds. *Ecritures des Femmes*. New Haven: Yale University Press, 1996.

Ferré, Rosario. *La casa de la laguna*. "Puerto Rico, U.S.A.." *New York Times*.19 March 1998: A 21.

Picó, Fernando. *Historia general de Puerto Rico*. San Juan: Ediciones Huracán, 1998.

Renée Ferrer

Nace en Asunción, Paraguay en 1944. Comenzó a publicar sus primeros poemas en el periódico del Colegio Internacional de la capital paraguaya. Se doctoró en Historia en la Universidad Nacional de Asunción, con una tesis titulada "Desarrollo socio-económico del núcleo poblacional concepcionero".

Ha publicado:

Poesía:

Hay surcos que no se llenan (1965); *Voces sin réplica* (1967); *Cascarita de nuez* (infantil, 1978); *Galope* (infantil, 1983); *Desde el cañadón de la memoria* (1984); *Campo y cielo* (infantil, 1985); *Peregrino de la eternidad y sobreviviente* (1985); *Nocturnos* (1987); *Viaje a destiempo* (1989); *De lugares, momentos e implicaciones varias* (1990), *El acantilado y el mar* (1992); *Itinerario del deseo* (1994); *La voz que me fue dada* (1996); *El resplandor y las sombras* (1996); *De la eternidad y otros delirios* (1997) y *El ocaso del milenio* (1999).

La voz que me fue dada es una antología de su trayectoria poética. Sus poemarios son combinaciones de ritmo poético con lirismo sensual, y algunos de ellos son eróticos, aunque también los hay dirigidos a los niños. Destaca en especial *Nocturnos*, donde el ritmo de las palabras y de los versos se ejecuta conforme a las notas de los *Nocturnos* de Chopin.

Cuentos:

La seca y otros cuentos (1986); *La mariposa azul* (1987), cuentos infantiles cuya edición bilingüe en guaraní y español se editó en 1996; *Por el ojo de la cerradura* (1993) y *Desde el encendido corazón del monte* (1994), cuentos ecológicos de honda raíz mítica.

Novelas:
Los nudos del silencio (1988), prologada por el profesor David W. Foster y reeditada en versión definitiva en 1992; *Vagos sin tierra* (1999), prologada por José Vicente Peiró, narración histórico-intimista partiendo de los conocimientos adquiridos durante su trabajo de tesis doctoral sobre la historia de la ciudad paraguaya de Concepción.
Crítica:
Ensayo: "La narrativa paraguaya actual: dos vertientes" (1994).
Antología: *Poetisas del Paraguay*, publicada en España por Editorial Torremozas.
Figura en las antologías narrativas colectivas: *Panorama del cuento paraguayo* (1986), edición de Elvio Rodríguez Barilari; *Anthologie de la nouvelle latino-américaine* (1991), edición de Rubén Bareiro Saguier y Oliver Gilberto de León; *Narrativa paraguaya* (1980-1990), edición de Guido Rodríguez Alcalá y M. Elena Villagra de 1992; *Cuentos de autores de la región guaraní* (1993), realizada por el diario argentino *El Territorio*; *Esas malditas mujeres* (1997) preparada por la escritora argentina Angélica Godorischer; *El cuento hispanoamericano del siglo XX* (1997), edición de Fernando Burgos; *32 narradores del Sur*, (1998) publicada por Editorial Don Bosco y el Grupo Vellox; y *Narradoras paraguayas* (1999), edición de Guido Rodríguez Alcalá y José Vicente Peiró. Además de bastantes artículos sobre su obra, Gloria da Cunha Giabbai ha preparado un libro sobre su cuentística.

Erotismo y escritura antiautoritaria en *Los nudos del silencio* de Renée Ferrer

José Vicente Peiró
Universidad Nacional de Educación a Distancia,
Madrid, España

Se viene advirtiendo desde los años sesenta un proceso de actualización de las técnicas y el tratamiento de los contenidos en buena parte de la literatura paraguaya, y en concreto de su narrativa, tradicionalmente circunscrita a las temáticas costumbrista, histórica y realista social. A partir de la expansión del conocimiento de las obras de Gabriel Casaccia y Augusto Roa Bastos, dejó de ser una incógnita, retomando la cita de Luis Alberto Sánchez (149). Sin embargo, los años ochenta la han devuelto al aislamiento anterior; aislamiento que ya no puede justificarse por razones de calidad de las obras y por su anacronismo temático, como se ha realizado habitualmente, hasta formar un tópico difícil de derrumbar.[1] Las causas son complejas: la dictadura de Stroessner distanció la cultura nacional del extranjero, separándola de los circuitos internacionales, la razón más importante de su falta de difusión. La posterior transición democrática iniciada en 1989, después de la caída del dictador, no ha venido acompañada de la deseada integración en las estructuras culturales mundiales, por causas aún difíciles de calibrar debido a la falta de perspectiva temporal. Pero no sería justo pensar en su inexistencia o en el mentado anacronismo, cuando los jóvenes escritores en los sesenta comenzaron a estudiar en el extranjero y a asimilar las fuentes de la cultura universal, lo que ha permitido que sus obras presenten una variedad formal y temática sin precedentes en su corta historia.

El hecho literario más importante que se percibe a partir de los años sesenta en Paraguay es la expansión de la narrativa. En realidad, las obras paraguayas actuales no presentan tantas distancias temáticas y estilísticas con las de sus países vecinos, como ocurría en décadas anteriores. Es posible encontrar vertientes narrativas de plena vigencia en la literatura contemporánea, como la histórica, la femenina, la ecológica o la ciencia-ficción. 2 Y sirva como prueba de la existencia del proceso de actualización de la narrativa paraguaya actual, la primera novela de Renée Ferrer, *Los nudos del silencio*. Se trata de una de las principales creaciones de la novela feminista paraguaya, y una muestra de la nueva percepción del mundo de la mujer paraguaya contemporánea y del desarrollo de su conciencia individual.

Después de una larga trayectoria como poeta y algunas experiencias como cuentista, Renée Ferrer escribió *Los nudos del silencio* en 1988, novela importante si tenemos en cuenta su dimensión de universalidad, aspecto del que la novela paraguaya anterior solía carecer, con excepciones. Con ella reivindicaba los derechos de la mujer a defender su educación en una sociedad machista y patriarcal castrante. La autora construía el drama doméstico de una mujer postergada por el marido, pero el discurso de la protagonista femenina, a medida que avanzaba, se imponía al mensaje de anhelo de libertad. En 1999, ha publicado su segunda novela: *Vagos sin tierra*. Se trata de un bosquejo histórico inspirado en su tesis doctoral sobre la colonización y repoblación de la región de Concepción, al norte del Paraguay; es decir, una novela histórica, intrahistórica -retomando el término unamuniano-, cuyo interés estriba en la visión del sufrimiento personal al que ha sometido el hecho histórico tenido como "grande".

Ya en relación con *Los nudos del silencio,* las circunstancias políticas paraguayas variaron a partir de 1989, cuando el general Rodríguez derrocó al dictador Alfredo Stroessner, e inició un proceso de transición a la democracia que aún se encuentra en plena vigencia a pesar de que haya transcurrido una década. En esos momentos, Ferrer sintió la necesidad de ser más explícita en la denuncia de la opresión y de las formas de dominio en Paraguay, por lo que modificó la novela, puliendo su estilo para conseguir una mayor versatilidad de la prosa. El trabajo definitivo se publicó en 1992 [3], y resultó una obra donde predomina el discurso lírico monologal, que parte del silencio al que alude el título, para convertirse en un grito por la defensa de la dignidad y de la identidad de la mujer del llamado Tercer Mundo; la más sometida a la autoridad violenta del macho.

Al tratarse de una novela poco conocida en el ámbito iberoamericano, procede resumir en breves líneas su argumento. El profesor David William Foster lo ha realizado a la perfección:

> Una respetable pareja perteneciente a la clase media alta del Paraguay decide tomar vacaciones en París. En realidad, el marido cumple así una promesa hecha a la mujer: llevarla a Europa. Promesa de larga data, fruto también de su irregular y nunca completamente reconocida relación política y comercial con la dictadura militar. Un hombre, triunfador en la escala social por sus propios medios, casado con una mujer de considerable posición social -Manuel- insiste, sin embargo, en ver París en los términos que él impone; su siempre

> condescendiente compañera -Malena- se resigna a sus pedidos. Específicamente, sin dar lugar a ninguna discusión, él insiste en que ella lo acompañe a ver un espectáculo de striptease: después de todo, ¿qué sentido tiene ir a París si uno no puede disfrutar de las sofisticadas delicias de la ciudad? Para sorpresa de ambos, el espectáculo es más de lo que Manuel esperaba, y éste demanda que su esposa dé vuelta al rostro ante el acto de lesbianismo que tiene lugar en el escenario, protestando vigorosamente y diciendo que no es lo que él pensaba. Mientras ella permanece casi embrujada por lo que está mirando, comienza a pensar que Manuel, por supuesto, sólo podía tolerar un espectáculo en el que se vieran variaciones de la dominación sexual de la mujer por el macho, y que lo que él le ha obligado a presenciar desafiaba sus nociones del orden establecido en la manipulación sexual y la gratificación (7-8).

Sólo con observar el argumento se advierte que *Los nudos del silencio* no es una novela erótica, pero sí que el erotismo se convierte en instrumento de la rebeldía de la mujer, como ha ocurrido en la llamada novela femenina, que mejor calificaríamos de feminista. En su prosa no hay, en principio, regocijo en la descripción de las secuencias sexuales; tampoco signos explícitos de reivindicación de la libertad sexual, en sentido estricto del término. Sin embargo, una idea se desprende de la historia: la contemplación de una relación sexual "diferente" hace que se tambaleen las estructuras mentales del poder dominador del macho. Es la relación lésbica el hecho que solivianta a Manuel, y el que su propia mujer, hasta entonces sometida, participe psíquicamente de unas escenas sexuales que causan repugnancia al marido, lo que se interpreta como un acto de rebeldía contra la tiranía machista subyugadora por medio del sexo que practican dos mujeres. La otredad, como otros ámbitos de la vida, alcanza dimensiones sociales y políticas, porque significa contravenir las reglas morales de la sociedad vigente. Ello es una manera de enfrentarse a la misma desde la individualidad. El esposo, hombre de la dictadura de Stroessner y torturador, de igual forma que a los detenidos políticos, mantiene a la mujer apresada en la intimidad del hogar, con la diferencia de que no emplea la violencia física como en su labor política, sino el poder psicológico de la moral vigente "la machista" y la fuerza de la costumbre autoritaria.

El argumento se centra en la pareja de la clase media alta del Paraguay, Manuel y Malena. La promesa de viajar a París de vacaciones no es consecuencia del valor concedido a lo pactado con la mujer, sino un simple pretexto, porque en realidad Manuel ha de desaparecer de su país por recomendación de la superioridad, después de conocerse algunos asuntos oscuros e inconfesables de su relación política y comercial con la dictadura militar. Toda la historia de este personaje, prototipo del machismo autoritario, se va desentrañando a lo largo de la novela, cuya acción se fragmenta sin dejar de ofrecer un conjunto consistente.

Manuel impone su criterio, como habitualmente. La pareja acude al espectáculo pornográfico en vivo una vez se encuentran en París. Como consecuencia, la sensibilidad de Malena colisiona con la brutalidad del esposo, y ella, como sucede siempre, habrá de resignarse a sus pretensiones. Pero las mujeres que interpretan la escena lésbica derriban la autoridad del macho impenetrable; el episodio de su contemplación es una epifanía que sacude poderosamente a Malena y revierte en su forma de ser desde ese instante, porque a partir de ese instante se concienciará de la indignidad de su sometimiento. Mientras dura la escena, Malena permanece absorta y embrujada por lo que observa y se niega a abandonar el teatro, mientras Manuel se incomoda al comprobar que el espectáculo no era lo que esperaba, y la escena lésbica ataca su mentalidad de dominación del macho a la hembra, además de desafiar el orden familiar donde el poder sexual pertenece al hombre, según se desprende de la intención textual de la autora. A partir de esta situación, la conciencia de Malena se ilumina y va descubriendo su papel de víctima de la explotación sexual y socioeconómica hasta entonces. El papel modélico del ama de casa tradicional de la sociedad paraguaya se subvierte, pero la conciencia de Malena deja de resistirse en el último capítulo. El desenlace de la historia queda abierto por la ambigüedad 4:

> finalizado el espectáculo, Manuel llama a un taxi, y con la puerta abierta, se desconoce si ella acepta subir para continuar siendo dominada, o si sucede lo contrario.

El soliloquio de Malena es el discurso de la duda que produce el descubrimiento del placer individual. Su sentimiento se escinde. Por unos instantes abandona el discurso monolítico que se le ha impuesto y se evade hacia la sensibilidad personal. La institución familiar ha actuado sobre ella como una imposición dictatorial acendrada en la sociedad, y durante el espectáculo que contempla descubre la existencia de la posibilidad de escapar de la trivialidad del mundo habitual de la resignación. Al mismo tiempo, la denuncia de la situación de la mujer no se centra exclusivamente en el mundo latinoamericano: una de las participantes en el espectáculo lésbico es una mujer vietnamita que resulta vendida por su tío a un francés, a causa de unas deudas contraídas por el juego, y que finalmente ha acabado como prostituta. Vinculando a ambas mujeres, la autora denuncia la opresión que el hombre ha ejercido tradicionalmente sobre la mujer en dos vertientes: la del sometimiento familiar y la de la explotación sexual. Son dos formas de explotación socioeconómica y sexual de la mujer, sólo que el origen de la explotación es distinto. Víctimas del dominio del hombre, ambos tipos de personaje femenino son incapaces de liberarse de la opresión con decisión cuando se les presenta la oportunidad, por lo que la autora hace constar que la mujer que no se rebela contra estas circunstancias también es culpable en cierta medida de su sometimiento, al aceptar inexorablemente el destino social para el que se le educa desde niña.

Dentro del rompecabezas narrativo en que se estructura el discurso, semejante al de su segunda novela *Vagos sin tierra*, el contrapunto se conforma desde que Malena observa por primera vez a la mujer oriental. Los fragmentos de ambas mujeres se alternan ensamblándose hasta formar parte del mismo discurso: el de la mujer humillada por el sometimiento. Los monólogos interiores de Malena y de Mei Li, a pesar de su separación, están ligados por la experiencia común de ser mujeres de las que se ha abusado; una es víctima de la "colonización sexual"; y la otra, de un régimen moral y políticamente autoritario del que su marido es cómplice. La conducta brutal de Manuel se refleja en la vida conyugal, que es al mismo tiempo una célula social de un conjunto que forman las estructuras del poder: el autoritarismo y el machismo del poder se corresponde con el familiar. Mei Li y Malena representan dos tipos de mujer víctima, de modos distintos de explotación; pero explotación al fin y al cabo. En este sentido, Betsy Partika afirma:

> Mei-Li, la bailarina exótica, refugiada vietnamita cuya vida de semi-esclavitud, prostitución, y abuso ya le ha enseñado otras sendas donde buscar su autoafirmación, al ver la entrada de esa mujer burguesa, quien la despreciará por ser lo que en realidad no es, funciona como un imán de polaridades que simultáneamente atrae y repugna a Malena, su imagen espejo contrapuntística (2).

Los discursos de Malena y Manuel se confrontan en contraste. De sus diálogos se deriva la antítesis de sus caracteres: la del macho y la de la mujer sensible reprimida. Finalmente, se impone el deseo machista y ella se ha de resignar a aceptar la voluntad de su marido, el presenciar el espectáculo erótico donde el hombre someterá a la mujer con furia propia de animal irracional:

> ¡Pero Manuel, cómo se te ocurre que quiera ver una cosa así! ¿Por qué no? Estamos en París, querida. ¡En París! Figúrate. La ciudad donde germinan como hongos los placeres. Estás hablando como un turista de lo más vulgar. ¿No es lo que somos? Hay tantas cosas que ver en París sin ir precisamente a eso. Pero decime, ¿qué tiene de aterrador ver gente desnuda en un escenario? ¿Te intimida o tu sensibilidad no te lo permite? No me intimida para nada, simplemente no valoro un espectáculo de esa clase. Pues a mí me encantan

> las mujeres, qué quieres que te diga, y cuanto más descubiertas, mejor. Sí, sí, ya lo sé. Pero ¿acaso no es más excitante para un hombre ver una sola mujer desenvolviendo sabiamente su voluptuosidad, dándose a sorbos pequeños que le agrandan la sed, a tener veinte descubiertas de la cintura para arriba, paseando las medias corridas por el escenario, como si el cuerpo ya no les importara nada y ni siquiera fuera de ellas? (13-14).

París es una ciudad deseada por ambos por diferentes motivos. Como capital cultural ofrece la posibilidad de disfrutar de espectáculos que nutren el espíritu, como el concierto al que desea asistir Malena. Sin embargo, esconde también un mundo marginal del sexo: el espectáculo pornográfico del pequeño teatro, al que Manuel desea asistir para satisfacer su ego y sus impulsos sexuales autoritarios, donde el hombre humilla a la mujer con la posesión. El discurso posterior descubrirá la anulación de la voluntad femenina cuando Malena cede completamente a los deseos de Manuel- menospreciando su parecer:

> No sos chiquilina de pecho, Malena. Es que no puedo, Manuel. ¿No logras entender? ¡No quiero! Pero yo sí. Y te prevengo que no me lo voy a perder por tus escrúpulos. De modo que si no querés quedarte sola en el hotel, preparate y vamos (15).

Son, por tanto, dos discursos enfrentados. Se impone el autoritario de Manuel, reflejo del machismo y de la violencia del poder de su sociedad, la paraguaya, donde la mujer no presenta relevancia en las grandes decisiones, pero en la novela va dominando poco a poco el de las mujeres, por el poder revelador de la ficción monologada. A ella le desarman los enfrentamientos, y responde con el silencio y la sumisión, ante la imposibilidad de encontrar una vida distinta a la de cónyuge complaciente.

El público que Malena encuentra en el teatro está formado por "hombres solos masticando una lujuria que no intentaban esconder" (18). No hay mujeres; el local representa, así, un mundo, el del machismo concentrado en su dominio humillante por medio del sexo, que relega a la mujer al papel de intérprete que sacia la lujuria masculina. Para Malena, el teatrillo es un prostíbulo, y el erotismo que Manuel desea contemplar, la forma más cruel de dominio de la mujer por el hombre. Por ello, después de resignarse, se refugia en el sueño. Las sábanas que evoca ofrecen mayor placer sexual que Manuel, y Malena se abandona a la sensación del contacto con sus pliegues por ser más gratificantes que el sexo por necesidad. El coito frío con Manuel contrasta con el calor de la soledad, refugio del placer erótico como estímulo de la propia concienciación de Malena.

La aparición de Mei-Li, la bailarina vietnamita de streep-tease, rompe el letargo monologal y humillante de Malena. Su discurso, en segunda persona, se dirige desdoblado al propio pensamiento de la mujer paraguaya, que en principio la ha rechazado por participar en un acto inmoral:

> En cuanto entraste te vi, con el talle de junco emergiendo de la amplia falda verde lino y aquella blusa de seda natural displicente y suelta más abajo del cuello, tan blanco, alabastrino. Se nota que vienes ceñida por cierta cuerda misteriosa a la cual siguen tus pasos sin resistencia ni cues-

> tionamientos. No te atreves a ocupar la primera butaca del costado, tan cerca de mí que hubieras podido tocarme, y simulas no verme todavía. Incluso ahora que ya estás adentro, con el telón descorrido sobre el hecho concreto de mi cuerpo, disimulas. Te sientas como pidiendo permiso, como si tu actitud permanente fuera la disculpa y tú misma una excusa indecisa. Mejor quedarse atrás. Que nadie te vea. Que no se advierta tu presencia (21-22).

En este sentido, el pensamiento de ambas mujeres humilladas, una por la brutalidad del marido y otra por la desdicha de condenarse a la exhibición erótica, entra en comunión. Ambas mujeres proceden del llamado Tercer Mundo, por lo que sufren la humillación de la explotación, aunque en diferente forma, en el grado más elevado. A pesar de que su situación social y su origen sean distintos, se encuentran igual de sometidas al imperio del sexo autoritario. Por ello, el discurso de identificación de ambas arremete contra el poder, en la medida en que éste se sostiene en la opresión del "hombre por el hombre", entendido genéricamente.

La transgresión social con la "desviación de la norma" machista enerva a Manuel. Malena ha cumplido siempre con su ritual cotidiano de esposa y madre, de la misma forma que para Mei-Li, la exhibición sexual lésbica es una rutina. La posición sexual de ambas mujeres es la del fingimiento constante: fingimiento ante el marido machista de Malena, y fingimiento de Mei-Li por la frialdad del espectáculo que protagoniza. Son posturas antitéticas, en principio, que se entrecruzan, como lo son también la del macho falocrático heterosexual, y la imagen del lesbianismo. Pero hay una diferencia notable entre ambas: la sensibilidad del lenguaje femenino frente a la brutalidad del masculino. A pesar de ser también simulada, la relación lésbica posee la virtud de despertar la conciencia del verdadero placer erótico, por lo que es más sincera y auténtica que la posesión de la hembra por el macho. En realidad, Malena vive el sexo, y se libera de traumas y pulsiones surgidas de su matrimonio, por lo que acaba detestando a Manuel, quien acaba abandonándose al recuerdo de su brutalidad de torturador y humillador que Malena desconoce:

> Manuel ya no piensa en el saxo, ni en la sala, ni siquiera en su mujer. Todo comienza de nuevo. Golpes. Golpes. Y la picana. Y la goma roma, las cachiporras y los puños. Pronto llegará el día de llevarse a Malena lejos de todo esto, Dios mío, antes de que lo sepa. Y descansará siquiera por un mes del temor a que se entere finalmente de lo que soy o adivine por qué me llaman casi noche de por medio, cuando finge que duerme y me escabullo despacito para que no me sienta. Menos mal que estas cosas no se publican, porque si no. Tan tonta, la pobrecita, no es (139).

En contra de lo imaginado, una noche de placer erótico, se ha convertido para Manuel en su tortura. El espectáculo lésbico es inaceptable para su moral, y lo es más cuando descubre que su mujer decide permanecer como espectadora de un "show" tan doloroso para él.

El triángulo es visible: Manuel a un lado, el de la brutalidad, y al otro Mei-Li, la liberadora sometida. En el centro permanece Malena, entre la concienciación y la duda de la decisión final omitida hábilmente por la autora. La escena lésbica es inconcebible para él, porque sólo disfruta con la relación sexual en que el hombre domina a la mujer como si fuera su presa, y repudiará por ello la ausencia de la mujer-objeto. Su pasado no es el de un triunfador: fue un estudiante fracasado y es un hijo ilegítimo que guarda en su interior la amargura producida por su triste existencia, lo que le lleva a buscar una nueva identidad iniciando su colaboración con la dictadura como agente policial. Su comportamiento llega al sadismo en algunas ocasiones, participando incluso en la violación de las mujeres que apresa y en el exterminio a golpes de sangre de los opositores a los que interroga. Le impresiona la sangre, pero es un experto en atormentar detenidos, terrible contradicción del torturador. Y el mismo tipo de relación impone en su vida familiar: ha de mostrar en todo momento su poder, y aunque no utiliza para ello la agresión física, se encarga de coartar cualquier iniciativa de Malena, imponiendo la rutina y el silencio en el ambiente.

Por el contrario, Mei-Li esconde el enigma de la impenetrabilidad. Su pasado de explotada sexualmente la equipara a Malena, también explotada aunque como esposa y madre. Es decir; la paraguaya es una burguesa cuya explotación es la aceptada socialmente, mientras que la de la vietnamita es la "despreciable y marginal". Los tres personajes, en definitiva, forman un triángulo del sexo ausente; ausente porque las relaciones de Manuel y Malena son las "normales", y la comunicación de liberación erótica de Mei-Li y Malena se plasma en las palabras de los monólogos, en lugar de en actos físicos. La palabra será, así, la revelación de la liberación. Frente al cuerpo-cárcel de Malena, Mei-Li le ha propuesto su cuerpo desnudo y el gozo de los sentidos. El gozo de Malena se convertirá en contemplativo, nunca activo, por lo que la liberación sólo se consuma psíquicamente.

La novela, al decir de David William Foster, mantiene la imagen de la fuga musical de las partituras de Juan Sebastián Bach por dos motivos. El primero es el del abandono de la carrera musical por parte de la protagonista por exigencia de su futuro marido, única condición que impone para casarse con ella, y el segundo, y más importante es que la narración es una fuga musical (7-10). El discurso está presentado en fragmentos que se imbrican entre sí en los que se van enlazando motivos temáticos de la relación entre Malena y Manuel y entre Malena y la vietnamita.

Los motivos musicales de la novela no terminan con estos aspectos de forma y de contenido. A lo largo de la narración aparece un saxofón que alcanza un valor simbólico, además de lírico. Frente al aristocrático piano que Malena admira y que revela su frustrada carrera musical rota por el matrimonio, el sonido del saxofón acompaña al discurso como un fluir de la conciencia, sensación que nos remite a "El perseguidor" de Julio Cortázar. Este instrumento representa el sufrimiento del ser humano torturado, símbolo en el jazz de la melodía encadenada y con aires de tristeza, y en el caso de Malena es el hilo conductor que ata los "nudos del silencio" de su represión. El saxo da carta de existencia a los nudos de silencio que ahogan a la protagonista y a la represión y sometimiento a la autoridad masculina. De hecho se refiere al "desgarramiento del saxo-sexo atormentado" (43), lo que hace referencia a la esclavitud y obsecuencia en que vive, con el juego fonético de cambios vocálicos. El saxofón acompaña el sufrimiento de las mujeres de la obra y absorbe su dolor torturado causado por la sociedad autoritaria que las oprime y coarta la plena expresión de su personalidad. En el siguiente párrafo al principio de la obra se revela el sentido simbólico que tiene el saxofón:

> Un saxo arrancaba de sus entrañas metálicas las quejas largas de una melodía. Con dolorosa persistencia las iba sacando. Hurgaba en las notas como si las estuviera violando y la violara a ella también, doblegada ya -puro deleite en abandono- a esas voces incisivas, graves, enloquecedoramente profundas.
> La música se vuelve carne sobre carne; tiembla, agoniza y se yergue encendiéndole el pulso en el ramaje azul de las venas; vive en ella, se adentra y la posee; porque ella nunca dejó de ser música a pesar de su consentimiento en abandonar el conservatorio, el curso de perfeccionamiento, la gira, en fin. Siempre fue un torbellino de sonidos, simultáneo a cualquier acto de su cuerpo, a los innumerables altibajos de su corazón. Toda ella música hasta que le anudaron los dedos uno por uno, dejándole las manos condenadas (20-21).

El sonido del saxo trepa por el salón a medida que avanza el espectáculo lésbico en paralelo a la concienciación de Malena. El saxo se va convirtiendo en un elemento definidor del erotismo distinto; del liberador del autoritarismo y del miedo reprimido. Sus sonidos son caricias imperecederas, como lo serán las caricias de las palabras de Mei-Li. Y la unión de los ecos de su pensamiento y de la música del saxo se va consumando entre el pasado terrible de la vietnamita y el contraste entre la felicidad de Malena y la desesperación de Manuel.

Mei-Li absorbe a la mujer que en principio venía a humillar, hasta convertirse en el doble sombrío de la protagonista paraguaya. La atracción que sufre Malena se debe a que descubre una forma distinta de transgresión de la mentalidad tradicional: la sexual, afirmada por la relación lésbica. Como indica Biruté Ciplijauskaité, "las novelas escritas por mujeres con énfasis en lo sexual se escriben no para excitar la imaginación erótica, sino para dar cuenta de la vivencia plenaria de la mujer" (166). Renée Ferrer enfoca la narración hacia la descripción del pensamiento interior y de las vivencias personales, sin explayarse en descripciones del acto sexual. De esta forma, la atracción que siente Malena por la escena de amor lésbico representa el descubrimiento de la "otredad", que significa la desintegración de la mitología sexual tradicional que reduce a la mujer al pánico del potente falócrata. La contemplación de las escenas sugiere en Malena la posibilidad de una inversión de las estructuras sociales y familiares, un paso hacia la liberación y el deseo de crearse su propio mundo. La expresión libre de lo erótico comprende, así, la denuncia de las estructuras sociales tradicionales.

En razón de este contenido, las frases adquieren a veces un sentido filosófico, porque la toma de conciencia de la protagonista comporta el cuestionamiento del mundo en que vive, "como el absurdo, ese ingrediente impenitente de la vida, se pasea a nuestro alrededor con la obstinación de una sombra" (40). Este tipo de frases pronunciadas desde la reflexión introspectiva demuestra que la autora parte del problema particular de una mujer de su país, para hacerlo genérico, convirtiendo a Malena en modelo de la mujer explotada familiarmente. Para llegar a la generalización, Ferrer ironiza sobre las consignas educativas que la mujer recibe desde su infancia: la protagonista expresa que "las mujeres honestamente casadas no pierden la compostura" (23). Otras ideas descubren la rebeldía inconsciente de la protagonista contra un mundo donde se acomoda "a la rutina de quererse de memoria" (36). En ocasiones el discurso se refiere a la comunicación de las personas; Malena revela que la palabra no es el único vehículo del conocimiento, que a veces se da por misterio o por el impacto de una imagen. Y la comunicación visual se establece en el momento en que contempla a la vietnamita en la escena sexual.

El erotismo no es el centro de las secuencias en que aparecen situaciones de este tipo, sino la consecuencia del discurso, por lo que queda como una manifestación de la transgresión del orden familiar establecido y, a la vez, como un motivo donde la autora muestra su prosa lírica con mayor eficacia. La contemplación de lo erótico que transgrede el orden sexual imperante es un vehículo de comunicación que despierta la revelación de la auténtica personalidad de la protagonista, y desata la memoria para recorrer el pasado de los personajes, quienes recuerdan su vida y las circunstancias que les han llevado a la situación presente. El monólogo es la forma textual que esconde la rebeldía y el cuestionamiento de un mundo móvil y voluble como el masculino; monólogo que surge de los silencios de ambas mujeres, como señala Boujema El Abkari (54). La subjetividad que reproduce el personaje, representativa de la escritura de la postmodernidad, encierra a la mujer aún más en su universo, pero genera el discurso de poseer el logos y el entendimiento que rompa la barrera de la marginalidad de la mujer en la sociedad patriarcal, a priori infranqueable.

El desenlace es producto del escepticismo de

la protagonista, cuya conciencia no termina de desprenderse de las trabas de la sociedad patriarcal. Malena no inicia con la representación erótica un camino de aprendizaje, ni tampoco ejerce una autocrítica que denote una debilidad de juicio, sino que traslada el narcisismo social del hombre al ámbito de su persona. Su rebeldía surge del gesto que adopta durante el espectáculo. Y a través del sexo va descubriendo con autocomplacencia que con su discurso puede combatir el peso arraigado del discurso monolítico de la sociedad patriarcal dictatorial. Con la contemplación de las escenas sexuales, el tiempo se detiene para la protagonista y se eliminan sus contactos con la situación actual para aislarse del presente en que vive. La rebeldía incipiente anula los minutos, y se unen las dimensiones del pasado, presente y futuro para que todo vuelva a comenzar.

Renée Ferrer asume para sí el modo discursivo elegíaco de Virginia Woolf, porque tematiza la violencia física y moral de la institución familiar y, además, apunta la ineludible instancia radical de soledad que comparte el ser humano como experiencia personal. La soledad de los dos personajes femeninos es producto de una causa diferente, y a pesar de que la mujer oriental no tiene ataduras familiares como Malena, el discurso social masculino hace que ambas sean víctimas de la falocracia. Por esta razón, el morbo de la relación sexual entre dos mujeres despierta la conciencia de Malena porque contempla que el placer no es propiedad exclusiva del hombre.

El discurso de Malena es intuitivo y prerracional, centrado en momentos de visión más o menos preverbales. El silencio aparente, que no real porque su conciencia dispara las palabras, supera la dicotomía masculino / femenino y suspende la temporalidad que exige de la mujer una constante disponibilidad hacia el mundo y los otros. La totalidad de la experiencia de Malena se manifiesta con la progresión secuencial de verbos que expresan actitudes de estatismo, con lo que su rebeldía pertenece al estado de su conciencia, y no a hechos concretos, que serían expresados con verbos de movimiento. De ello se desprende que la novela responde con un lenguaje femenino basado en la fragmentación del discurso, fundamentado en el automatismo y la receptividad pasiva, al masculino que se suscribe al movimiento.

La narración femenina suele dar rienda suelta a los pensamientos de la conciencia mental del personaje, a lo individual profundo, mientras que la masculina, ausente en la novela de formulación propia, a los referentes externos. El discurso activo de *Los nudos del silencio*, como puesta en cuestión del sentido de exclusividad y superioridad del hombre, incluyendo la sexual, nunca podrá anular en su beneficio los verdaderos pensamientos de la mujer, expresados por medio del monólogo interior. Y la sugerencia lésbica mueve a la rebeldía; a la necesidad de una transformación de las convenciones sexuales, que reporte una moral más abierta; menos autoritaria. El pensamiento de Malena es un juego prometeico de subversión por medio del lenguaje porque, como afirmó Jung, "la mujer ejerce su poder sobre el hombre a través del inconsciente".[5]

Las referencias a la situación política de la dictadura de Stroessner, en conexión con el símbolo de la posesión sexual del fuerte, son inevitables si tenemos en cuenta el contexto político en que fue escrita la novela. El torturador arribista, que se enriquece por medio de actos delictivos como el contrabando, fue un personaje característico del régimen, y para Renée Ferrer representa la personificación culminada del macho paraguayo, de la misma manera que Ángeles Mastretta aúna las características del macho mexicano en el personaje masculino que se beneficia de la Revolución Mexicana en *Arráncame la vida*. Al fin y al cabo, los siervos de la dictadura trataron al Paraguay como a una hembra a la que se podía violar con impunidad, por lo que erótica y poder presentan paralelismos en sus prácticas genéricas. En realidad, la prevaricación y la explotación autoritaria no son características exclusivas de la dictadura paraguaya. Mei Li huye a París junto al hombre maduro que la explota, aprovechando la inmunidad diplomática de éste, después de que se dirigiera una redada contra la resistencia armada en Saigón y se clausurara el prostíbulo donde trabajaba ella.

David William Foster afirmó que *Los nudos del silencio* "es probablemente la primera novela paraguaya que ofrece el problema de la conciencia feminista" (9). La afirmación de Foster es arriesgada porque otras autoras habían publicado anteriormente obras de temática femenina: Neida Bonnet de Mendonça con *Golpe de luz*, una desgarradora manifestación y revelación de fantasmas interiores de la autora en la que proclama la necesidad de romper el enclaustramiento social y familiar de la mujer paraguaya, y Raquel Saguier con *La niña que perdí en el circo*, novela en la que la conciencia femenina tiene un especial significado y cierto sentido reivindicativo.

Pero este trío de novelas paraguayas son muestra de la irrupción en los ochenta de una vertiente feminista, con el referente anterior de Josefina Pla en la memoria, por ser obras en las que los personajes femeninos adquieren conciencia de su individualidad, y descubren el mundo al que han estado sometidas. Sin embargo, la de Renée Ferrer es la primera de ellas que mantiene un objetivo: traspasar los límites de la experiencia personal, de lo autobiográfico, para extenderse a la ficción plena, sin ataduras a la referencialidad de la propia experiencia, de la que deriva el cuestionamiento de la sociedad patriarcal. No es una novela que parta de las experiencias propias de la autora; o que se centre sólo en Paraguay, como las de Neida de Mendonça y Raquel Saguier. A partir de su captación del mundo, Renée Ferrer inventa una historia que nada tiene que ver con su vida, salvo en lo genérico y en lo social, y desarrolla el postulado de la reivindicación del papel de la mujer en la sociedad, no tratándolo como un problema individual, sino como una situación universal, en un espacio como París, donde la mujer ha alcanzado mayores libertades que en Sudamérica o en el Extremo Oriente. Frente a la impregnación de la experiencia personal que intensifica el autodescubrimiento de las obras de Neida Bonnet y de Raquel Saguier, Renée Ferrer afronta el problema de la marginación de la mujer en una dimensión dialógica donde predomina la escritura rebelde interior, y donde el erotismo queda subyugado a la escritura. Así pues, la escasa relevancia de lo autobiográfico y la importancia del personaje masculino distinguen la novela de Renée Ferrer de las publicadas por otras autoras coetáneas del Paraguay.

Como hemos sugerido, el argumento de *Los nudos del silencio* tiene puntos de contacto con el de *Arráncame la vida* de la autora mexicana Ángeles Mastretta, salvando las diferencias argumentales y las sociales que existen entre México y Paraguay. En ambas se narra la historia de la sumisión por el amor de una protagonista a un personaje que va escalando socialmente, y progresivamente la mujer va tomando conciencia de su identidad en un mundo machista. Sin embargo, mientras que la protagonista de la novela de Ángeles Mastretta se desvincula de su subordinación a la brutalidad del hombre, la de Renée Ferrer se centra en la percepción de la sensación de lo diferente y de su identidad. El punto de partida temático puede ser semejante, pero el desarrollo y el desenlace de ambas obras es distinto. No obstante, la mexicana y la paraguaya son novelas de la concienciación de la mujer dominada por el macho.

En conclusión, *Los nudos del silencio* es una novela determinante en el desarrollo de la narrativa paraguaya contemporánea. Representa la consolidación narrativa de una escritora que se caracteriza por el buen dominio del lenguaje. También significa la afirmación de la narrativa de reivindicación femenina en Paraguay, junto a las obras de otras autoras coetáneas. La novela de Renée Ferrer es la culminación de un inicio de reivindicación y, al mismo tiempo, el punto de partida de la narrativa donde los problemas y la situación de la mujer son objetos de introspección literaria; un síntoma de la rebeldía femenina contra el mundo paraguayo dominado por el hombre, consumada en una escritura antiautoritaria que despierta ante la contemplación de la "otredad" erótica.

Notas

1. La limitación temática, el localismo y el anacronismo han sido característicos de la narrativa paraguaya según críticos y escritores como Augusto Roa Bastos, Josefina Pla y Roque Vallejos. Sus opiniones pueden comprobarse en el trabajo de Augusto Roa Bastos "La narrativa paraguaya en el contexto de la narrativa hispanoamericana actual" (en Saúl Sosnowski,ed., *Augusto Roa Bastos y la producción cultural americana*, Buenos

Aires: Ediciones de la Flor, 1986:117-138), el de Josefina Pla y Francisco Pérez-Maricevich, "Narrativa paraguaya: recuento de una problemática" (México, sobretiro de *Cuadernos Americanos*, n1 4 julio-agosto 1968: 184-185), y la de Roque Vallejos, *La literatura paraguaya como expresión de la realidad nacional*, Asunción: Editorial Don Bosco, 1970.

2. Como breve resumen de la problemática, estado, vertientes y obras de la narrativa paraguaya actual, ver mi introducción a la edición de la novela de Carlos Villagra Marsal, *Mancuello y la perdiz*, Madrid: Cátedra, 1996.

3. En todas nuestras citas utilizaremos la edición definitiva de 1992, publicada en Asunción por la editorial Arandurâ.

4. El desenlace abierto y ambiguo de *Los nudos del silencio* es una muestra de la actualización técnica de la novela paraguaya actual.

5. Citado por Biruté Ciplijauskaité en *La novela femenina contemporánea* (1970-1985). Ensayo para una tipología en primera persona. Barcelona: Anthropos, 1990: 91.

Obras citadas

Alvar, Manuel: "Los murmullos opacos de la noche", *Exégesis* Revista del Colegio Universitario de Humacao, UPR, Humacao, Puerto Rico, #26, 1996: 52-53.

Ciplijauskaité, Biruté: *La novela femenina contemporánea* (1970-1985). Ensayo para una tipología en primera persona. Barcelona: Anthropos, 1990.

El abkarI, Boujemaa: "*Los nudos del silencio* y la dialéctica del silencio", *Exégesis* Revista del Colegio Universitario de Humacao, UPR, Humacao, Puerto Rico, #26, 1996: 54-57.

Elena Garro

1917-1998

Queda sólo el silencio de un arpa en el desierto.

Nació en Puebla, México el 5 de diciembre de 1920. Creció en Iguala, Guerrero y cursó estudios superiores en Ciudad de México. Se casó con Octavio Paz en 1937 y viajó con él a España ese mismo año. Entre 1945 y 1968 pasó varios períodos en Francia, México, Suiza y Japón. Se divorcia de Paz a principios de los años 60. En 1974, se autoexilia en los Estados Unidos y después viaja a España donde reside hasta 1983. Del 83 al 93 vive en Francia y luego regresa a México donde vivió con su hija, la poeta Helena Paz, hasta su muerte el 22 de agosto de 1998.
Fue guionista de cine, coreógrafa en el teatro de la Universidad de México y trabajó como periodista colaborando en: *La Cultura en México, La Palabra y el Hombre*, y la *Revista de la Universidad de México.*
Publicó:
Cuento: *La semana de colores* (1964).
Novelas: *Los recuerdos del porvenir* (1963); *Andamos huyendo Lola* (1980); *Testimonio sobre Mariana* (1981); *Reencuentro de personajes* (1982); *La casa junto al río* (1983); *Un corazón en un bote de basura* (1996).
Teatro: (en teatro consideramos como publicación el montaje de una obra) *Andarse por las ramas, Un hogar sólido* (1983); *La mudanza, El árbol* (1967); *La señora en su balcón* (1957); *La dama boba, Felipe Angeles* (1979).
Premios: Xavier Villaurrutia por *Los recuerdos del porvenir* (1963), Premio Grijalbo por *Testimonio sobre Mariana* (1981).

Dos planos, el de la realidad y el de lo imaginario, lo concreto y lo ilusorio, se desarrollan en forma paralela, entran en conflicto, chocan en la

forma paralela, entran en conflicto, chocan en la obra de Elena Garro. Técnica surgida sin duda de su trabajo como guionista, usa el pasado, pero como vivencia actual [percepción del tiempo y la memoria, flashbacks cinematográficos empleados en la literatura). Siempre en el plano de la dualidad, riqueza imaginativa, riqueza de la imagen, riqueza de ritmo cinematográfico en su escritura, trata los tradicionales temas existenciales: la angustia de ser, la incomunicación, la soledad, asociados a una temática de lo cotidiano, de lo social. El tiempo constituye la materia de algunos de sus cuentos, un tiempo que enreda al lector y donde al final no se sabe dónde comienza la imaginación y dónde la realidad y ello lo mismo en el campo que en la ciudad, en un elegante hotel parisino que en el mundo de la infancia. Cuentos que se desdoblan, días que tienen días adentro, días que se resumen en el instante.

En *Un corazón en un bote de basura* su protagonista, Ursula, se enfrenta a un mundo de segundas intenciones que la acorralan y la llevan a un laberinto sin salida. Nos cuenta la vida de una mujer que busca un lugar para su corazón, de una mujer que se debate entre tres hombres, de una mujer que quiere llegar hasta el límite para encontrar la salida del laberinto y ver en toda su magnitud la farsa que la rodea.

La obra de Elena Garro: **testimonio y recreación de nuestro tiempo**

Lucía Melgar
Princeton University

Narradora, dramaturga y periodista, Elena Garro fue creando, a lo largo de más de cuatro décadas, una obra diversa y compleja donde los niveles de realidad se multiplican, la imaginación abre las puertas a mundos coloridos y la palabra transforma, revela o destruye. La amplia gama de sus textos ha permitido múltiples lecturas pero suelen señalarse la fuerza poética de su lenguaje, la reautorización de las voces de los subalternos, la crítica de la condición de la mujer. En estas reflexiones sobre la obra de Garro, me interesa destacar algunas de las características de la crítica de la violencia que, a mi parecer, constituye un hilo que enlaza sus textos principales y, sobre todo, confirma la importancia de esta autora y la vigencia de su obra en este fin de siglo.

Desde *Felipe Angeles*, su primera obra de teatro (escrita, no publicada) hasta publicaciones más recientes, como *Inés*, Garro ha expuesto en sus textos una visión crítica del mundo, en que la opresión, la violencia y la manipulación de la palabra se contraponen a la imaginación, al diálogo y a la posibilidad de encontrar un "lugar" desde el cual tener una voz reconocida. La primacía de la palabra en la obra garriana no se deriva sólo del hecho, evidente, de que el lenguaje constituye el material literario y la llave hacia mundos imaginarios. Las afirmaciones de Felipe Angeles, en la obra del mismo título, de que "el hombre es lenguaje y que se le rescata con la palabra" (65)[1] sintetizan a mi entender el concepto de la autora. Del mismo modo que Angeles contrapone su palabra al discurso engañoso del poder para así rescatar "a los muertos, a los desdichados...", su re-creadora ha rescatado con su escritura a los personajes más acallados del México contemporáneo -campesinas e indígenas- y ha dado nombre a los exiliados y marginados anónimos que deambulan en las grandes ciudades del mundo.

La reconstrucción de vidas olvidadas, la reautorización de voces acalladas, la narración de fracasos y desdichas conlleva en muchos de los textos garrianos una exposición de los mecanismos de ninguneo, acallamiento, destrucción, que se despliegan en ámbitos donde prevalecen normas socioculturales y/o sistemas políticos represivos o donde las circunstancias sociales y personales favorecen la opresión. En cuanto suele censurar y favorecer la autocensura, la violencia, como agresión física, verbal y/o simbólica se relaciona estrechamente con el silencio. En la medida en que también afecta el acceso a la palabra autorizada y, sobre todo, en que sus efectos distorsionan el ámbito discursivo- pues el diálogo pierde sentido o es imposible cuando predomina la fuerza- la violencia se relaciona también con la voz. En la obra de Garro tener o no una voz autorizada- reconocida y escuchada por otros- forma parte de la ubicación en el mundo social y en el tejido de las relaciones de poder. Esto no implica que "la voz" remita a la "presencia" pues lo que se plantea no es una esencialización de la palabra sino una metáfora de la relación discursiva. La voz no reconocida no se "elimina", por el contrario: en los textos garrianos, la voz acallada se recupera y el silencio mismo se carga de significado.

A diferencia de textos como *El laberinto de la soledad*, en que se atribuye un mutismo inherente a los campesinos indígenas o una reserva también esencializada al "mexicano", obras como *Los recuerdos del porvenir* y *Los perros* exponen los mecanismos de acallamiento social a la vez que amplían la gama expresiva del silencio. Aun en contextos violentos, el silencio no es sólo acallamiento impuesto. En su faz positiva puede manifestar resistencia al interrogatorio, defensa contra la orden o rechazo del discurso dominante. En este sentido, callar no es siempre otorgar, callarse no implica ceder. Desde el momento en que adquiere connotaciones positivas, el silencio constituye un lenguaje alternativo. En los escritos de Garro palabra y silencio conforman dos hilos entrelazados; de la expresividad de ambos se deriva en gran medida la intensidad de la prosa (muchas veces poética) de la autora.

En un punto variable entre la palabra y el silencio, la violencia se inscribe en la obra garriana como una dinámica destructiva que se reproduce en varios niveles. Excepto en las primeras páginas de *Los recuerdos del porvenir* y (con atenuantes) en relación con los cristeros, la violencia se configura siempre como un fenómeno negativo, cuyos efectos pueden sintetizarse en tres metáforas: la sombra que empaña el paisaje de Ixtepec, la petrificación (en ese mismo pueblo), el silencio como acallamiento (contra el que se elevan la voz narrativa del pueblo ahí o, de manera más indirecta, la que reconstruye la vida de Yáñez en *Y Matarazo no llamó...*).

La efectividad de la crítica de esta dinámica fatal (por sus consecuencias y por estar inscrita en marcos fatalistas) se deriva de dos características principales: la exposición de los efectos de la violencia, de la que surge el sentido condenatorio de la representación, y la configuración de este fenómeno como un mecanismo complejo, cuyos engranajes se retroalimentan desde distintas esferas. Como muestran las dos novelas citadas, la represión política favorece la represión social y ésta, a su vez, facilita la victimización de quienes son tachados de "disidentes", "enemigos" o "indeseables". La correlación multilateral entre las manifestaciones de la violencia en distintos ámbitos de la vida social caracteriza algunos planteamientos teóricos 2 pero no es común en la literatura. La aportación de Garro, por tanto, no es sólo denunciar la violencia sino presentar un planteamiento complejo que permite comprender mejor un fenómeno que tiende a trivializarse o a minimizarse con explicaciones esquemáticas.

En este mismo sentido, cabe destacar también la relevancia de la inscripción de la violación en la obra garriana. Aunque hoy en día tratar este tema no parezca novedoso, Garro no sólo se atrevió a hacerlo antes de que el feminismo y los estudios de género lo sacaran del cajón de los temas tabú, sino que, en *Los perros* o en *Los recuerdos del porvenir*, subrayó su carácter social y su efecto destructivo. En el contexto de la literatura y de la cultura occidental, por lo menos, la inserción de la violencia sexual sin edulcoraciones ni velos hipócritas implica una ruptura con una tradición de ocultamiento (que ha tendido a velar la violencia como "seducción" o a minimizarla como accidente que se remienda con un romance o un matrimonio posteriores).

En los textos de Garro, lo mismo que se exponen, y así se denuncian otras formas de violenciapor sus efectos, la violación se representa mediante la alusión al horror de la víctima (no la descripción gráfica del acto en sí) y la insistencia en sus efectos destructivos. La violación se configura, además, como una de las manifestaciones de un afán de dominación fomentado y justificado por normas socioculturales machistas. Esta referencia a su dimensión social impide minimizarla como incidente aislado o accidente evitable. La presentación indirecta del hecho resulta muy efectiva en cuanto la elipsis o el salto en el relato centran la atención en lo indecible, en el dolor y el horror de la víctima. La referencia, más explícita, a los efectos personales y sociales de la violación, subraya el impacto de ésta en la vida de las mujeres y en la misma definición del género. Si los hombres, como afirma Javier en *Los perros*, recurren a la violación para así evitar que la mujer se convierta en "mujer lúcida y temida de los hombres" y transformarla en cambio en "desgraciada" (135)[3], despreciada por todos, el proceso de reconocerse como "mujer" y de "convertirse en mujer" está condicionado por la mirada masculina y por la amenaza de la violación.

La problematización de la definición del género y de la relación entre los géneros se complementa, en otros textos, con una crítica del machismo como visión del mundo y conjunto de normas de conducta que afectan a las mujeres pero también dañan a los hombres. Tal como se presenta en *Los perros*, *El rastro* o *Y Matarazo no llamó...*, el machismo favorece una visión dualista de los géneros y fomenta la hostilidad de los hombres contra las mujeres pero, en la medida en que exige de éstos un comportamiento impasible y la represión de sentimientos como el dolor, de hecho también los mutila.

Como puede notarse, los planteamientos de Garro se adelantaron a su época y tienen hoy incluso mayor vigencia que entonces. Lo mismo que su visión de la violencia como mecanismo complejo contribuye a nuestra comprensión de la dinámica de la represión política y sus relaciones con otras manifestaciones de la violencia, su caracterización de la violación desde una perspectiva cercana a los actuales estudios de género, ayuda a lectoras y lectores a examinar de manera más crítica las representaciones literarias de la violencia sexual y a captar mejor el impacto de un problema social cuya magnitud es cada día más patente.

Si ya la crítica de la violencia en sus manifestaciones más evidentes o extremas hace de esta obra una lectura necesaria aunque difícil, la reconstrucción de vidas tan degradadas como las de Mariana, Verónica o Ursula sitúa a Garro entre los escritores más lúcidos de nuestro tiempo. La indefensión, el aislamiento, la pobreza emocional y/o material en que viven estos personajes se debe en gran medida a la crueldad, el egoísmo o la incomprensión de los hombres con quienes conviven o han convivido. La percepción psicológica de la autora implícita de *Testimonios sobre Mariana, Reencuentro de personajes* y *Un corazón en un bote de basura* es innegable; su capacidad para representar emociones extremas y pasiones destructivas crea una tensión semejante a la que provocan ciertas películas de Bergman, otro gran recreador de miserias humanas. Más allá de estas cualidades y del modo en que complementan y completan la crítica garriana de la violencia y de la opresión, éstas y otras narraciones publicadas a partir de los años ochenta, merecen mayor atención por la lucidez con que la autora recrea una condición existencial que afecta a incontables seres humanos: el exilio.

Las protagonistas perseguidas, humilladas o rechazadas de estos relatos no son sólo víctimas de seres patológicos sino también de sus condiciones de vida. Quienes han perdido familia, país, posición social, pierden también voz, capacidad de iniciativa y a veces hasta el nombre. El exilio es, más que un espacio extraño, la soledad del desarraigo. En los casos extremos que reconstruye Garro, la carencia de lazos sociales significativos amenaza con reducir a los personajes a maniquíes anónimos, la falta de dinero implica falta de salidas viables, la subyugación culmina en la autonegación. Si bien no todo exiliado se convierte en mendigo como Ursula, su caso simboliza las consecuencias del desarraigo: la búsqueda permanente de un refugio y de un interlocutor confiable, el miedo al retorno del pasado, la vulnerabilidad a la mentira, la impotencia ante la humillación...

El fracaso que caracteriza estos relatos, la degradación continua, representan los aspectos más obscuros del exilio. Lo significativo, sin embargo, no es lo más sombrío -debido en parte al marco fatalista recurrente- sino la percepción del exilio como condición existencial que, en sí, reduce el potencial del ser humano y contribuye a la victimización de las personas y a la atomización social.

Desde una perspectiva más amplia, el exilio significa la imposibilidad radical de "hallarse", de encontrar un "lugar" en el mundo. Lo que esto representa no se reduce a una posición social o a una pertenencia formal a un grupo. "Hallarse", en México, es establecer una relación armónica con el entorno físico y humano. Como sugiere una escena de *Los recuerdos del porvenir*, "hallarse"es encontrar un espacio en el que la actividad cotidiana cobre sentido, en que cuerpo y espíritu puedan concordar, y desde el cual la voz, como expresión personal y comunicación social, resuene en un ámbito significativo. Vivir en el propio país no garantiza este espacio, como lo demuestran la insatisfacción de Isabel y Nicolás en Ixtepec; emigrar tampoco resuelve el problema de la identidad, como lo comprueba Consuelo en el pueblo de *La casa junto al río*. En cierto sentido lo que importa no es el espacio como tal sino la calidad del ámbito social, y ésta en los mundos garrianos suele contraponerse a los anhelos y proyectos de los personajes. No obstante la consecuente semejanza de la marginación en el exilio y en el insilio (simbólico o vivido), los relatos del exilio sugieren que en este caso la vulnerabilidad y la soledad son más agudas y por ello más destructivas. En una época en que las crisis políticas y económicas han provocado éxodos masivos, estas novelas destacan la fragilidad de quienes no sólo pierden un entorno conocido sino, sobre todo, un "lugar" significativo.

Aunque he evitado las referencias biográficas, cabe referirse aquí al exilio de la propia autora, no para sugerir una explicación biográfica -por demás problemática- sino para señalar al menos su impacto en la producción y recepción de su obra. En el caso del exilio y de otros hechos biográficos, lo significativo para mí no es que Garro los reinterprete sino que en su literatura trascienda lo personal y, lejos de limitarse a reflejar una vida individual y sus experiencias traumáticas, cree obras que iluminan el mundo, ya sea porque trata problemas universales, como los que he mencionado, ya sea porque amplía las fronteras del imaginario, como sucede en *La semana de colores* por ejemplo. En cambio, en lo que toca a la recepción de su obra, sí cabe señalar la incidencia del exilio en el retraso de sus publicaciones y el impacto de las circunstancias anteriores al exilio en la recepción de su obra en México. El hecho de no vivir en el propio país no conlleva de por sí marginación pero en este caso la combinación de acusaciones y contra-acusaciones en torno al 68, veinte años de ausencia y la circunstancia personal de la autora, explica, al menos en parte, la falta de reconocimiento que hasta hace poco caracterizaba la relación de Garro con su público simbólicamente más cercano. Aunque vivió sus últimos años en México, la escritora a quienes muchos consideran una de las mejores plumas en lengua española no recibió el reconocimiento oficial y extra oficial que merecía. Cabe preguntarse al menos por qué, como escritora, Elena Garro no ha encontrado todavía el "lugar" (en todos los sentidos de la palabra) que le corresponde. En cuanto no es único, su caso ilumina también algunos de los efectos del insilio y del exilio en el siglo XX.

Para quien conozca mejor *La semana de colores* que *Andamos huyendo, Lola* o *La dama boba* que *Los perros*, será evidente que me he centrado en los ámbitos más desdichados del mundo garriano. Esto no implica negar la intensidad de la fantasía garriana ni minimizar su impacto en el imaginario literario. La faz luminosa de los textos garrianos representa la zona amenazada por las sombras que imponen la violencia, la mentira y el acallamiento; de ahí que no se trate de ofertas escapistas sino de componentes fundamentales para la comprensión de la visión de la autora.

Detenerse en los personajes victimizados y en los espacios degradados responde a un interés por destacar el sentido ético de la obra de Garro y se deriva también de cierta coincidencia con la visión desesperanzada que prevalece en la mayoría de sus textos y que en cierto modo realza el carácter efímero -y el valor- del diálogo, la ilusión y los acontecimientos milagrosos o fantásticos.

A mi parecer, la intensidad crítica de la visión garriana, aunada a una imaginación deslumbrante y a una extrema sensibilidad, es lo que hace de su obra testimonio y recreación de nuestro tiempo.

A finales de un siglo plagado de guerras, crisis, desplazamientos masivos, las obras que critican la violencia y "ofrecen al público maneras de pensarla"[4], convalidan la vigencia de la literatura como expresión creativa y ejercicio intelectual. Por ésta y otras razones, la de Garro es hoy una obra vigente, iluminadora, necesaria.

Notas

1. Cito por la edición *Felipe Angeles*. México: UNAM,1979.

2. Véase , por ejemplo, Martín- Baró, Ignacio. (1983) *Acción e ideología. Psicología social desde Centroamérica*. El Salvador: UCA Eds., 1990.

3. Cito por la edición Elena Garro. *Un hogar sólido y otras piezas de teatro*. Xalapa: U. Veracruzana, 19834.

4. Reati, Fernando. *Nombrar lo innombrable: violencia política y novela argentina* 1975-1985. Buenos Aires: Ed. Legasa, Omnibus, 1992: 137.

El patriarcalismo en
"La primera vez que me vi": una visión anfibia

Teresa Margaret Hurley
Universidad de Limerick, Irlanda

"La primera vez que me vi" forma parte de la colección de cuentos titulada *Andamos huyendo, Lola* de Elena Garro, publicada en 1980. Al igual que otros cuentos de la colección y que su primera novela *Los recuerdos del porvenir*, este cuento explora dos discursos - el oficial y el alternativo. Esto se realiza mediante referencias al concepto de la nación y a la forma en que el discurso oficial choca con el discurso alternativo de los seres marginados. Se revelan al mismo tiempo el patriarcalismo que existe en las relaciones entre Estados Unidos y México y su reflejo en las relaciones entre el patriarcado y el marginado dentro de México.

Elena Garro tiene, en primer lugar, un sapito mexicano como narrador, y, en segundo lugar, no revela este hecho hasta el final del cuento. Presenta un protagonista ficticio, narrador alternativo y en primera persona -en este caso un sapito mexicano, para sorpresa del/la lector/a- en una situación histórica, para criticar el discurso oficial. No es hasta unas pocas líneas antes del final del cuento que se revela la identidad del narrador (53).[1] El escoger a este animalito encaja tanto con el uso por Garro de un narrador "alternativo" en la mayoría de sus obras de ficción, como con su amor por los animales y el odio que siente por el maltrato de éstos y de todos los seres vulnerables.[2] La compasión y empatía que siente la autora por "los de abajo" está bien documentada.[3] Un "yo" tan inusitado hace surgir también la cuestión del narrador fiable/no fiable. Hago referencia a este recurso literario por su relación con el patriarcalismo.

Según Wayne Booth,[4] en la tradición literaria occidental el narrador fiable tenía que ser un hombre de clase media o alta, alfabetizado y, de preferencia, blanco. Es decir el patriarca típico. Un narrador que, como en este caso, haya acompañado a la Emperadora Carlota (37), a Victoriano Huerta (39), al General Anaya (44) y a varias familias poderosas; que haya participado en la Batalla de Torreón (44) entre otras, y que conozca a los generales personalmente, se consideraría un narrador confiable porque automáticamente se encuentra en la categoría arriba mencionada del hombre de cierto rango y /o estirpe. [5] En efecto el narrador se sitúa a sí mismo en esta categoría (35). Al poner en duda la identidad del narrador, Garro cuestiona la fiabilidad del narrador patriarcal tradicional y el discurso oficial. La revelación de que el narrador estuvo en el campo de batalla varias veces, y que también se ha encontrado huyendo de alguna autoridad produce el efecto de un narrador omnipresente, enigmático y ambiguo...

> Otros me vieron en los campos de batalla [...) y algunos alcanzaron a verme por los caminos amarillos cercados de rocas y de montañas azules.[...) hasta detenerse en algún portón amigo que se abría para escondernos, pues íbamos huídos (33)

El hecho de tener un narrador de identidad ambigua permite a Garro comentar los fallos del gobierno mexicano. Haciendo referencia tanto a la historia como al presente, viaja a saltos de un tiempo histórico a otro, igual que el sapito.[6] Las víctimas principales del patriarcalismo en el cuento son una viuda y su hija. En la parte central del cuento el narrador describe cómo les ayuda a escapar de la migra (las autoridades migratorias de Estados Unidos). Dice, "Yo sabía que andaban huidas, pero con ellas no quise comentarlo. ¿Para qué recordarles que les habían acusado de traidoras?[7] Además, "según gentes muy cultivadas, todos los mexicanos somos traidores" (43) [el énfasis es mío). El narrador alude aquí a la crítica que recibió Garro por parte de los intelectuales por denunciar la manifestación de Tlatelolco (ver nota anterior), y al "malinchismo",[8] término usado por los intelectuales mexicanos para referirse a la práctica, tan prevaleciente en México entre la gente de clase media, de criticar constantemente a México, a los mexicanos y a todo lo "hecho en México".

El sapo narra cómo los seres marginados experimentan actitudes de superioridad y de desprecio por parte de los agentes de inmigración. En este caso los marginados incluyen una viuda y su hija, pero también los que emigran a los Estados Unidos de braceros. Cuando Garro escribió este cuento, el programa de bracerismo,[9] ya se había acabado, y los trabajadores ya se veían con la necesidad de entrar ilegalmente. La crítica socio-política que hace Garro en este cuento incorpora el aspecto de "diferencia" que se relaciona tanto con el elemento patriarcal de la sociedad mexicana versus lo "otro" como con la actitud patriarcal asumida por los Estados Unidos hacia la "otredad" mexicana.

Una de las principales críticas políticas en el cuento se hace con respecto al hecho de que, como dice la viuda, la "tinta es perversa" y "quejarse encierra peligros" (40-41). Con esto se refiere a la burocracia inclemente que causa la muerte del marido de la viuda, al ser aplastado éste en la parte trasera de un camión al intentar cruzar la frontera como inmigrante ilegal. La tinta también es perversa en el sentido de subversiva, porque es la tinta de la escritora cuya tarea (sobretodo en los países no democráticos) es criticar las injusticias perpetradas por los gobiernos contra su propia gente. El hecho de que "quejarse encierra peligros" alude a la falta de libertad de criticar al gobierno en un México post-revolucionario "democrático" donde los mecanismos de control y vigilancia han sido indudablemente heredados del régimen anterior, ya que esto, según Benedict Anderson, es lo que suele ocurrir aun cuando el nuevo gobierno que se ha instalado sea de tipo revolucionario.[10]

Hay también una crítica social en la referencia irónica respecto a la enorme disparidad de ingresos en México entre los de arriba y los de abajo, y la forma injusta en que se trata a los pobres y desamparados. Ésta aparece en el siguiente extracto donde el narrador está velando por la seguridad de la viuda y su hija. Ha decidido pasar la noche en un hotel para evitar despertar los recelos de unos agentes del gobierno que también están vigilando a la viuda y la huérfana en su choza (en los Estados Unidos.), pero por motivos más siniestros:

> El hotel era grande, aunque no tanto como algunas casas del Pedregal,[11] pues por allá somos caprichosos y de plano nos hacemos una recámara para cada día del año o de plano dormimos a campo raso o arrimados a la pared de una casa, aunque vengan las autoridades a asustar: ¡Orale, vago, malviviente, vámonos a la Comisaría! (45-46).

El narrador relata cómo presenció la historia de México del siglo diecinueve, aludiendo a los "héroes" o líderes de cada época, desde Maximiliano y el dominio de México por los franceses imperialistas de la era napoleónica (35) a Benito Juárez y la edad reformista (34) a Santa Anna y la guerra contra los Estados Unidos (48) hasta Pancho Villa y Victoriano Huerta, generales de la Revolución mexicana, (49). La referencia a los braceros de los años pos-revolucionarios es claramente una crítica al gobierno responsable tanto de ese éxodo, como de otras injusticias contra sus compatriotas (48). [12]

Entonces viene la revelación de que el narrador es un sapito mexicano y se presenta la idea de que Garro escribe en defensa de los mexicanos en general, y en especial de los de abajo. Su lamento se clarifica a través de los comentarios pesimistas respecto a lo peligroso que ha sido, y sigue siendo, ser mexicano[13] yuxtapuesto a unos vecinos norteamericanos, "¡Caray, no es fácil ser mexicano, arriesga uno ser traidor, ser escapado de la justicia, ser fusilado, ser bracero, y ser deportado!"(38). Pero lo peor de todo es que no hay remedio en un país donde el gobierno, por intereses políticos y económicos colabora con tal persecución.

Luego el narrador cuenta el caso de la viuda y la huérfana, a quienes se consideraba tradicionalmente desamparadas, y según la tradición católica,[14] merecedoras de caridad. Enfatiza que no reciben ninguna a manos de los oficiales "protestantes" de la Oficina de Deportación de Estados Unidos, quienes están a punto de "repatriar" o deportarlas. Describe compungido el mar de lágrimas que llora la huérfana, acompañada por sus paisanos, detenidos en el mismo cuarto y esperando la misma suerte, que lloran con ella y para ella, pero también para todos los que se ven obligados a dejar su patria para buscar la vida en un país extraño e inhóspito (49-50).

El narrador describe también a la huerfanita, sentada en la patrulla entre los dos hombres vestidos de impermeable gris. El impermeable gris (uniforme de los agentes de seguridad de los años 40 y 50) lo llevaban, recalca el narrador, para esconder la pistola , no porque creyeran que iba a llover. Uno de los hombres es moreno (y por inferencia - mexicano) y el narrador cree que quizá lo haya visto en las oficinas de Gobernación en México, "¡Sólo que uno ve tantas caras, que no supe si lo vi en tiempos de don Victoriano Huerta, del General Calles, de don Porfirio, o de Ruiz Cortines!" (48). Una vez más el narrador hace referencia aquí a su presencia en los diversos períodos históricos y alude a la idea de Anderson de que los gobiernos heredan el sistema de seguridad del gobierno anterior. También intima la creencia que tenía Garro de que la Revolución no ha cumplido con sus promesas, ya que los mismos problemas que afectan a los pobres y las injusticias que se cometen en su contra, han existido siempre, fuera quien fuera presidente. Uno que traicionó descaradamente y de la forma más desalmada la Revolución fue el General Huerta:

> En alguna ocasión, cuando[...) Huerta ordenaba sus fusilatas, lo vi caminar a zancadas por el salón del Palacio. Andaba enojado, arreglando las muertes de algunos disconformes y había [...) un ramo grande de hortensias, que le habían mandado junto con una notita pidiendo gracia para el fusilado. Y digo fusilado porque ya estaba muerto, aunque todavía no se había dicho y era secreto de Estado. Yo me dije: '¡Caray, tanta flor de tan buen porte en un lugar tan equivocado!' Don Victoriano llamó a un asistente: '¡Llévate esta pendejada!', le dijo (40), [el énfasis es mío).

Según la retórica oficial, la era pre-revolucionaria (el Porfiriato[15] y antes), eran los "malos tiempos", hasta que la Revolución y el progreso, que supuestamente habría de acompañar al programa de modernización de los años 40 y 50, mejoraran la situación de todos los mexicanos. Otra vez parece que el narrador está a favor de la tradición, de las viejas familias de México -los patrones- y la Iglesia, ya que comenta que en los tiempos anteriores cuando la gente vestía de luto el Viernes Santo, "El aire olía entonces a Viernes Santo y yo respiraba profundo y me sentía bendito" (33). Pero la siguiente afirmación desmiente esa idea, "Ahora suele decirse que aquellos tiempos eran otros tiempos, que eran mejores. Eso es un decir, no hay tiempos mejores ni peores, todos los tiempos son el mismo tiempo." (33) Compara dos ideales: el de la Caridad que existía en la época pre-revolucionaria, (y pre-porfirista[16]) y el actual del Progreso:

> Antes, en los tiempos de Santa Anna, que tan mala fama tiene, no andaban tan diestros los pepenadores de mendigos. Quiero decir que había más libertad para la limosna, aunque ahora haya más limosneros. Parece que según crece el Progreso se achica la Caridad. No estoy seguro si "contra Progreso, Caridad o al revés, si contra Caridad, Progreso".Yo estudié el Catecismo mucho antes de la separación de la Iglesia y del Estado y desde entonces creo que ha habido algunos cambios, aunque todo siga igual, pero ¡peor! (48).

Este extracto revela la decepción del narrador con el legado de la revolución y su idea de que los progresistas no deben excluir lo bueno de la tradición sino incorporarlo a su pensamiento. Reitera este punto de vista en su comentario sobre la belleza de la señorita Ceci,

> ¡Palabra de honor, señorita Ceci, que si el difunto Doroteo Arango, conocido como Francisco Villa, la hubiera visto a usted, hubiera perdonado a su honorable familia y no hubiera hecho la Revolución! (42).

Pero si en un momento dado el narrador aparenta ser reaccionario y traidor a la nación mexicana, "a nosotros, es decir, a los patrones, les gustaba la Corte y todos amábamos a la Emperatriz" (35); luego describe cómo pasó unos días en compañía de unos comunistas que se escondían en Chapala (49) y resulta obvio que simplemente está de lado de los perseguidos y los desamparados.[17] Su figura es la de un Ángel de la Guarda. La viuda y la huerfanita, sanas y salvas al final del cuento en la casa de doña Gabriela, conocida del sapito, le describen de la manera siguiente, "¡...es un compatriota! ¡El mejor de todos! Cuida a los descarriados y se ocupa de los que andan en la desgracia" (52). El hecho de que el sapito pueda viajar por el tiempo mediante los espejos y el agua y que al final del cuento se encuentra con unos mineros revoltosos en Durango[18] que necesitan de su ayuda para escapar, afirma la política democrática del sapito (aunque él se ha declarado apolítico y patriota) (37).

Parece que lo importante, entonces, no es que uno sea de una clase u otra sino que sea patriota y defienda a los compatriotas. El narrador critica a los agentes de Deportación de Estados Unidos pero critica más al gobierno mexicano por su colaboración en la situación de los braceros y las deportaciones. En efecto ve la similitud entre la actitud de los oficiales de Gobernación en México y los de Deportación en Estados Unidos. En las oficinas de Deportación en Estados Unidos, el narrador revela su visión de la actitud de los estadounidenses hacia los mexicanos (inmigrantes ilegales). Su dura crítica de los oficiales de deportación "protestantes" ofrece una visión poco favorable de la cara oficial de Estados Unidos.

> "una señora" grandota, güera y un poco calva de la cabeza y de los ojos. Ahí estaba sentada, mirándonos con sus manos huesudas y su piel de cuero de lámpara apagada. La vista de la señora de párpados de venitas rojas y ojos grandes como huevos azules, me enfrió la sangre. Supe que odiaba a la viuda y a la huerfanita que seguía llorando (50).

La mujer es vilificada por el narrador quien le atribuye sentimientos de odio hacia la huerfanita que probablemente no sienta. Uno de los agentes del gobierno es también el clásico villano. Tiene un gancho en lugar de mano y se ríe de las lágrimas de la huerfanita. (50).[19]

Tales críticas vienen acompañadas de una comparación entre las culturas estadounidense y mexicana en donde aquélla se describe en términos negativos. El narrador observa que aunque es Viernes Santo, nadie va vestido de negro. Se refiere a los "protestantes" como si fueran seres desalmados, sin compasión, y tranquiliza a la viuda con estas palabras, "Verde es la esperanza amada y verde es el Manto de la Virgen de Guadalupe, Patrona de los desamparados" (50). Verde también es el color de la piel del sapito y uno de los colores de la bandera mexicana pero no de la de Estados Unidos. Así, al mismo tiempo que enfatiza la "diferencia" que existe entre las dos culturas, pone a flor de piel la forma en que la mexicana tiene siempre condición de "otra" frente a Estados Unidos. Esto a su vez le lleva a la/al mexicana/o a vilipendiar a la/al estadounidense para compensar el hecho que le haga sentir esa "otredad".

La condición de "otra" frente a la nación más poderosa del mundo, y de la incomprensión lingüística que muchas veces existe entre las dos gentes, puede llevar a la práctica del silencio. A los de abajo los de arriba les niegan una voz, así que tienen que hacerse oír insistiendo en el diálogo. Sin embargo, como dice Rosario Castellanos "el diálogo [...] sólo es posible entre quienes se consideran y se tratan como iguales"[20] de otra forma se calla la voz, o más bien, no se escucha. El uso del silencio en "La primera vez que me vi" simboliza la falta de diálogo que existe entre el "yo" y la "otra". Cuando el narrador va a la choza junto al mar, le oprime el silencio (40). Ese silencio corresponde a la falta absoluta de voz de la viuda y su hija siendo inmigrantes ilegales y mujeres sin siquiera la condición o el "estatus" de ser la mujer y la hija de algún hombre. Cuando llega el "loco" que vive cerca de la viuda, mira en torno suyo, "como si buscara una palabra en medio de aquel silencio perturbador" (41).[21] El comentario del narrador de que la escena parece de una película policíaca, "y pensé que como andábamos fuera de México, tal vez sin fijarnos nos habíamos metido en una película de miedo y nos estaban fotografiando" (41), es una clara alusión al escapismo, manifestado en la popularidad de la "máquina de sueños". Pero al mismo tiempo el narrador subraya otra vez las diferencias entre las dos culturas - una donde van a ver películas como "Bambi" y "El padrino" y la otra donde prefieren ver a María Félix o películas como María Candelaria,[22] y añade "¡Para que luego digan que no hay diferencias! ¡Siempre las hubo, las hay y las habrá!" (42).

Mediante los recuerdos del sapito que representa el espíritu mexicano, (de ahí su color verde como el de la bandera nacional), Garro ofrece un discurso alternativo al oficial, al sugerir que hay un testigo (el mismo pueblo mexicano) que puede relatar de forma personal los sucesos históricos que rodean a tales personajes desde Santa Anna al presidente actual, y que sus acciones no pasarán desapercibidas.

Garro critica la actitud patriarcal de los Estados Unidos hacia México en forma alegórica, con el tratamiento humillante, por parte de los agentes de gobierno estadounidense, de la viuda y la huérfana y del mexicano, (supuestamente inmigrante ilegal, resignado a su suerte, y a quien se trata de forma despectiva a pesar de necesitar su mano de obra), en Deportación. Pero acusa también a la élite mexicana por su complicidad con un programa (bracero) que, dados los recursos naturales de México, no habría sido necesario si el gobierno mexicano se hubiera mostrado más eficaz y honesto en los programas de reforma agraria e industrialización nacionales.

Notas

[1] Todas las referencias de página serán a la edición *Andamos huyendo, Lola*, Joaquín Mortiz 1980, México.

[2] En una entrevista con Michèle Muncy, Garro declaró, "no soporto que maltraten a un animalito. Yo quisiera escribir realmente sobre los animales". Por otro lado, en el folclor mexicano el sapito ocupa un lugar particular ya que representa el amor constante, mientras en el de otros indígenas de América del Norte, representa la adaptabilidad. También existe la posibilidad de que Garro aludiera a ese archimexicano Diego Rivera que tam-

bién se conocía por el apodo de "el sapo".

[3] En una ocasión estuvo encarcelada durante nueve días por participar en unas manifestaciones de campesinos. En su juventud escribió artículos para periódicos y revistas a favor del reparto de tierras que le llevó a encontrarse involucrada en los problemas políticos que de ahí resultaron. Rhina María Toruño describe cómo Garro quería hablar con Lázaro-Cárdenas respecto a las demandas de los campesinos, pero éste se negó a dialogar hasta encontrarla en el asfalto fuera de la residencia oficial Los Pinos, acostada en el camino de su automóvil, para prevenir que saliera sin escuchar las reclamaciones. Rhina María Toruño, "Tiempo, destino y opresión en la obra de Elena Garro", PhD Dissertation, Univ.Microfilms Int. 1995; 2-3 y 36.

[4] Wayne C. Booth, *The Rhetoric of Fiction*, University of Chicago Press, Chicago and London, 1968, [1 [a] edición) 1961: 341.

[5] Aunque no necesariamente, ya que Bernal Díaz del Castillo, el narrador de la *Crónica de la conquista de Nueva España*, fue un soldado raso.

[6] Garro muestra su interés en la idea del tiempo circular, donde existen simultáneamente pasado, presente y futuro en la novela *Los recuerdos del porvenir*, y en el cuento "La culpa es de los Tlaxcaltecas", entre otros. No fue única en tener tal filosofía; el cineasta Emilio Fernández, autor de "María Candelaria", la película mencionada por el sapito como ejemplo del gusto mexicano, (ver abajo) pensaba lo mismo.

[7] Es interesante notar que Garro también fue víctima de semejante patriarcalismo: a manos de su ex-marido Octavio Paz y durante su exilio en Estados Unidos con su hija , después de ser acusada de traicionar a la patria por haber criticado a los dirigentes de la manifestación que resultó en la masacre de Tlatelolco en 1968. También, utiliza previamente la expresión "traidores de la patria" en su novela *Los recuerdos del porvenir*, 261.

[8] Se denomina "malinchismo" porque equivale a una traición parecida a la que cometió doña Malinche

cuando se entregó al extranjero Hernán Cortés durante la época de la Conquista.

[9] Un acuerdo entre los gobiernos mexicano y estadounidense que permitía la entrada legal de peones mexicanos. El acuerdo terminó el 1º de enero de 1965.Ver Rubén Salazar *Border Correspondent: Selected Writings 1955-1970*, University of California Press, 1995. La colección de cuentos *Andamos Huyendo, Lola* se publicó en 1980, aunque no está claro cuando se ecribió "La primera vez que me vi".

[10] Ver Benedict Anderson, *Imagined Communities: Reflections on the Origins and Spread of Nationalism*. London, New York: Verso, 1991, 1ª edición 1983.[Page REF)
[11] Zona residencial muy exclusiva en el sur de la Ciudad de México -antes las afueras - junto a la Colonia de San Angel.

[12] Además de encubrir el desempleo en México, el problema con el programa bracero, desde el punto de vista de los chicanos, fue que los mantenía marginados en Estados Unidos porque desplazaba a los trabajadores del campo, en aquel entonces, la mayoría de los chicanos. Éstos no podían ganar lo que los braceros, ya que si las cosechas eran malas, no llenaban las cuotas, y ganaban solamente entre 32 y 38 dólares a la semana mientras al bracero se le garantizaba un dólar por hora de trabajo y podía ganar 50 dólares a la semana. Salazar, 1995: 19.

[13] "Tan lejos de Dios y tan cerca de los Estados Unidos" como dijo el mismo Porfirio Díaz.

[14] Es evidente que el narrador conoce el catecismo (ver pág.48) y es probable que Garro tuviera una educación católica en casa, (su padre iba a ser religioso, ver Muncy, 1986), como la mayoría de los mexicanos, a pesar de la secularidad de la educación pública.

[15] La presidencia de Porfirio Díaz duró desde 1876 a 1911 (exceptuando los años 1880 - 84) y fue en efecto una dictadura.

[16] Durante el Porfirato, el progreso era también el ideal, junto con el orden. El desarrollo económico durante estos años fue impresionante pero a costa del nivel de vida de la clase obrera y el campesinado. Ver Thomas E.

Skidmore and Peter H. Smith, *Modern Latin America*, 2[a] edición, New York, Oxford: Oxford University Press, 1989: 222-24.

[17] En este sentido Carlota también estaba marginada por haber enloquecido. Ver Fernando del Paso, *Noticia del imperio*, Mexico City: Editorial Diana, 1989.

[18] En 1906 y 1908, trabajadores en la compañía de cobre Cananea, protestaron el hecho que se pagara más a los labradores estadounidenses. Skidmore and Smith, 1989: 224.

[19] Otros cuentos de esta colección y otras novelas de Garro tienen elementos de misterio y de miedo, como el asesinato no resuelto o la persecución de la protagonista. Ver: *Andamos huyendo, Lola, Testimonios sobre Mariana, Inés* y *La casa junto al río.*

[20] Rosario Castellanos, *Mujer que sabe latín*, México D.F., Fondo de Cultura Económica, 1995:175, 1[a] edición 1973.

[21] La figura del "loco" es común en la obra de Garro y representa otro tipo de ser marginado. El sapito comenta en el cuento que el loco debería ir a México porque allí le tratarían con más humanidad.

[22] Quizás no sea mera coincidencia que el narrador /Garro utiliza esta película como ejemplo del gusto mexicano ya que es una película, según Julia Tuñón, que, al igual que otras de Emilio Fernández, alude al encuentro conflictivo entre la tradición y los valores modernos, [igual que "La primera vez que me vi"). Paulo Antonio Paranaguá, ed. Mexican Cinema, London: British Film Institute, 1995: 182. Al mismo tiempo, al mencionar la película "El padrino", el narrador se sitúa en los años 70.

Obras citadas

Anderson, Benedict. *Imagined Communities: Reflections on the Origins and Spread of Nationalism*. London, New York: Verso, 1991; 1[a] edición 1983.

Booth, Wayne C. *The Rhetoric of Fiction*, Chicago and London: University of Chicago Press, 1968; 1 [a] edición 1961.

Castellanos, Rosario. *Mujer que sabe latín*, México D.F.,

Fondo de Cultura Económica, 1995.
Del Paso, Fernando, *Noticias del imperio*, Mexico D.F.: Editorial Diana, 1989.
Díaz del Castillo, Bernal. *Crónica de la conquista de Nueva España,*
Garro, Elena. *Andamos huyendo, Lola,* Joaquín Mortiz 1980, Mexico D.F.
_______. *Los recuerdos del porvenir,* México D.F.: Joaquín Mortiz, 1993.
Paranaguá, Paulo Antonio (ed.). *Mexican Cinema,* London: British Film Institute, 1995.
Salazar, Rubén. *Border Correspondent: Selected Writings 1955-1970,* University of California Press, 1995.
Skidmore, Thomas E., and Peter H. Smith. *Modern Latin America,* 2ª edición, New York, Oxford: Oxford University Press, 1989.
Stoll, Anita. "Elena Garro (b. 1920) Mexico", Diane E. Marting (ed), *Spanish American Women Writers,* 1990.
Toruño, Rhina María. "Tiempo, destino y opresión en la obra de Elena Garro", PhD. Dissertation, Ann Arbor, Michigan: Univ. Microfilms Int., 1995.

Muerte, amor y fantasía en *Los recuerdos del Porvenir*

Pierina Beckman
University of North Texas

Los recuerdos del porvenir, escrita en 1963 por la autora mexicana Elena Garro, es una novela en la cual los temas del amor, la muerte y la fantasía se mezclan de tal forma que no pueden ser separados y las líneas entre lo que es amor u obseción, muerte o vida, y realidad o fantasía son borrosas. Los límites no siempre se encuentran bien definidos, por lo cual es difícil decidir en qué momento las cosas dejan de ser realidad y pasan a estar en el terreno de lo fantástico.

La trama toma lugar en el pueblo de Ixtepec durante la época de la revolución mexicana. El general Francisco Rosas controla por completo el pueblo y las vidas de las personas que en él viven. Con él vive una mujer llamada Julia Andrade de la cual sabemos muy poco, excepto que era muy bella, que el general la había traído de algún otro pueblo a Ixtepec, y que aunque se encontraba perdidamente enamorado de ella, ella no le correspondía. El general se encontraba terriblemente celoso de los recuerdos que existían en la mente de Julia. Cuando perdía el control se desquitaba mandando a colgar personas del pueblo que él acusaba de traición o conspiración. De esta manera la gente del pueblo de Ixtepec sabía perfectamente bien que las cosas no andaban bien entre Julia y el general. Curiosamente, cuando alguien era ahorcado o fusilado por los hombres de Rosas, la gente pensaba que ya que la culpable de la rabia y los celos del general era Julia, ella era, entonces, la responsable de la muerte de esas personas.

Su conciencia cargaría con todas esas muertes y sería Julia quien tendría que dar cuentas al Señor cuando llegase el momento.

A Julia no le era permitido salir del hotel donde vivía con Rosas a menos que fuese acompañada por alguno de sus hombres. Por las noches, a veces, Rosas salía con ella a montar a caballo o iban a la plaza del pueblo a escuchar música. Esas eran las noches de "fiesta" en Ixtepec. A los hombres les encantaba poder mirar disimuladamente a la mujer del general y a las mujeres les encantaba el poder ver los bellos vestidos y joyas que la amante de Rosas lucía durante estas noches y poder criticar su estado de amante, y no de esposa. En lo que sí coincidía todo el pueblo era en la belleza de Julia y en la certeza de que vivía con Rosas a la fuerza y que no lo quería. A fin de cuentas, "nadie vivía sino a través del general y su querida" (117).

El general sabía todo lo que el pueblo pensaba de Julia y de su relación con ella, de allí gran parte de su frustración y de tratar de encontrar una forma de escape mandando a ahorcar o fusilar a menudo gente del pueblo. La muerte llega a ser una constante en la vida del pueblo. Expresiones de lástima y pena cubren el texto cada vez que el pueblo descubre un nuevo cuerpo muerto, pero sus muertes son olvidadas pronto al ser reemplazadas por la del ahorcado más reciente, o por algún evento en el cual el pueblo podía ir a admirar y a la vez criticar a la bella querida del general.

La muerte en Ixtepec es aceptada como una inevitable consecuencia de las atrocidades que la gente debe soportar durante una revolución. El pueblo descrito en esta novela pudo haber sido cualquier otro pueblo en México durante la revolución. La diferencia, sin embargo, se encuentra en el hecho de que en esta obra es el mismo Ixtepec, y no un personaje humano, el narrador principal de la historia. Hay innumerables situaciones que indican claramente el papel de Ixtepec como narrador. Por ejemplo, cuando el lector se topa con frases tales como "Muchas de mis casas fueron quemadas y sus dueños fusilados antes del incendio (11). Mi gente es morena (12). Mis calles principales convergen a una plaza sembrada de tamarindos (12). ....Se trataba de un extranjero. Ni yo ni el más viejo de Ixtepec recordábamos haberlo visto antes (39). De los locos que he tenido, Juan Cariño fue el mejor (50). El grupo avanzó cabizbajo por mis calles silenciosas (74). ...Julia... perdida en Ixtepec, ignoraba mis voces, mis calles, mis árboles, mis gentes (77). Juan Cariño desfiló por mis calles (87). ¿Eran las secas de ese año las que precipitaban a mis gentes en la angustia... ? (99). Y mientras tanto, por mis cielos altos y azules ... seguían haciendo círculos ... las grandes bandadas de zopilotes ... (102). ...mi cielo siempre cambiante en sus colores y nubes (118). La sombra de Francisco Rosas cubría mi cielo, empañaba el brillo de mis tardes, ocupaba mis esquinas (118). Mis gentes hablaban del "Teatro" (121)". Y, finalmente, una cita definitiva que no deja lugar a dudas de que Ixtepec es el verdadero narrador de la novela "Siguieron unos días callados y luego volvieron los motines inútiles y sangrientos. Me invadió un rumor colérico. Yo ya no era el mismo con la iglesia cerrada y sus rejas vigiladas por soldados que jugaban en cuclillas a la baraja. Me preguntaba de dónde vendrían aquellas gentes capaces de actos semejantes. En mi larga vida nunca me había visto privado de bautizos, de bodas, de responsos, de rosarios. Mis esquinas y mis cielos quedaron sin campanas, se abolieron las fiestas y las horas y retrocedí a un tiempo desconocido.

Me sentía extraño sin domingos y sin días de semana. Una ola de ira inundó mis calles y mis cielos vacíos. Esa ola que no se ve y que de pronto avanza, derriba puentes, muros, quita vidas y hace generales" (163).

La lista de estas citas podría ser aún mucho más larga, pero estas frases son suficientes para comprobar que la autora decidió personificar y humanizar al pueblo de Ixtepec. Al adjudicarle cualidades humanas al pueblo físico, al lugar geográfico donde se encuentra localizado Ixtepec, la autora logra proyectar un sufrimiento absoluto. Un sufrimiento que, de un modo u otro, envuelve y afecta a todos sus habitantes. La guerra de Ixtepec ve su suelo violado día tras día. De sus árboles cuelgan cuerpos muertos, en su guerra polvorienta pueden verse las gotas de sangre de los que han sostenido algún altercado contra los hombres del general. Ixtepec está allí, quieto, callado, sin poder hacer oír sus quejas. El pueblo sufre y se queja "Todo mi esplendor caía en la ignorancia, en un no querer mirarme, en un olvido voluntario...mi belleza ilusoria y cambiante se consumía y renacía como una salamandra en mitad de las llamas. En vano cruzaban los jardines nubes de mariposas amarillas: nadie agradecía sus apariciones repentinas. La sombra de Francisco Rosas cubría mis cielos... " (118).

Dentro de ese ambiente de lucha, desolación y muerte se desarrollan el amor del general por Julia, el de Isabel Moncada, una hija de familia de clase privilegiada, por el general, y el de un forastero, Felipe Hurtado, por Julia. Este último llega a Ixtepec a rescatar a Julia de su infierno. El amor del general Rosas por Julia es bien sabido de todos. El general, a pesar de estar locamente enamorado de ella, la maltrata por no poder lograr que ella se le entregue por completo. Es un círculo vicioso como el de muchas mujeres. Rosas le regala joyas y ropa elegante, dice amarla, pero sus celos le ciegan y la maltrata alejándola aún más emocionalmente. Julia es prácticamente una prisionera en el hotel donde viven; los celos del general llegan a tal punto que éste ordena que nadie entre al hotel mientras él ande fuera.

El amor de Isabel por el general, por otra parte, no es sabido por nadie. El lector mismo, a veces, no comprende las acciones de Isabel, y sólo en muy pocas ocasiones llega a sospechar los sentimientos de Isabel por Rosas. No es sino hasta la segunda parte del libro, en el capítulo VIII, cuando el pueblo ha planeado algo contra el general y tratan de encubrir sus maniobras por medio de una fiesta que el lector está seguro de los sentimientos de Isabel por el general. Sin embargo, Rosas se entera del plan, abandona la fiesta ordenando que nadie salga de ella hasta que él regrese. Al volver muchas horas después y levantar un acta contra todo aquel que asistió a la fiesta y arrestar a muchos de los invitados, el general le pregunta a Isabel si ella quiere irse con él. Ante la incredulidad de todo mundo ella acepta y se va con él a su hotel. La descripción de la llegada de Isabel hasta el cuarto del general es la siguiente: "El general avanzó por el corredor del Hotel Jardín acompañado de una mujer vestida de rojo...La pareja llegó frente a la puerta del cuarto de Rosas. Este cogió la luz de las manos de Leonardo y entró acompañado de la desconocida en la habitación que había sido de Julia... Era Isabel Moncada" (237).

El que Isabel se entregue físicamente al general voluntariamente es como el último golpe que la gente de Ixtepec puede aguantar. Isabel no solamente traiciona a todo aquél que con anterioridad había sufrido los abusos del general, sino que también traiciona a su misma familia ya que uno de los hermanos de Isabel había muerto en el pasado en un altercado contra los hombres del general y ahora Rosas ya había tomado preso a Nicolás, el otro hermano de Isabel. Ixtepec entero no puede creer que Isabel Moncada haya cometido un acto así y que ahora viva en el mismo hotel con el tirano del pueblo. Su amor por el general, al igual que el amor del general por Julia, es un amor enfermizo, obsesivo. Nadie ni nada puede detener sus deseos. Isabel sabe que el general está aún enamorado de Julia, quien para entonces ya se había escapado de Ixtepec con su amante, pero no le importa y se entrega a Rosas a pesar de que él ama a otra. El mismo general se arrepiente de haberse llevado a Isabel a su hotel, quisiera poder deshacerse de ella, le molesta su presencia, pero sabe que no puede devolverla a sus padres ni echarla a la calle.

Finalmente, Isabel le pide que no haga fusilar a su hermano, Nicolás. Rosas le promete que no lo hará, pero las cosas se complican y el hermano de Isabel es fusilado por los hombres de Rosas. La entrega física de Isabel al general no ha servido absolutamente de nada ya que ni así logró salvar la vida de su hermano. Si por lo menos éste último no hubiese muerto, tal vez el pueblo y la familia de Isabel le hubiesen perdonado su traición ya que podría pensarse que su entrega al general había sido el precio por salvar a su hermano. Pero estando este último muerto, era claro que la entrega había sido exclusivamente por satisfacer un deseo personal y que el general no la había obligado a hacerlo.

El tercer caso de amor que se nos presenta, es el de un forastero, Felipe Hurtado, quien llega a Ixtepec por Julia. Evidentemente, Julia y Felipe habían sido amantes en el pasado. En la obra no se indica dónde se conocieron, por cuanto tiempo habían sido una pareja, por qué razones Julia ya no estaba a su lado, ni cómo ella terminó siendo la amante del general Rosas. Cuando Felipe Hurtado llega a Ixtepec, todo mundo parece saber a lo que ha ido, sospechan que iba por Julia, pero curiosamente el general no hace nada al respecto de inmediato. Sin embargo,un día Julia sale del hotel, sin permiso del general, y va a advertir a Felipe que huya del pueblo porque sospecha que el general pronto va a mandar que lo maten. Julia sabe que ese atrevimiento bien podría costarle la vida, pero obviamente no le importa. Ha preferido poder salvar la vida de Felipe Hurtado aunque el precio sea perder la suya.

Después de hablar con Felipe, Julia regresa al hotel y el general enfurecido la maltrata porque sabe lo que ha hecho. Rosas se va en busca de Felipe y cuando éste abre el portón para salir a encontrarse con el general, el tiempo físico literalmente se detiene. Ixtepec narra: "El joven levantó los cerrojos, quitó las trancas, abrió el portón y salió... entonces sucedió lo que nunca antes me había sucedido; el tiempo se detuvo en seco. No sé si se detuvo o si se fue y sólo cayó el sueño: un sueño que no me había visitado nunca. También llegó el silencio total. No se oía siquiera el pulso de mis gentes. En verdad no sé lo que pasó. Quedé afuera del tiempo, suspendido en un lugar sin viento, sin murmullos, sin ruido de hojas ni suspiros... donde el polvo queda a mitad de su vuelo y las rosas se paralizan en el aire... Allí estuve. Allí estuvimos todos: Don Joaquín... con la mano en alto, sus criados cerca de él, con las lágrimas a la mitad de las mejillas... No sé cuánto tiempo anduvimos perdidos en ese espacio inmóvil (145).

Es precisamente aquí, en este momento, cuando el tiempo literalmente se detiene donde no hay duda alguna de que nos encontramos en el terreno de lo fantástico. Tal y como acontece en el famoso cuento de Jorge Luis Borges "El milagro secreto" cuando Hladik, un autor judío, va a ser fusilado y la noche antes de morir le pide a Dios que le conceda suficiente tiempo para terminar su drama "Los enemigos". Dios se lo concede y momentos antes de ser fusilado, el tiempo físico se detiene. El narrador indica que "El universo físico se detuvo. Las armas convergían sobre Hladik, pero los hombres que iban a matarlo estaban inmóviles... una abeja proyectaba una sombra fija. El viento había cesado, como en un cuadro. Hladik ensayó un grito, una sílaba, la torsión de una mano. Comprendió que estaba paralizado... Pensó estoy en el infierno, estoy muerto. Pensó estoy loco. Pensó el tiempo se ha detenido... Le asombró no sentir ninguna fatiga... Durmió... Al despertar, el mundo seguía inmóvil y sordo... Otro "día" pasó, antes que Hladik entendiera. Un año entero había solicitado de Dios... un año le otorgaba... Dios operaba para él un milagro secreto" (24).

La gran diferencia, sin embargo, entre la novela de Garro y el cuento de Borges, es que en la novela el tiempo se detiene para todos menos para los dos amantes quienes logran escapar del pueblo y, consecuentemente, de la venganza del general Rosas. Un arriero cuenta cómo en el campo ya estaba amaneciendo, pero al llegar a las orillas de Ixtepec se había topado con la noche cerrada. Se había asustado al ver que sólo en Ixtepec seguía siendo de noche y que estaba dudando entre entrar a Ixtepec o no cuando vio pasar un jinete (Felipe Hurtado) llevando en sus brazos a una mujer vestida de rosa (Julia Andrade) y que al salir de la noche se perdieron por el camino en el resplandor de la luz del amanecer.

Los amantes dejan atrás la obscuridad del pueblo tanto física como simbólicamente, ya que la furia de Rosas no podrá alcanzarlos. En "El milagro secreto", sin embargo, el tiempo se detiene para todos, incluyendo Hladik. El tampoco puede moverse físicamente. Sin embargo, ya que el milagro es hecho para él, mentalmente logra hacer cambios a su drama "Los enemigos" y al sentirse satisfecho con el resultado de su labor y haber terminado su obra, el tiempo vuelve a ponerse en marcha y en ese preciso momento, el narrador indica que "la gota de agua resbaló en su mejilla. Inició un grito enloquecido, movió la cara, la cuádruple descarga lo derribó. Jaromir Hladik murió el veintinueve de marzo, a las nueve y dos minutos de la mañana" (25).

El otro momento definitivamente fantástico dentro de la novela de Garro se encuentra hacia el final de la narración cuando Isabel Moncada literalmente se convierte en piedra. La gente del pueblo le grita a Isabel que vaya a rogar por la vida de su hermano Nicolás. Ella y una vieja criada llamada Gregoria van en busca de los detenidos y del general Rosas para pedir que no maten a Nicolás. En el camino hacia el lugar donde ya han fusilado a los detenidos, Isabel y Gregoria ven pasar y alejarse a todo galope al general. Ella se da cuenta de que Rosas no ha cumplido su promesa de no fusilar a su hermano y se siente totalmente engañada por el hombre a quien ella ama. Isabel se da cuenta de que ella es la causante de la desdicha de sus padres y de la muerte de sus hermanos, y al mismo tiempo sabe que el causante de todo este dolor es Rosas. El conflicto interno que en ella existe es intolerable; se encuentra totalmente sola. No tiene adónde ir. No puede volver a casa de sus padres ni ir al hotel. Al ver en la distancia al general en su caballo, se dejó caer sobre una piedra. Gregoria fue a averiguar qué había pasado y al volver al lado de Isabel, le tuvo miedo. No quiso contarle de lo que se había enterado. La veía extraña, aún vestida con su traje de baile rojo sentada sobre la tierra. El texto indica que "Isabel estaba en el centro del día como una roca en la mitad del campo. De su corazón brotaban piedras que corrían por su cuerpo y la volvían inmóvil... Gregoria le hablaba desde un mundo... que ella ya no compartía (289)". La vieja criada trató de llevarla a ver a la Virgen a que pidiera perdón, le decía que debía olvidar al general. En el camino, Isabel dijo: "Mató a Nicolás, me engañó... Rosas me engañó... ¡Aunque Dios me condene quiero ver a Francisco Rosas otra vez!" (291) Con esta última frase, es obvio que el amor de Isabel es más fuerte que cualquier otro sentimiento de lealtad o de amor hacia su familia. Es casi diabólico que aún quiera ir a ver al asesino de sus hermanos. El narrador indica que "De sus ojos salieron rayos y una tempestad de rizos negros le cubrió el cuerpo y se levantó un remolino de polvo que volvió invisible la mata de pelo. En su carrera para encontrar a su amante, Isabel Moncada se perdió. Después de mucho buscarla, Gregoria la halló tirada muy abajo, convertida en una piedra (291)". Gregoria empujó la piedra toda la noche cuesta arriba para dejarla a los pies de la Virgen. Después fue a Ixtepec a contar lo sucedido.

Al poco tiempo, Rosas y sus hombres se fueron de Ixtepec. Al igual que Julia y Felipe Hurtado, nunca se volvió a saber de él. En su lugar, llegaron otros militares a cometer las mismas atrocidades de antes, a ahorcar a los habitantes de Ixtepec y a colgarlos de los mismos árboles. Vuelve a ocurrir lo de antes, lo mismo de siempre. La gente de Ixtepec puede ver el porvenir, el futuro del pueblo, como un recuerdo, como algo que ya ha pasado pues lo ya antes ocurrido, se repetirá en el futuro. Así el porvenir, no es sino un recuerdo.

Obras citadas

Anderson, Robert K. "Myth and Archtype in *Recollections of Things to Come". Studies in Twentieth, Century Literature,* (1985), Spring, 9:2: 213-227.

Balderston, Daniel. "The New Historical Novel: History and Fantasy in *Los recuerdos del porvenir." Bulletin of Hispanic Studies,* January (1989), 66: 1: 41-46.

Borges, Jorge Luis. "El milagro secreto" en *Cinco Maestros: Cuentos modemos de Hispanoamirica.* Edited by Alexander Coleman. New York University, 1969.

Fernindez de Ciocca, Marfa Inds. *"Los recuerdos del porvenir* o la novela del tiempo." *Revista lnteramericana de Bibliografla-Interamerican Review of Bibliography,* (1986), 36: 39-51.

Galli, Cristina."Las formasde la violencia en *Recuerdos del Porvenir." Revista Iberoamericana,* January-March (1990), -56:150: 213-224.

Garro, Elena. *Los recuerdos del porvenir.* México, D.F.: Editorial Joaquín Mortiz, 1993.

Knapp, Bettina. "Elena Garro's *Recollections of Things to Come:* Exiles from Happiness". *Confluencia: Revista Hispánica de Cultura y Literatura,* Spring (1990),5:2: 69-77.

Lemaitre, Monique J. "El deseo de la muerte y la muerte del deseo en la obra de Elena Garro. Hacia una definición de la escritura femenina en su obra." *Revista lberoamericana,* July-December (1989), 55: 148-149: 1005-1017.

Méndez Rodenas, Adriana. "Tiempo femenino, tiempo ficticio: *Los recuerdos del porvenir,* de Elena Garro. "*Revista lberoamericana,* July-December (1985), 51:132-133: 843-851.

Ileana Godoy

El mezcal acaricia el interior del barro.

Su marea sudorosa
grita al llegar al reducido cuello.

Desde la oscuridad a la garganta
desenvaina el puñal de su perfume.
de "Marea de arena"

Nace en Ciudad de México en 1952, poeta, arquitecta e historiadora de arte, ejerce la docencia e investigación en la Universidad Nacional Autónoma de México.

"... Iliana Godoy dice: 'Mi locura es sagrada. No me toquen'. Y antes que ella, Hölderlin sentencia: que no hablen de lo divino aquellos que no lo son... No se requiere de ninguna maldita yerba ni de un gramo de nada para ponerle rostro y sombrero a lo invisible transfigurado. Iliana sabe esto y por eso habla con igual pasión del sexo simple y de lo erótico inagotablemente complejo.
...Iliana sabe que la carne es una astilla del estallido de esa "supernova" que forma el amor. Hay, desde luego, una arqueología de la palabra. Una excavación en que el mismo discurso se dice a sí mismo y marcha desde la oración hasta la frase, de la frase a la palabra, de la palabra a la sílaba, de la sílaba al gemido para luego dar un salto mortal hasta el lugar donde crepita y centellea la ignota materia del alma. Esta región es la que busca Iliana Godoy, poeta siempre intensa, a medio camino entre la concepción estéril de Gracián y la boscosa retórica latinoamericana.

Iliana pretende seducir a la muerte; lo consigue mediante el poema." Sobre *Seducir a la muerte*, Marco Antonio Montes de Oca, *El Excélsior*, 03/07/93.

Ha publicado:

Así hasta ocho, Volumen colectivo, Punto de partida, UNAM, México 1985; *Interregno*, Ed. Oasis. Col. Libros del Fakir, México, 1985; *Contralianza*, Colección Stylo, México, 1986; *Mástil en tierra*, premio "Luis Cernuda" 1986. Colección Caballo Verde, Ed. Armella, INBA 1988; *Invicta carne*, Colección Caballo Verde, Ed. INBA, Armella, 1989; *Derrumbe del fuego*, Cuadernos de Malinalco, México, 1990; *Sonetos y claustros*, Colección La hoja murmurante, Instituto Mexiquense de Cultura, Edo. de México. 1993; *Seducir a la muerte*, Colección El ala del tigre, UNAM, México, 1993; *La poesía de Jaime Sabinés y sus grandes temas. Una aproximación filosófica y científica*. Editorial Mixcóatl, México, 1996; *Poemas chamánicos 1 y 2*, Editorial Mixcóatl, México, 1997; *Furias del polvo*, Editorial Exlibris, México, 1997.

Ha publicado además artículos de análisis plástico y literario, así como poemas en revistas y periódicos nacionales y extranjeros.

Premios: Premio Luis Cernuda (Sevilla, España, 1986) por el poemario *Mástil en Tierra*; Galardón de Poesía Sor Juana Inés de la Cruz (México, 1989) por el poemario *Vislumbres de Sor Juana*; Primer Premio en la Bienal Internacional de Poesía Breve (Valparaíso, Chile, 1991) por el poemario *Quinto Sol* y primer lugar en el Concurso de Cuentos de la revista *Viceversa* (México, 1999) por "Paso del Norte".

Como investigadora, se ha dedicado especialmente a la arquitectura mexicana; ha desarrollado diversos programas de difusión cultural y talleres.

Sus poemas aparecen en diversas antologías y han sido traducidos al alemán, francés, inglés y portugués. Ha sido corresponsal de la Revista *Ruptures*, de Quebec. Es representante en México del Centro de Estudios Poéticos Hispánicos y coordinó en 1998 el Encuentro Hispanoamericano de Poesía en la Ciudad de México. Es miembro del Consejo de Difusión Cultural de la UNAM.

Al principio dormía.
Me arrullaba ese crepitar tenue
de tu sangre que une con un puente de seda
extremos de la noche.

Después vino el incendio y el insomnio.

Cabalgar con un ascua entre las piernas
en exilio de Dios.
de "Canto de Lillith"

Mástil en tierra, **la forma de un destino**

Juan Bañuelos

Sobre esta obra *Mástil en tierra,* que para algunos podría rememorar el título de Alberti: *Marinero en Tierra,* quiero advertirles de entrada que no tiene nada que ver con el de Alberti ni en el verso ni en la intención del mismo. Desgraciadamente, en estos tiempos el síndrome de la originalidad, y el síndrome de copy wright están de moda. Quiero decir que las palabras están circulando en la sangre de la poesía desde que la humanidad es humanidad. Esta obra de Iliana extrae su savia del mundo más elemental y cotidiano, las cosas en su verso se destacan, cobran sentido inusitado con sólo la simple enumeración. Se apropia de la realidad de una manera progresiva y meditada, avanza reconociendo, redescubriendo el cosmos, desarrollando así una importante mitología de lo real.

A medida que se afianza el oficio, y en el caso de Iliana Godoy debo decir que es lo que más ha cuidado desde que entró en el taller de la U.N.A.M.; el aprender bien el oficio de poeta se hace memoria de las profundidades de las que la autora se eleva para lograr su participación en el destino universal, al querer ser trascendencia viva, flor del fondo que ha estallado y que trae toda la luz que fue abolida; esta poesía alcanza cierta gravedad incluso en sus realizaciones más lúdicas o eróticas y así dice:

> Arde el mar
> ceden todas las puertas
> no hay casa que detenga el avance del fue-
> go
> ni ceniza que borre el furor de la sangre.

No sé por qué la lectura de *Mástil en Tierra* me trajo a la memoria la metamorfosis que maneja el gran poeta inglés John Donne en su poemario *El progreso del alma*, es decir el viaje del alma en la doctrina pitagórica, en que los hombres, los animales y plantas, elevan una tremenda requisitoria contra el orden establecido cuando solo se escucha el interior de muros arañados por la ausencia y un hervidero de flores que se pudren en la pecera del ojo, como dice Iliana.

No se trata del "Hay que cambiar la vida" de Rimbaud en donde se necesita de un valor inusitado para vencer la enfermedad del mundo contemporáneo, sino que se trata de otro valor, un valor ejemplar que se convierte en meditación y aprendizaje de la muerte, para decirlo metafóricamente con los versos de Iliana Godoy.

> Y porque no pensar que nada debo
> que no prometí nada
> que nunca tuve hijos
> que me puedo morir cuando yo quiera.

y así se sigue un constante desdoblamiento de su propio personaje:

> El infierno azul crecía
> ensañaba su brillo en tu cintura
> te di la llave entonces
> ancla para seguir tocando tierra
> yo te di a luz y tú te diste a sombra
> ....
> He consumido ya suficiente veneno
> por eso no te busco
> no te has ido.

En fin, uno no tiene que cambiar la vida, como compromiso, sino más bien no tiene que cambiar su vida, convertir su pasado en otra cosa que no sea fuente de oscuridades y derrotas, sino de conocimiento; no un blues de aceite y agua sucia, como dice Iliana, sino lo que Iliana misma propone aforísticamente:

> No hay derrumbe en el mar
> toda ola es edificación constante.

Separando lo maravilloso de lo real, la poesía descubre un mundo, que puede ser el nuestro u otro diferente; cada vida que se compromete sin renunciar a su tentativa de liberación no hace otra cosa que comprometerse con lo desconocido; siempre en el exilio el poeta vive como los emigrantes y escribe para el primero y el último de los hombres.

El mejor diccionario del poeta, es el diccionario de las maravillas; busca, en las madrigueras del hombre, de donde salió, el ritmo que es la realidad esencial de esa cosa que se anima y expira con nosotros, el flujo y reflujo del mar como en el poema de Iliana; la inspiración y la expiración; el nacimiento y la muerte contra la muerte y así dice:

> La condena nocturna
> es girar hacia atrás los engranes del ida
> y ensanchar las cuarteaduras de la muerte.

El poema pues es la asamblea de una colectividad, o de toda la humanidad que va de la inocencia al conocimiento; de la moral a la nada; del sueño al deseo; es decir, el espejo de los contrarios. Yo no sabría decir ahora, ni me gusta calificar gratuitamente, si *Mástil en tierra* es uno de los mejores poemarios de la poesía joven reciente en México. De lo que sí estoy seguro es de su buena artesanía, de su buena factura; la transcripción de un desesperado esfuerzo -a veces grandioso- de englobar al hombre en la dialéctica contemporánea que exige nuestra existencia social, desde el escándalo de la calle hasta el mundo más personal y subjetivo; y que la poesía de Iliana revela como una exigencia hecha lenguaje.

La máscara inhumana en constante transformación, o como dice ella misma: "Antiguos soles terminan siendo nubes".

Si el papel del poeta es dar vida a lo que calla en el hombre y en las cosas para después encarnarlo en el corazón de la palabra, la palabra poética de Iliana Godoy presta a nuestro azar, la forma de un destino, y así dice:

> El agua se despeña en un sollozo de caricia
> colmada
> la luz detiene su caída
> una gota es el ojo donde se fija el tiempo.

Mástil en tierra,
sinfonía emotiva, espiritual, misteriosa

escritor Enrique González Rojo

Desde que sabemos que la forma es siempre forma de un determinado contenido, como lo han puesto de relieve tanto la estética de la proyección sentimental como la estética marxista, resulta imposible disociar el fondo y la forma. Fondo y forma están unidos en el poema como el cuerpo y el espíritu en el hombre, si separamos uno del otro es sólo por método. Además de la materia o contenido, o sea el alma del poema, podemos distinguir en éste una forma externa (rima, versificación, ritmo) y una forma interna que es referida al tipo de tropos empleados en la creación, que se haya en vecindad o colindando con el contenido; un análisis de un poema cualquiera es el que toma en consideración el fondo y la forma del texto, y dentro de esta última, la forma externa y la forma interna; un análisis, formal por su parte, se reduce a examinar sólo los aspectos configurativos del poema, cae de suyo que el examen de la sola forma externa, es el más pobre y unilateral de los análisis.

No me siento capaz en este sitio y en este momento de un estudio integral del libro *Mástil en tierra* de Iliana Godoy y de sus múltiples y variadas excelencias; no voy a tratar, por ejemplo, los aspectos formales externos, de la técnica escritural de nuestra poeta; baste decir que Iliana Godoy, tiene el dominio formal indispensable, perfectible, sí, pero fundamental para manifestar su personalidad lírica, lo cual implica un mérito indudable que muy pocos y muy pocas logran en la medida en que lo hace Iliana. Voy a aludir más bien la forma interior empleada por la escritora y a algunos elementos que constituyen su contenido. La forma interna que estructura a un poema o a la poesía en general se manifiesta de dos maneras principales: como mímesis o como fantasía; imitación o imaginación. No quiero aludir a la poesía mimética ni en el sentido de Platón, como copia de lo ideal, ni en el de Aristóteles como reflejo del ente, sino a la poesía creativa, desordenadora de lo real. Esta poesía es metafórica o imaginativa; con la metáfora, con la comparación, en realidad se vuelve a lo real; con la imagen, en cambio, se crea otra realidad. Para ejemplificar, diremos que la poesía del Siglo De Oro español es en general metafórica, lo son Quevedo, Góngora y Lope de Vega. El Surrealismo en cambio es imaginativo. En México, Marco Antonio Montes De Oca es un poeta metafórico y José Carlos Becerra es un poeta imaginativo.

Hay, no obstante, un imaginismo (en el contexto en que venimos empleando el término) sin referentes, que se basa en su propio mundo, en su realidad; y un imaginismo simbólico que desordena lo real para aludir nuevamente (vía imagen) a lo real. Si se lee con detenimiento el poemario *Mástil en tierra* de Iliana Godoy, galardonado con el premio Luis Cernuda 1986, se advierte que el libro, poema de poemas, está concebido como una sinfonía con sus tradicionales cuatro movimientos: "Arde el mar," "Marea de insomnio," "De naves sumergidas" y "Juegos rituales". Cada sección, verdadero dechado de eufonía, tiene su propio ritmo, cadencia y tesitura. *Mástil en tierra* es en esencia un drama donde intervienen dos personajes principales: la naturaleza y el ser humano; el mar es el símbolo, la imagen de la naturaleza, de la naturaleza en movimiento, como en un maridaje de Tales (en su continua referencia al agua) con Heráclito, quien aludia constantemente al movimiento. Por su parte, el *Mástil en tierra* es el símbolo, la representación del ser humano, de la mujer, quintaesenciada ahora como la poeta.

El mar en perpetuo vaivén, la gráfica de sí, el cuento de nunca acabar; el hombre, la pasión de cambio, la pasión inútil de trascenderse, es en una palabra un movimiento atrofiado. *Mástil en tierra* es un libro sobre el viaje, o mejor, sobre una mente que viaja sin cesar hacia la idea del viaje; por eso dice Iliana que la hiere la ansiedad de mares no surcados y el verso luminoso, todos los mares son un mismo barco. Es un libro en que como un Odiseo reumático o como una gacela enamorada, el viaje se frustra, se detiene, encalla en sí mismo, es un mástil en tierra o una nave que está sumergida; el viaje de Iliana no es siquiera un voyage o tour de Mauppassant, sino un viaje congelado, hay por eso una evidente similitud entre *Sindbad el Varado* de Owen y *Mástil en Tierra* de Iliana Godoy.

El libro no hace otra cosa que dispararnos imágenes en que el mar y el ser humano se relacionan; de allí la importancia de la orilla, la cual, no es, de acuerdo a los memorables versos de Gorostiza: ni agua ni arena. El mar y la mujer se limitan, se diferencian, se interpenetran, Iliana podría decir, parafraseando a Ortega y Gasset, somos yo y mi mar, porque su mar es su circunstancia; entre el ser humano y el mar hay identidad, hay diferencia, hay lucha. A veces hay identidad entre el cuerpo femenino y el mar, por eso en ocasiones la tinta de un crustáceo escurre entre los muslos o en otras la saliva del mar se agolpa en la garganta. Otras veces, el mar y la mujer se hayan diferenciados, pues no existe viento marino para anestesiar la frente y agua que gira agua se diluye.

En otros poemas, el mar se, humaniza y descubre su infinita gama de placeres, en otras más, el hombre y la mujer se naturalizan y a veces una larva de sal asciende corrosiva por las fosas nasales o la poeta muestra que le arrancan peces del oleaje encrespado de sus senos. Pero a veces hay lucha entre la naturaleza y el ser del hombre; el mar incendiado se nos viene encima y no hay casa que detenga al avance del fuego; la lucha llega a tal grado, que Iliana se propone en uno de los más elocuentes poemas, vencer al mar.

En el contexto de estas relaciones : de identidad, de diferencia y lucha, del ser humano con una naturaleza que le llega hasta su cuerpo, hacen acto de presencia, los grandes, imprescindibles, eternos problemas humanos: el amor,
la muerte, el deseo y el juego, los cuatro movimientos de esta sinfonía emotiva, espiritual, misteriosa, con la cual Iliana viene a conturbar nuestras sensibilidades y a ocupar un lugar en verdad privilegiado en la poesía mexicana de nuestros días.

Jacqueline Goldberg

Nace en Maracaibo, Venezuela, el 24 de noviembre de 1966. Doctora en Ciencias Sociales por la Universidad Central de Venezuela (1998).
Su trabajo poético aparece incluido en varias antologías, entre ellas, *Miriam's Daughters, Jewish Latin American Women Poets*, Marjorie Agosín, ed.; *El Gran libro de América judía: Voces y visiones para el milenio* de Isaac Goldemberg; *Passion, Memory and Identity: 20th Century Latin American Jewish Woman Writers* de Marjorie Agosín; *Antología de la poesía latinamericana del siglo XXI* de Julio Ortega; *Poesía en el espejo. Estudio y antología de la nueva lírica femenina venezolana (1970-1994)* de Julio Miranda; *Literatura de fin de siglo* (*Inti Revista de literatura Hispánica*, Julio Ortega, ed.
Actualmente se desempeña como Jefe de redacción del semanario *Nuevo Mundo Israelita* en Caracas, Venezuela.
Ha publicado:
Narrativa: *Carnadas* (1998).
Teatro: *Zamuro a Miseria* (1991), escenificada por la Sociedad Dramática de Maracaibo.
Poesía: *Treinta soles desaparecidos* (1985); *De un mismo centro* (1986), *En todos los lugares, bajo todos los signos* (1987), *Luba* (1988), *A Fuerza de ciudad* (1989), *Trastienda* (1991); *Máscaras de familia* (1992), *Insolaciones en Miami Beach* (1995) y *Víspera* (2000),tres poemarios infantiles: *Una señora con sombrero* (1993); *Mi bella novia voladora* (1994); *La casa sin sombrero* (Alfaguara, Venezuela, 2001).
Trabajos de investigación: recopiladora del libro *Plegarias en voz baja. Una colección de oraciones para niños y jóvenes*, publicado en Los Libros de *El Nacional* (Caracas, 1999) y en la Editorial Alfa Omega (México, 2000).
Premios:
Finalista Premio Casa de las Américas (Cuba, 1990) por *Trastienda*; uno de "Los 10 mejores del año," reconocimiento que hace el Banco del Libro de Venezuela a las

más destacadas obras infantiles en lengua española por *Una señora con sombrero* (1993); Premio Nacional de Literatura Infantil Miguel Vicente Pata Caliente por *Mi bella novia voladora* (1993); Mención de honor en la Bienal Literaria Miguel Ramón Utrera por *Carnadas* (1998); Premio Bienal de Crítica e Investigación de las Artes Visuales Roberto Guevara 2001, mención Ensayo crítico,por el libro *La instalación: tácticas y* reveces; Premio Caupolicán Ovalles de Poesía de la Bienal Mariano Picón Salas (Mérida, 2001) por *La salud,* aún inédito.

Jacqueline Goldberg:
un alegato a favor del desencanto

Harry Almela

El domingo 28 de junio de 1998, el Papel Literario del diario *El Nacional* daba continuidad a la serie *El Cuaderno de Narciso Espejo* con un testimonio de Jacqueline Goldberg, acompañado de una fotografía de su temprana infancia. El texto lo dice todo. No sólo acerca de la fotografía en cuestión. Aquí están todas las pistas, todas las virtudes que su poesía ha conseguido a lo largo de los años. Dice el texto:

> Una piscina puede ser cualquier hondura. Un transparente rectángulo apostado con lujos de cloro entre los jardines de un gran hotel. Un diminuto círculo de plástico inflable. Un charco después de la tormenta. O una olla destinada a la lenta cocción de camarones y cangrejos venidos de las orillas del Lago de Maracaibo. Cada domingo mi privada piscina abandonaba los fogones desparramándose en el patio de la abuela Luba como rudimentario jacuzzi, áspero acuario donde mi desnudez de fruta asoleada, el jabón, la risa de las tías y la cámara de mis traviesos padres eran los únicos ingredientes de la ya entonces escurridiza felicidad.

No me gustaría ofrecer una lectura de la obra de Goldberg a partir de los parámetros ya establecidos por cierta crítica y que han convenido en llamarse, de manera perversa, poesía femenina en Venezuela. No es nuestra intención acá revitalizar esa antigua discusión. En todo caso, vale la pena señalar que parte de los libros que vamos a comentar conversan con los de algunos publicados por algunas coetáneas (María Auxiliadora Álvarez, Sonia Chocrón, Sonia González, Alicia Torres y Yolanda Pantin), quienes divulgan sus primeros libros entre los años ochenta y noventa. En estas poéticas, incluyendo la de la autora que hoy nos ocupa, la modernidad literaria se ha sometido a una dura prueba, al ampliar los registros temáticos y la manera de abordarlos. En ellas se pueden leer los alegatos acerca de las preocupaciones vitales y literarias de una generación que, extendiendo los recursos retóricos de las autoras inmediatamente anteriores, profundizaron en la escritura como testimonio. Por una parte, pusieron en escena el cuerpo, la tristeza, la ironía y el monólogo dramático. Por la otra, y esto marca a muchas de esas escrituras, partieron en busca de la recuperación del habla cotidiana en detrimento del habla culta, consagrada por muchas de las poetas anteriores.

Una segunda circunstancia que caracteriza a estas poéticas la constituye el hecho de que sus autoras han disfrutado de los beneficios propios de la cultura citadina, ya sea por la vía formal de la instrucción universitaria o por la vía informal de los múltiples talleres literarios que proliferaron a lo largo y ancho del país en esas décadas. Este acceso a los bienes culturales citadinos implicó, en relación con la generación anterior, un desplazamiento tanto de las materias poéticas como del lenguaje. Debido a eso, las referencias al libro de la cultura está presente en grandes fragmentos de estas obras. Por otra parte, estas poéticas se desplazaron hacia la interioridad del yo, interesadas en ampliar los horizontes escriturales que tradicionalmente habían sido asignados a lo específicamente femenino. De allí el interés por el cuerpo, por la tradición mitológica que refiere a lo femenino, la preocupación por personajes históricos y el anhelo por testimoniar las dolencias terrenales del amor, en detrimento de un discurso pleno de metaforizaciones de tono idealista que caracterizó a la literatura escrita por mujeres ¿pertenecientes a generaciones anteriores. Cuando decimos esto, pensamos en Ana Enriqueta Terán y Enriqueta Arvelo Larriva, en cuyas obras se condensa gran parte de lo que aquí afirmamos.

A estas premisas, queremos agregar ahora la siguiente, de carácter literario y que ya hemos declarado en otras partes. Son tres las edades que caracterizan la obra de un poeta. Comienza su destino literario construyendo poemas sueltos. Son los años del aprendizaje, de la confrontación con el temor y la duda, de las lecturas intensas. Luego (si los astros son favorables, como dice Borges), el conjunto de poemas colaboran en la construcción de un libro, ese dibujo en gran formato que testimonia una visión del mundo en un momento determinado de la historia personal. Al final, la sumatoria de libros construyen la obra, el espacio que permite apreciar, en profundidad, el decir de un poeta y su desarrollo, aquello que en fin de cuentas ha de dejar para continuar la tradición o transformarla. Es a partir de esta última instancia que deseamos conversar acerca de la particular poesía de Jacqueline Goldberg (Maracaibo, 1966). Autora precoz, su primer libro, *Treinta soles desaparecidos*, lo publica en 1985 a los diecinueve años de su edad. Su más reciente título publicado, *Víspera*, apareció en 2000, de la mano de los amigos de Pequeña Venecia. Estos quince años de escritura describen una larga parábola que incluye también los siguientes títulos en poesía: *De un mismo centro* (1986), *En todos los lugares, bajo todos los signos* (1987), *Luba* (1988), *A fuerza de ciudad* (1989), *Másca-*

ras de familia (1991) e *Insolaciones en Miami Beach* (1995). Consideración aparte, pues no serán tocados en estas líneas, merecerán sus libros *Una mujer con sombrero*, texto para niños (1996) y *Carnadas*, novela corta publicada en 1998.

Desde sus primeros libros (y esto se ha dicho ya en muchas notas acerca de la autora), la poesía de Goldberg ha estado marcada por la brevedad o la contención. Esta forma, a mi parecer, es muy al uso en poetas que entienden el oficio como una forma del conocimiento y que en Venezuela se corresponde con ciertas líneas poéticas que huyen de lo barroco y lo excesivo. Más interesada en el funcionamiento del artilugio que en comunicar, la brevedad apunta hacia la interioridad del poema. Sus claves reposan casi exclusivamente en los límites marcados por la página, a pesar de su deseo de contactar con el mundo real. De esta contradicción se desprende, en general, esa especie de *oscuridad* que caracteriza esta forma poética en Occidente. La brevedad busca la consagración del instante, la fotografía mínima del pensamiento y la emoción. Quizás por eso se considere siempre a la brevedad como el filo de una navaja por donde se camina entre los precipicios del logro y del fracaso.

En la poesía de Goldberg esa oscuridad es evidente en sus primeros libros (*Treinta soles desaparecidos*, 1985; *De un mismo centro*, 1986 y *En todos los lugares, bajo todos los signos*, 1987). Pero este juego entre claves internas y mundo real, nos parece más la búsqueda de una expresión, la tímida indagación en procura de lo que es, definitivamente, el rasgo principal que caracteriza una obra: la Voz. En este sentido, estos libros nos presentan a un autora más interesada en la estructura y en el precario decir que en su eficacia comunicativa pues, al mismo tiempo, ese decir huye de lo declarativo en beneficio de la contención. Los poemas de esta primera época nos parecen preparaciones para los libros que vendrán. Son ejercicios para la estructura narrativa en la cual experimentará en sus siguientes títulos, donde el tono del desencanto jugará un papel principalísimo.

Logrado ya el dominio de su Voz, la aventura poética de Goldberg se inicia con pasos más precisos en *Luba* (1988), que narra la zaga vital de un personaje que viene del fracaso. En este libro están las marcas y los orígenes de ese viaje hacia el desencanto que apuntábamos anteriormente. He allí la causa remota de esta voz:

> Luba
> diálogo
> de pasillos diurnos
> Raíz
> Memoria que soy
> ...
>
> Sus retratos
> andan persiguiendo
> en mi carne
> un poco
> de esa edad discreta
> en que solíamos
> parecernos todas
>   Bellas
> Con la única mancha
> que deja el deseo
> Acostumbradas
> a sostener cualquier guerra
> en lo más terrible
> Lo más amado

Y cuando hemos usado el verbo *narrar*, planteamos acá una de las características de esta poesía desde este libro en adelante: su deseo de convertir el asunto y la trama en objeto observado desde afuera. Lo que se dice en el poema se presenta como hecho narrado, aún en aquellos donde la voz poética asume la primera persona. Estas narraciones, he aquí el extraño hallazgo que caracteriza a esta voz en el conjunto de sus coetáneas, ocurre justamente echando mano de la estructura del poema breve.

En *Máscaras de familia* (1991), este proceso narrativo da testimonio de dos personajes, a saber, una madre y su vientre. Ya desde el título asistimos a la desacralización de la maternidad, a la puesta en duda de esa instancia como realización del ideal femenino. En este libro se nos propone un viaje desde lo sagrado a lo terrenal, relatando la historia de una zaga familiar desde la esperanza hacia el desencanto:

> alguien
> deberá perpetuar mi necedad
> ser el vástago
>
> entre ninguno
> serás el elegido
>
> no habrá preguntas
>
> sólo tú
> vuelto náuseas
> ...
>
> jamás habrá destino
> tan predecible
> como el de tu madre
>
> aves huyendo
> pozos encendidos en fiebre
> horas desoladas

...

será inútil mi empeño
habrá noches afiladas
por la ausencia
golpes amargos
sobre las arrugas de mi cama

te hablaré de mentiras
países masacrados por la dulzura

hablaré
y hablaré

aunque no me creas
...

ante la paciencia de ajenos
heredarás mi soledad

te otorgaré
un destino
sin pudor
en la escuela
aprenderás a conquistar mapas
a multiplicar esperas

pero sobre todo
aprenderás a rendirte

En su siguiente libro, *Trastienda* (1991), vamos a asistir a otro proceso de desacralización y en el mismo tono narrativo, pero esta vez el personaje será el de la amada, como sujeto pasivo del amor. Ahora el texto expone, en distancia, la crudeza de un testimonio donde el yo poético pareciera hablar acerca de otra, cuando en realidad lo hace de sí misma. Además, se pone en tela de juicio, con su sola enunciación, algunos tópicos burgueses acerca de lo femenino. Esa banalización de tópicos burgueses se desarrollarán con más intensidad a partir de este libro:

Pertenezco
al otro lado del cuchillo
a la memoria
de ciertos pudores

Mi viaje
es la ebriedad
del desalmado

Herida dispuesta

Carne que se echa a los dioses
Decirse virgen
para emocionar al desconocido

Asomarle
una ceremonia de vigilias
golpes añorados

Merecer
el desquite
aunque se nos caiga el alma

Nos persigan para siempre

Mi amante
intenta descubrir
cuántas fueron las heridas
Los charcos

Una
espera al de verdad

lo adivina en barajas
en la mano
en la borra del café

le tiende la cama
la mesa
toda una está tendida

Una termina amando
el fastidio de los cuerpos

Se nos llama santas
O putas

El caso es que andamos
por allí
Intentando un homenaje
de techos bajos

Un descuido
de lo indecible

Insolaciones en Miami Beach (1995) marca un punto de quiebre en esta obra. Es quizás uno de los poemarios venezolanos más importantes de esa década, a pesar del estruendoso silencio que acompañó su publicación. Por una parte, y desde el punto de vista del desarrollo de la poética de Goldberg, constituye una profundización en su visión desacralizada de los ritos familiares y de la vanalizción de los tópicos burgueses. Por la otra, están allí presentes, en toda su crudeza, las maneras y gustos de una clase media muy al uso en nuestro país en las dos décadas anteriores, fascinada por su ascenso y por el acceso a los bienes de consumo que marcan y determinan su membresía, bienes de consumo caracterizados por un pésimo mal gusto y que rozan el *kish*. Por ratos, estos poemas nos hace recordar las mejores películas de Robert Altman. Hay también en este libro un incremento del vocabulario poético que, desde ahora, echará mano de palabras poco prestigiadas por la poesía, sea por su sonoridad o por aquello que designan. En esta ampliación reposan las marcas de ese rescate de vocablos cotidianos que caracteriza bien a esta generación de poetas, circunstancia sobre la cual hemos hablado en párrafos anteriores y que nos permitimos ahora explicar con detenimiento. La modernidad literaria heredó de la generación inmediatamente anterior el concepto de poesía como arte del buen decir. Pero, para los escritores de la nueva generación, el vocabulario prestigiado ya era escaso para dar testimonio de otra realidad. Además, en esta aventura se juega la vida el poeta, pues con ese cambio de registros se amplían los lectores:

> Benjamín sopló las siete velas
> en un chato pay de manzana
>
> negó la urgencia de regalos
> aceptó con sabiduría la poca fiesta
>
> sin embargo lloró
>
> ahora pienso en la fealdad
> de un cumpleaños en MacDonalds
> en el insoportable y baboseado abrazo
> de una abuela
> dos tíos
> tres primos
> y cinco mesoneras
>
> supimos que Flipper
> saltaba los domingos en el Sea Aquarium
> para ganarse unas míseras sardinas
>
> dónde estaba entonces
> el guardacostas
> su rapidísima lancha
> el fulgor plástico de los corales

Isaac Bashevitz Singer
pasaba inviernos
en el Surfside Tower

lo veíamos asomarse
dos pisos más abajo
en shorts de cuadros y franelilla

una enfermera
empujaba su andadera
en ciertos tramos de la playa

no podía suponer entonces
que el Premio Nóbel mascaba chicle
y ya no escribía

los viejos en norteamérica
son elefantes
viajan en intermitentes
aviones de segunda
para morir en la playa

como rubores secos
sin lujos

con los morbos en paz

nadie creería que el verano
permutó su fiereza
por las insípidas nalgas
de unos adolescentes

que posó su crecido desangre
en toallas afiladas en la orilla

que prefirió huracán David
a cinco días más de tour al norte de la penín-
sula

el verano produce aguajes

brisas truncas
cierto rencor de isla

queda el otro encandilamiento
el de torcer

día más
día trenzado en las rodillas
cortina azul
para despreciar los brebajes frescos
de un último verano

emprendido como siempre
a tropezones

no es mal visto
lucir las piernas
en el calcinado rencor de mediatarde
los nudillos resecos
en doméstico recorrido por el shop
ping center

las extremidades inferiores
son lo único mal clausurado
emprenden paseos
recogen heladura a la hora del té

a quién importan las várices

en Miami Beach
no hay pieles gloriosas

la carne titubea
se enorgullece en sus remiendos
acompaña

Y este poema, todo un *ars poética* que, como subtexto, palpita agazapado en todo el libro:

calentar pizza a medianoche en mcroondas

es mal augurio

hervir agua en tetera de bronce
pondera las amarguras

espiar entre las persianas a la vecina gorda
acalora fantasmas

escribir porque sí
por pura mentira
revuelve las tripas
saca humo
mata las buenas plagas

Vísperas es el punto de llegada de esta manera de decir, que hemos caracterizado por su tono narrativo, su desacralización de la vida pequeño burguesa y el uso de vocablos poco prestigiados por la poesía. Acá toma la escena la madurez, asumida como lo que es, una circunstancia irremediable, que se convierte acá en reconocimiento de la desolación. La sordidez de las horas perdidas, del recuerdo de los amores en otros cuerpos, el cansancio que causa la repetición de los gestos, la confesión de lo femenino harto de sí mismo, un continuo y doloroso despojarse de las máscaras de la feminidad para asumirse simplemente como cuerpo que transcurre en medio de la desolación:

ya no soy una cintura angosta
ni pocos kilos

ha pasado un trecho de amantes
con sus menoscabadas amarguras

se han solventado ciertos agostos

el inventario fotográfico de la pared

ha sido sustituido por familiares resacas

alguien viene de regreso
un elogio inesperado insinúa desastres

lo peor es verse desde el mismo colchón
y tener la frente borrada

ser un desaparecido
un inmigrante
un recomendado
un nadie
sin respuestas
...
hay ventajas
en parecer estúpida

un rostro
mata a quemarropa
...

las piernas jugosas
hacen lo suyo
sin embargo
basta un susurro
una mueca de melancolía
para que alguien diga
pobrecita

así comienza la biografía de una víctima
su llaga
la sabia pesadumbre
que la arrastra
se supone
que padezco ya una cierta madurez

bien lo delatan
diminutos surcos en mis pómulos
esas palabras toscas
que ahora uso

para sorprender al adversario

quizás me convenga
cambiar pantalones
por floreados vestidos
pintarme los labios de marrón
y decir que al fin soporto la calma

que pese a todo
aprendí de la asfixia
de la horrenda armonía

apenas se acabe la dicha
regresaré al cuerpo estropeado

habrá transcurrido tanto
desde la parca alegría
tanto desde que fui cautelosa
entera

me haré de un rostro altanero
de rasgos confusos
cicatrices que asusten

hablaré otra lengua
por si alguien se acerca

nunca se entenderá
cuánto miedo me tengo
cuánto asco
...

estoy que no sirvo
hablo dormida
trago espeso

puro restregarme contra los lugares

alimentar gusanos para desayuno
compañía

vestirme de ocre en homenaje

repetir que no sirvo
que casi nuca sirvo

para esto
o lo otro

Debemos finalizar, no sin antes dejar constancia de nuestra admiración por esta poesía que pone en escena un intenso viaje desde la esperanza hasta la desolación, echando mano no de los sentimientos, sino más bien de las exterioridades, de los paisajes externos, de las muecas y los gestos, tal y como si se tratara de la escritura de un guión cinematográfico. No es sencillo hablar del desamparo. Hacer una poesía desde lo cotidiano y que sepa apuntar hacia lo espiritual desde la estructura de la poesía breve son los signos de esta poesía que constituye un lugar particular en la literatura venezolana contemporánea. Queda ahora esperar, luego de los hallazgos del libro *Víspera,* una vuelta de tuerca en esta poética que ha sabido desnudar, con dolor y para beneficio de sus lectores, la visión acerca de una clase social en vías de extinción.

La escritura para niños de Jacqueline Goldberg
El libro: el universo, la casa, el cuerpo

Laura Antillano

Uno de los libros más hermosos que ha caído en mis manos últimamente es *La historia de la lectura* de Alberto Manguel. Con este libro revivo mi yo lector desde la circunstancia misma de su sensualidad primaria. Manguel nos recuerda la multiplicidad de sentidos que tiene el acto de leer en el privilegio mismo de su razón temprana y esencial.

Leer a Manguel cuando releo a Jacqueline Goldberg en su obra publicada para niños, me sitúa en la condición misma de lo que el texto significa, para la complicidad entre lector y escritor.

> (...) el lector refleja al escritor (él y yo somos uno), el mundo se hace eco de un libro (el libro de Dios, el libro de la Naturaleza), el libro está hecho de carne y sangre (la carne y la sangre del escritor, las cuales mediante una transubstanciación literaria, se hacen mías) el mundo es un libro que hay que descifrar (el poema del escritor se convierte en mi propia lectura del mundo). (Manguel 225)

Un libro en el que nos adentramos, un texto que se apropia de nuestra mirada lectora, de nuestra alma y nuestro pensamiento, pasa a ser nuestro cuerpo. El texto, metáfora del universo, en el momento mismo en que lo leemos, es la casa y es el cuerpo, el nuestro, el que nos ocupa, el que ocupamos, como la matriuska rusa: el cuerpo, el cuerpo dentro de la casa, la casa dentro del universo y a la inversa..

Para Manguel:

> (...) el acto de la lectura sirve como metáfora que nos ayuda a entender la incierta relación que tenemos con nuestro cuerpo, el encuentro y el contacto y el descifrar de signos en otra persona. Leemos expresiones en un rostro, seguimos los gestos del amado como si fuese un libro abierto."Tu rostro, mi señor" le dice Lady Macbeth a su marido, "es como un libro en el que los hombres pueden leer cosas extrañas", y Henry King, poeta del siglo XVII escribió, de su joven esposa muerta: " Amada a quien perdí¡ desde tu prematura desaparición mi tarea ha sido meditar. Sobre ti, únicamente sobre ti: tú eres el libro, la biblioteca en la que busco. Aunque me haya quedado casi ciego.
>
> (Manguel 227)

En los tres libros de Jacqueline Goldberg a los que queremos hacer referencia: *La casa sin sombrero* (2001), *Una señora con sombrero* (1993) y *Mi bella novia voladora* (1994), a través de diversos procedimientos literarios se construye el espacio de identificación que convierte a la palabra escrita en metáfora de lo existente, del universo y su circunstancia. Leemos el mundo en el libro, leemos nuestra soledad cósmica en el recinto de la soledad que el libro nos refleja.

El juego mismo de la construcción del rótulo que define los títulos establece un intercambio de significados desde cuya precisión podemos entrar al desciframiento de su circunstancia global. La señora con sombrero, en la historia, es la muerte ("La muerte es una señora pequeña que columpia su sombra bajo las matas del patio") la voz infantil en boca de quien está la narración convive con esa presencia de la muerte como si se hubiera ido acostumbrando a ella, a su presencia tranquila, la muerte que ha venido a buscar al abuelo: "La muerte es una palabra con sombrero/que de vez en cuando viene/y nos obliga a despedirnos"/(...)"cuando pienso que la muerte/ es una señora con sombrero/mi respiración se hace suave/y mis sueños/comienzan a viajar/".

La casa sin sombrero, es el espacio abierto de la vida, del encuentro con los otros, nacida de la invención del padre que acompaña al niño ("Mi papá es un inventor de casas a las que entra sin prisa el solazo del verano") a ese padre que inventa se le acompaña en un plural, y el ellos sigue el ensueño, son sus cómplices: "Nuestro papá tardó años imaginando nuestra casa abierta al cielo".

Y finalmente, la "novia voladora" viaja, se ha ido, está en otro territorio lejano, y desde la lejanía se acrecienta el anhelo de tenerla, quien habla, construye el "tejido", es el que está "en tierra", sueña y vuela a través de la visión de aquella."En seis semanas/estará otra vez aquí/y me hablará/ y hablará/ de museos/colinas(...)hablará/de su cabello trepando/el aire del río/"(13).

El juego de la construcción imaginaria hace, a través del acto de creación del texto, un gesto de reconstrucción del universo. Somos en el libro, en el poema, cuando leemos. El acto lúdico de escritor y lector se convierte en el único acto posible. Hay un proceso lúdico íntegro que acuna nuestra circunstancia. Al modo de Jean Duvignaud entendemos que: "El juego es una especie de alarde de fuerza: en medio del claroscuro de la vida cotidiana, lanza un reto al sosegado estancamiento del mundo..." (Duvignaud 152).

La voz que hila la historia, que nos conduce a través del libro a establecer la convención necesaria para su lectura, y nos convence de la certeza de su sustancia cercana, revela un orden imaginario que pone en cuestión los mandatos del llamado orden establecido. Del mismo modo en que el niño cuando juega ríe de la ruptura, celebra el detalle que señala la anticonvención. Celebra el estar en otra parte. Vive un nuevo lugar, uno extraordinario inalcanzable para el entorno convencional. Entrar en el libro reviste ese placer.

Los espacios de la ausencia (la muerte que convierte la presencia del abuelo es algo imaginario y lejano, la casa que no está, que es, pero no es, con muebles transparentes, nacida del sueño de papá, y la novia que está lejos pero a través de cuya distancia se crea un espacio de ensoñación) son los espacios por excelencia que esta escritora, Jacqueline Goldberg toma para la construcción del lugar, ese lugar idealizado, mágico, que define la circunstancia misma de la ensoñación y el traslado.

El /lugar/ en los libros de Jacqueline Goldberg

Espacio creado a partir de la lectura y la escritura, la gratificación de ese placer de lo imaginario nos convierte en cómplices y actuantes del proceso de creación del sentido en y a través del texto.

> "El mundo, que es un libro lo devora un lector que es una letra en el texto del mundo; de esa manera se crea una metáfora circular para lo inagotable de la lectura. Somos lo que leemos.(...) leemos intelectualmente a un nivel superficial, captando ciertos significados y conscientes de ciertos hechos, pero, al mismo tiempo, invisible, inconscientemente texto y lector se entrelazan, creando nuevos niveles de significado, de manera que cada vez que ingerimos un texto, simultáneamente nace algo

> a escondidas que todavía no hemos captado."
>
> (Manguel 231)

Se escribe desde un lugar, se crea un lugar a través de la escritura. El lector pasa a ese lugar, asume la voz del texto, tiene un poder, está allí, en el texto. Se abandona, se entrega. Su encuentro con y dentro del texto lo conectan con un mundo particular, con un espacio indefinible. Manguel, habla de su contacto con el libro, su relación con la lectura: "Lo que sucedía estaba sucediendo en el libro, y era yo quien contaba la historia. La vida seguía su curso porque yo pasaba las páginas"(Manguel 203). Esta noción de la presencia del lector lleva implícita la noción de un "lugar" ganado, conocido en el milagro mismo de la lectura del y por el texto. Esa intimidad que nace nueva a través del acto de comunión entre libro y lector, define un espacio subjetivo, el lugar.

El escritor Enrique Pérez Díaz, autor de numerosos libros para niños, define el lugar desde la perspectiva de quien escribe y quien lee:

> (...) al franquearse la página en blanco, ese mítico umbral, antes inexistente para cualquier lector, y penetrar el narrador dentro de él, lo que sus ojos ven, intuyen, sufren, admiran, describen, cuentan debe hallarse en un lugar determinado, lugar que produzca en nosotros –los domesticados y serviles lectores de siempre- aquella emoción tan necesaria y buscada para descifrar los códigos anímicos y estilísticos (esto es, la lectura) que nos permitan acceder ilesos a la atmósfera real de este lugar.
>
> (Pérez Díaz 2)

Esta búsqueda en la escritora Jacqueline Goldberg , en relación con la ausencia, con la soledad cósmica, con el llenar o rehacer un espacio de lo que no está (estuvo con el abuelo, estuvo con la novia, está en el sueño del papá con la casa imaginaria) cumple en la lectura y su relación con el interlocutor-lector infantil y adolescente, con esa profunda sensación de soledad intrínseca a esas edades, acerca de lo cual Gaston Bachelard ha escrito tantas páginas."La soledad del niño es más secreta que la soledad del hombre. A menudo descubrimos muy tarde en la vida, en toda su profundidad, nuestras soledades infantiles, la soledad de nuestra adolescencia(...)el niño soñador, es un niño solo,muy solo. Vive en el mundo de su ensoñación. Su soledad es menos social, menos dirigida contra la sociedad, que la soledad del hombre"(Bachelard 163-164).

La definición de ese lugar en las obras de la escritora Jacqueline Goldberg define un motivo que se nos hace muy importante, ya desde el punto de vista de quien acerca el libro al lector ideal, porque , independientemente de que pensemos que el libro no tiene edad, sino que hay lectores para cada libro, su esencia desde el motivo mismo que genera el "lugar" en su obra, puede considerarse para ser destinada a jóvenes y niños, dado que cumple en términos literales con lo que podríamos señalar como la aproximación a los motivos emocionales e intelectuales de ese joven lector hoy, caracterizado desde la perspectiva de un nuevo lector infantil o juvenil, "el nuevo lector implícito".

Teresa Colomer (1998) establece una serie de características para describir a este nuevo lector implícito, el que ha experimentado un supuesto impulso innovador desde la década de los 60 del siglo XX, sus señalamientos se resumen en lo siguiente:

Un lector propio de las sociedades actuales.
Un lector integrado a una sociedad alfabetizada.
Un lector familiarizado con los sistemas audiovisuales.
Un lector que se incorpora a las corrientes literarias actuales.
Un lector que aumenta en edad, al ampliar progresivamente sus posibilidades de comprensión del mundo y del texto escrito.

Esta perspectiva produce el nacimiento de textos que: plantean rupturas con los modelos canónigos, aumentan su complejidad narrativa y por lo tanto: su complejidad interpretativa. No pensamos que un escritor se sienta a escribir como quien prepara una receta a un consumidor de lectura X, y si creemos, y con más fundamento en el caso de Jacqueline Goldberg, que su escritura puede realizar la comunión con lectores de edad infantil y juvenil desde la mirada de sus propias necesidades emocionales.

Los textos de Goldberg mantienen un tono poético en el hermetismo mismo de sus metáforas, requiriendo una mirada lúcida en su lectura, que pensamos se produce, desde la mirada de estos lectores definidos, por el encuentro en ellos de la ensoñación alrededor de la soledad cósmica, como la define Gaston Bachelard, tan propia de estas edades. Dos motivos esenciales circulan entre sus obras: la definición de ese sitio, ese espacio interior nuevo, en comunión con el lector, por un lado; por el otro: el encuentro con situaciones límites de un modo no traumático, donde la circunstancia del acto poético es implícita al entorno narrativo y conduce al lector a una comprensión de un estado, de una circunstancia de difícil asimilación. Pensemos en la muerte o en la ausencia del amado.

El profundo sentido de lo poético, sin concesiones, que prevalece en estos libros de Jacqueline Goldberg es un alimento de creciente valorización en su ser espejo con el descubrimiento de esa soledad, que al ser definida como lugar idealizado, conforma al niño y al adolescente, se con-sustancia con su ser.

> Las vacaciones son largas/en este patio/(...) miro iguanas/trepando raíces/(...) hormigas azules/mordiendo los mangos/ (...) pasa la tarde/pasan muchas tardes (...) juego/y no me acuerdo(...)pero cuando huele a limón(...) pienso en ella (...) mi bella novia/mi novia mía(...) volando/ sobre los mapas(...) volando/sobre las olas
>
> (Goldberg 19).

La vida del lector está en la vida del libro, el libro convertido en cuerpo,casa y universo del lector, en este caso del lector niño o adolescente, reafirmando la riqueza de su soledad interior en la escritura de la poesía narrativa de Jacqueline Goldberg.

Obras citadas

Bachelard Gaston (1982) *La poética de la ensoñación*. Fondo de Cultura Económica, México.

Colomer Teresa (1998) *La formación del lector literario, narrativa infantil y juvenil actual*. Fundación Hernán Sánchez Ruipérez, Madrid.

Duvignaud Jean (1982) *El juego del juego*. Fondo de Cultura Económica, México.

Goldberg Jacqueline (1992) *Una señora con sombrero*. Editorial Monte Avila, Caracas.

_______. (1994) *Mi novia voladora*, Fundación Cultural Barinas.

_______. (2001) *La casa sin sombrero*. Editorial Alfaguara

Infantil, Caracas.
Manguel Alberto.(1999) *Una historia de la lectura.*
Pérez Díaz Enrique. (2001) *El sentimiento de lugar en los libros para niños.* Ponencia presentada en el Congreso Lectura 2001 para leer el XXI, La Habana.

Priscilla Gac-Artigas: nació en Puerto Rico y realizó sus estudios en la Universidad de Puerto Rico, recinto de Río Piedras, Middlebury College, VT, la Sorbona, y el Departamento de Estudios Ibéricos e Iberoamericanos de la Universidad de Franche-Comté, Francia. Su tesis de doctorado: *Una visión crítica del teatro popular latinoamericano a partir de los sesenta* fue ganadora del premio Elena Ralle 94 entregado al mejor trabajo de investigación y difusión de la literatura latinoamericana en Francia en ese año. Hoy en día se desempeña como profesora asociada en el Departamento de Lenguas y Literaturas Romances de la Universidad de Monmouth, NJ. Especialista en literatura hispanoamericana, ha publicado numerosos ensayos sobre escritoras contemporáneas, entre ellas Isabel Allende, Elena Poniatowska, Rosario Ferré, Carmen Boullosa, Marcela Serrano, Julia Alvarez y Sandra Cisneros. Es editora de *Reflexiones: ensayos sobre escritoras hispanoamericanas contemporáneas*, sitio en la red que cuenta con más de 146,000 visitas. Ha publicado también un primer libro *Melina: conversaciones con el ser que serás*, que recoge sus pláticas con su hija desde antes de su concepción, hasta la edad de nueve años, momento en que la madre autora sabe con certeza el tipo de ser que será su hija en el futuro. Hoy, Melina tiene 17 años y en un par de meses entrará a la Universidad de Columbia en NY. Priscilla está casada con el escritor chileno Gustavo Gac-Artigas, autor, entre otras de las novelas *Tiempo de soñar*, *¡E il orbo era rondo!* y *Un asesinato corriente*. Su más reciente novela, *El solar de Ado*, fue publicada en inglés bajo el título de *Ado's Plot of Land* en traducción de Priscilla Gac-Artigas. Entre sus publicaciones se cuentan también dos libros de gramática: *Directo al grano: a complete reference manual for Spanish grammar* y de *Sans Détour: a complete reference manual for French grammar* publicados por la división universitaria de Prentice Hall.

Colaboradores

Eva Gundermann: Hizo estudios de literatura comparada en el Instituto Latinoamericano y en el Instituto de Literatura Comparada de la Universidad Libre, en Berlín, así como en la Universidad Estatal de Ohio. Entre sus áreas de interés se encuentra la literatura femenina hispanoamericana de nuestros días sobre la cual ha escrito varios artículos. Es editora y programadora de Alexander von Humboldt, proyecto en la red del Instituto de Lenguas y Literaturas Romances de la Universidad de Postdam, Alemania.

María de la Cinta Ramblado Minero: profesora asociada de español en el Departamento de Lenguas y Estudios Culturales de la Universidad de Limerick, Irlanda. Sus áreas de investigación incluyen las literaturas latinoamericana e irlandesa, la literatura comparada, el feminismo y la autobiografía.

Marithelma Costa: poeta y profesora de literatura en el Departmento de Lenguas Romances de Hunter College y en el Centro de Estudios Graduados de CUNY. Ha publicado numerosos estudios críticos sobre diversos poetas, entre otros Clemente Soto Vélez, Reynaldo Arenas y Antón de Montoro así como libros de poesía e investigación entre los que cabe mencionar: *Diario OiraiD*; *Era el fin del mundo*; *Enrique Laguerre: una conversación*; *Antón de Montoro: Poesía completa*; *Kaligrafiando: conversaciones con Clemente Soto Vélez*; *Las dos caras de la escritura: conversaciones con M. Benedetti*.

Laura Hernández: escritora e investigadora mexicana tiene un doctorado en Teorías Económicas de la Historia de la Universidad Complutense de Madrid. Ha colaborado en diversos diarios, revistas y canales de televisión mexicanos. Su obra de teatro *Levitaciones* fue ganadora del Premio Premio Miguel Marón.

Elizabeth Coonrod Martínez: directora del Departamento de Español y Literatura Hispanoamericana de la Universidad Estatal de Sonoma, California. Su trabajo de investigación se centra en la literatura latinoamericana, así como la chicana y latina en los Estados Unidos sobre las cuales ha publicado varios artículos y libros. Entre sus libros podemos mencionar: *Coming to America: The Mexican-American Experience* (Millbrook Press, 1995) y *Before the Boom: Latin American Revolutionary Novels of the 1920s* (University Press of America, 2001).

Steven F. White: especialista en poesía, profesor en la Universidad de St. Lawrence. Entre sus libros se encuentran *Poets of Nicaragua: 1918-1979, Poets of Chile: 1965-1985* y *The Birth of the Sun: Selected Poems of Pablo Antonio Cuadra 1935-1985*. Su traducción de *Poeta en Nueva York* de Federico García Lorca (Farrar, Straus & Giroux, 1988) fue reseñada por *The New Yorker* como "una traducción espléndida".

Carmen Ferrero: profesora asistente en Moravian College, Pensilvania. Sus áreas de investigación incluyen tanto la novela como el teatro peninsular y latinoamericano. También hace estudios comparativos sobre la literatura femenina contemporánea española e hispanoamericana.

Nelly Zamora-Bello: profesora en el Departamento de Lenguas y Literaturas Extranjeras de la Universidad de Valparaiso, Indiana. Su libro *La novela colombiana contemporánea: 1980 - 1995*, fue publicado por University Press of the South en su colección sobre Latinoamérica, 1999.

Holanda Castro: instructora en la Universidad Santa María en Caracas. Hizo estudios de literatura en la Universidad Central de Venezuela. Sus áreas de investigación incluyen la literatura femenina hispanoamericana, así como el arte y los medios de comunicación en general. Su libro *Caos y productividad cultural* fue publicado en la colección Academia de Ediciones Nuevo Espacio, 2001.

Lee A. Daniel: director del Departamento de Español y Estudios Latinoamericanos de la Universidad Texas Christian. Especialista en literatura hispanoamericana, ha publicado más de treinta estudios y tres libros. Sus dos libros más recientes son *The Loa of Sor Juana Inés de la Cruz* y *Cuentos de Beyhualé*.

Max Silva Tuesta: escritor y crítico literario es además médico psiquiatra y ejerce la docencia en la Universidad Nacional Mayor de San Marcos de Lima y la Pontificia Universidad Católica del Perú. Es autor de la novela *La Memoria*.

Adriana Tápanes: enseña en los Departamentos de Lenguas y Literaturas Extranjeras de la Universidad de Idaho (Moscow) y de la Universidad Estatal de Washington (Pullman). Su área de investigación es la literatura hispana de los Estados Unidos, así como estudios interdisciplinarios de música y literatura, especialmente en lo que respecta a la poesía afro-caribeña de Palés Matos y Nicolás Guillén.

Cecilia Novella: profesora de lengua y literatura hispánicas en la Universidad Laurentian en Ontario, Canada. Ha publicado artículos sobre escritoras hispanoamericanas contemporáneas entre ellas Isabel Allende y Marcela Serrano.

José Vicente Peiró Barco: Director del portal "Literatura paraguaya" de la biblioteca virtual Cervantes de la Universidad de Alicante. Enseña en la Universidad Nacional de Educación a Distancia, en Madrid. Publicó la antología *Escritoras paraguayas* junto a Guido Rodríguez Alcalá.

Lucía Melgar Palacios: profesora en el Departamento de Español y Portugués en la Universidad de Princeton. Es especialista en la literatura mexicana, en particular, la obra de Elena Garro sobre la cual ha publicado numerosos artículos.

Teresa Margaret Hurley: profesora de español y cultura mexicana y española en la Universidad de Limerick, Irlanda. Su investigación se centra principalmente en las escritoras mexicanas contemporáneas entre ellas Nellie Campobello, Rosario Castellanos, Elena Garro y Elena Poniatowska.

Pierina Beckman: profesora de literatura hispanoamericana en la Universidad North Texas. Ha publicado artículos críticos sobre escritoras latinoamericanas tales como Elena Poniatowska, Rosario Ferré y Angeles Mastretta.

Juan Bañuelos: poeta y crítico mexicano. Estudió en las Facultades de Derecho, Filosofía y Letras y en la Escuela de Ciencias Políticas, todas de la Universidad Nacional Autónoma de México (UNAM). Es miembro fundador del Ateneo de Chiapas y ha coordinado talleres de poesía en muchas universidades del país. También ha sido colaborador en diversas publicaciones como *Estaciones, Revista Mexicana de Literatura,* México en la Cultura,Tri-Quarterly (Estados Unidos), *Poetmeat* (Inglaterra), *Carte Segrete* (Italia). En 1968 fue ganador del Premio Nacional de Poesía Aguascalientes con su obra *Espejo humeante.*

Enrique González Rojo: escritor mexicano nacido el 5 de octubre de 1928. Ha sido profesor en la UNAM y en la Universidad Autónoma Metropolitana (UAM) y ha colaborado en las principales revistas y periódicos de México. Obtuvo el Premio Xavier Villaurrutia 1976, por su colección de poemas *El quíntuple balar de mis sentidos*. Ha publicado 14 otros poemarios, entre ellos *Luz y silencio, Hermosillo* (1947); *El cuaderno del buen amor* (1958); *Para deletrear el infinito I* (1972); *Para deletrear el infinito III* (1988); *Confidencias de un árbol* (1991). En cuento ha publicado: *El Tránsito, La Palabra del Viento* (1990); en ensayo: *El rey va desnudo* (Los ensayos políticos de Octavio Paz), (1989); y en teatro: *Los poderosos del cielo* (estreno 1981).

Harry Almela: poeta, narrador y ensayista venezolano nacido en 1953. Es también colaborador en diversas publicaciones nacionales y extranjeras. En poesía ha publicado: *Poemas* (1983); *Cantigas* (1990); *Muro en lo blanco* (1991); *Fértil miseria* (1992); *Frágil en el alba* (1993); *El terco amor* (1996); *Los trabajos y las noches* (1998). En narrativa: *Como si fuera una espiga* (1998). En ensayo: *Una casa entre los ojos* (1994). Su obra literaria ha recibido diversos reconocimientos, entre ellos, el Premio Bienal de Poesía "Francisco Lazo Martí" (Ateneo de Calabozo, 1989), Premio Bienal de Literatura del Ateneo de El Tigre y diario "Antorcha" (narrativa, 1990; Premio Bienal de Literatura "José Rafael Pocaterra" (poesía, 1994), Premio Bienal de Literatura "Miguel Ramón Utrera" (ensayo, 1995), Mención de Honor en la Bienal Internacional de Literatura "José Rafael Pocaterra" (poesía, 1998) y Premio Bienal de Guayana (ensayo, 1999).

Laura Antillano: escritora y crítica literaria venezolana. Autora de literatura infantil, ha publicado varias colecciones de cuentos: *La bella época* (1969); *Un carro largo se llama tren* (1975); *Los Haticos* (1975) y una novela: *La muerte del monstruo Come Piedra* (1970).

Indice del volumen II

Otros títulos publicados por
Ediciones Nuevo Espacio

Novela, cuento y poesía

Ado's Plot of Land
Gustavo Gac-Artigas - Chile
Benedicto Sabayachi y la mujer stradivarius
Hernán Garrido-Lecca - Perú
Beyond Jet-Lag
Concha Alborg - España
Buenos Aires
Sergio Román Palavecino - Argentina
Como olas del mar que hubo
Luis Felipe Castillo - Venezuela
Correo electrónico para amantes
Beatriz Salcedo-Strumpf - México
Cuentos de tierra, agua.... y algunos muertos
Corcuera, Gorches,
Rivera Mansi, Silanes - México
El dulce arte de los dedos chatos
Baldomiro Mijangos - CDLibro- México
Exilio en Bowery
Israel Centeno - Venezuela
La lengua de Buka
Carlos Mellizo - España
La última conversación
Aaron Chevalier - España
Liliana y el espejo
David A. Bedford - Argentina
Los mosquitos de orixá Changó
Carlos Guillermo Wilson - Panamá
Melina, conversaciones con el ser que serás
Priscilla Gac-Artigas - Puerto Rico
Off to Catch the Sun: Poems and Short Stories
Alejandro Gac-Artigas - Latino - USA

Poemas de amor y alquimia (bilingual)
Blanca Anderson- Puerto Rico
Prepucio carmesí
Pedro Granados - Perú
Rapsodia
Gisela Kozak Rovero - Venezuela
Ropero de un lacónico
Luis Tomás Martínez - República Dominicana
Simposio de Tlacuilos
Carlos López Dzur - USA Latino
Todo es prólogo
Carlos Trujillo - Chile
Under False Colors
Peter A. Neissa - USA
Un día después de la inocencia
Herbert O. Espinoza - Ecuador
Viaje a los Olivos
Gerardo Cham - México
Visiones y Agonías
Héctor Rosales - Uruguay
Yo, Alejandro: the Story of a Young Latino Boy
Alejandro Gac-Artigas - USA - Latino [English]

Academia:

The Ricardo Sánchez Reader / CDBook (2 Vols.)
Arnoldo Carlos Vento - USA

Caos y productividad cultural
Holanda Castro - Venezuela

Double Crossings / Entrecruzamientos
editors: Carlos von Son y Mario Martín Flores

http://www.editorial-ene.com
ednuevoespacio@aol.com
New Jersey, USA

Printed in the United States
785600002B